JN302435

子どもの
ニーズに応じた
保育
活動に根ざした介入

クリスティ・プリティフロンザック
ダイアン・ブリッカー 著

七木田 敦　山根正夫　監訳

ABI
An Activity-Based Approach to Early Intervention

二瓶社

An Activity-Based Approach to Early Intervention Third Edition
by Kristie Pretti-Frontczak, Ph.D. and Diane Bricker, Ph.D.
Copyright © 2004 by Paul H. Brookes Publishing Co., Inc.
Originally published in the United States of America
by Paul H. Brookes Publishing Co., Inc.
Japanese translation rights arranged with Paul H. Brookes Publishing Co., Inc.
through Japan UNI Agency, Inc., Tokyo.

活動に根ざした介入アプローチをお使いいただいた多くの
学生、専門家、ご家族の方々へ、そして、このアプローチ
の発展と改良にとって必要不可欠である意見をくださった
多くの学生、専門家、ご家族の方々へ、本書をささげる。

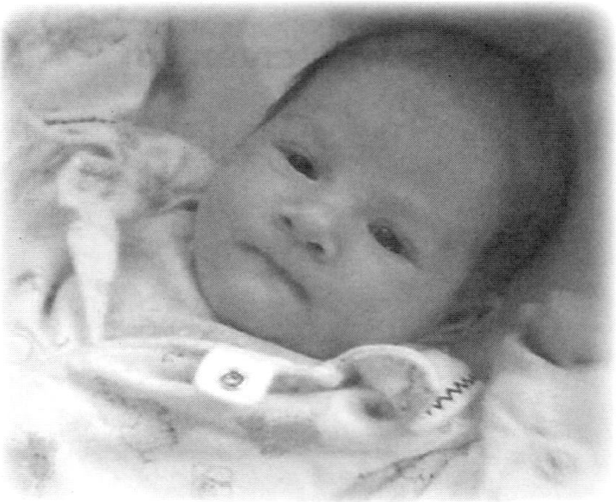

謝　辞

　これまで多くの方々の支えによって活動に根ざした介入の考え方は発展してきた。夫ウィリアム・ブリッカーは、重度障害の幼児にとってよりよい結果をうみだすアプローチについて私ダイアン・ブリッカーの考えに刺激と活力を与えてくれた。ギゼラ・チャトラントからは、ピアジェに関する考えと、介入テクニックと発達過程を調和させることの重要性を教えてもらった。The Schoggensのフィルとディッキーとの何年にもわたる対話を通して、子どもの学習における環境的な文脈の重要性が明確になってきた。ボブ・キャントリルとマローリン・キャントリルは、介入活動の考えを進展させる援助をしてくれた。ジョン・フィラー、ロジャー・スミス、リズベス・ヴィンセント、リック・ブリンカーのいずれも、活動に根ざした介入の基礎にある概念的な枠組みの進展にとって重要な存在であった。

　1980年代初頭の、活動に根ざした介入を開始した頃から、私たちは、多くの学生たち、介入者たち、支援者たちの意見から多くのことを得てきた。彼らは、活動に根ざした介入の実施を通して、どの要素や手続きが機能していて、どの領域に修正が必要かを指摘してくれた。オレゴン大学の早期介入指導者養成プログラムに参加する博士課程後期の学生たちは、1980年代初頭に本書初版とともにはじまった活動に有意義な情報を提供してくれており、それはこの第3版まで続いている。彼らの意見は、より総合的で効果的な手続きへの発展にとって有益であった。このアプローチに対する彼らの実質的な貢献に深く感謝する次第である。また、ケント州立大学の幼児期介入プログラムの大学院生たちもこの第3版にとって重要な貢献をしてくれた。デニス・バール、テレザ・ブラウン、ニコール・マッグ、エイミー・サンドラに感謝の意を表したい。

　活動に根ざした介入のより深い理解を助けてくれた多くの仲間の存在があった。ジーン・スクワイアーは、アプローチのなかの要素の分類を忠実に援助してくれた。また、埋め込み概念の詳細な説明を助けてくれたエヴァ・ホーンと彼女の仲間の仕事に対して感謝したい。この第3版を通して、学習機会に関する議論のなかでは彼女たちの概念を採用している。ジェニファー・グリシャム-ブラウン、メアリー・ルイーズ・ヘンメター、マーク・ウォレリー、彼らの研究活動と活動に根ざした介入に関する議論への意欲に対してもお礼を申し上げたい。

アメリカ全土の多くのチームが、このアプローチの何が明確なのか、さらなる説明や解説にどのような要素が必要なのかを教えてくれた。特に、テキサスの第11地区教育サービスセンターの介入者たちによる3つのチームには感謝をしたい。リン・サリヴァンのリーダーシップのもと、これらのチームは疲れ知らずの実践で活動に根ざした介入を行ってきた。1998年以来、私たちが学んだことの多くは、彼らとの共同の仕事の直接的な成果でもあった。また、他の2つのチームにも感謝したい。オハイオのクリーブランド・ヘッドスタートプログラムの経済機会協議会のチーム、そして、ケンタッキーのウィルモアにあるジェサミー早期学習共同体のチームである。これらのチームは、活動に根ざしたアプローチへの参加と献身によって、重度障害の幼児に対するサービスを進展させてきた。また、オレゴンのユージーンにあるオレゴン社会学習センターのチームは、フィル・フィッシャーのリーダーシップのもと、里親の養育システムにおける幼児に対して活動に根ざしたアプローチを適用するという私たちの挑戦的考えに貢献してくれた。

ナタリア・マコーマスはこの第3版の方向性と焦点に関する初期の議論において助けてくれた。このアプローチを実施してきた彼女の多くの経験は、活動に根ざしたアプローチの日常の側面の発展と説明に貢献してくれた。特に彼女は、第3章、第4章の補章に貢献し、この第3版の実践的な基本理念をもたらしてくれた。

そして、活動に根ざした介入の解説・記述に一緒に携わっていただいたPaul H.Brookes Publishing社のスタッフの方々に感謝申し上げたい。彼らの助けは絶えず有益で、励まし続けてくれた。

そして深い愛情を込めて、私たちの家族であるマイク、ローニー、クリント、シエラに感謝したい。彼らは本書を完成させるために、個人的、共同での作業を支えてくれた。

本書を完成させたすべての作業は、活動に根ざしたアプローチの解説を深めたいという思いによってもたらされてきた。そして、このことによって、今度は、幼児とその家族へのサービスが向上するであろうことを希望し、信じている。

そして最後に、初期の頃からこの活動に根ざしたプローチの再考を促してくれた多くの子どもと家族、そして、より最近になって、より効果的な介入プロセスの構築を助けてくれた多くの子どもと家族に感謝したい。

ダイアン・ブリッカー

日本語版序文

"活動に根ざした介入"の日本語版は、国や地域を越え繋がりのあるグローバル社会の拡大により実現したと言っても過言ではありません。グローバル社会の構築は、世界中で多くのものを共有し、交流することを可能にしています。それらは、さまざまな知見、価値観、ものの見方、アイデアだけでなく、翻訳などの図書においても言えることです。教育学の分野において、このような概念的交流や著作物の交流は、障害やそのリスクのある乳幼児へのサービスの改善に向けて奮闘している、世界中の国々を支えるために特に大切なことだと思います。

現代、世界の障害児の教育や保育には、直面している深刻な課題があります。それは、心理面、認知面、社会性と情動の領域で、障害のある子どもたちに比べ、典型発達の子どもに対する教育的サービスのほうが有用であり、総合的であり、質が高いという事実です。これに加えて、正確に障害の診断を下すことと、効果的な支援を継続して行うことが難しく複雑であるために、これまで障害児の教育的サービスは、いわば「妥協の産物」になっていました。障害児教育に携わる者であれば、この現実に対して異議を唱えることでしょう。そのためには、各人が概念を整理するために議論し、これまでの研究の知見とその実践を共有し、それぞれに積み上げた資源を皆で利用するようになるはずです。

本著は、広島大学の七木田敦先生、香川大学の松井剛太先生をはじめとする日本の友人たちによって翻訳されたものです。本著で示している理念や実践が、日本において、障害やそのリスクのある乳幼児へのサービスに従事している方々に広がり、共有されることを信じています。

訳者は"活動に根ざした介入"を日本で利用しやすくするために、多くの時間と労力をかけて翻訳しました。子どもの発達に関わる専門家や、教師、セラピストなど多くの方々が、このアプローチを日本の子どもたちに対して試行し評価することで、より使いやすく効果的な方法になることでしょう。

米国では、"活動に根ざした介入"の有用性と欠点とが明らかになってきています。日本でも多くの専門家や養育者が"活動に根ざした介入"を用いることで、これまでにない新しい視点が発見され、障害児教育の見方が広がり、さらには日本と米国で、障害のある幼児やその家族のためのサービスを改善させる情報がもたらされることになると確信しています。

ある文化圏から別の文化圏へ、アイデアや情報を翻訳することは、双方の文化や言語に対する深い理解を必要とします。それぞれ固有の文化の難しさがあるゆえ、どんなに注意を払ってもミスや誤訳は起こりうるものです。しかしながら、そのようなリスクは、異文化交流の価値に比べれば些細なものです。特に本著の翻訳がもたらす恩恵は、両国の障害児教育や保育の発展に寄与すると思います。

　本著の理念が日本の子どもたちや家族に届き、そして、"活動に根ざした介入"が、より適切で有効な方法であるということを耳にする日を楽しみにしています。

　　2011年3月26日

　　　　　　　　　　　　　　　　　　　　　　　ダイアン・ブリッカー
　　　　　　　　　　　　　　　　　　　オレゴン大学教育学部早期介入プログラム

監訳者まえがき

　本書の原著者である Bricker 先生と Pretti-Frontczak 先生は、表題にあります「早期介入とは何でありまたどうあるべきか？」という問いに対する答えを示されています。本書の第1版は1982年に出版されていますが、この本に出会った頃はまだ、障害やリスクのある子どもたちの個別の支援計画では個別訓練が主で、そこで獲得されたスキルは自然と般化していくものと誤解され、そう期待されていたむきもありました。訓練室やセラピールームでスキルが獲得されても、自然の状況下で再訓練をしなければならないとか、般化が成立しにくいことが指摘されていました。また、子どもたちと発達を支援する専門家との関係性は、セラピールームの「1対1」のそれだけではありません。「1人の子どもに1人の専門家」「複数の子どもに対して1人の保育者」「1人の子どもに複数の保育者を含む専門家集団」「両親と専門家」等々の形態があります。このような多様なアプローチを考慮して、個々の子どもたちのニーズに合わせ、援助計画を策定し、療育・保育を展開していかねばなりません。これらの点を解決していく方法を模索しているときに本書に出会いました。

　ABI は、個別の支援計画を基に、日常のルーチンの中に子どもの目標を埋め込み活動を展開するという、援助の提供者側に相当高度な技術を要し、また行動分析学についての知見も必要とされます。私自身は、障害児の通園施設のみならず、保育園や幼稚園での子どもの教授に有用であることから、各々の先生方に、援助計画の策定から介入に至る実践的なアプローチとして紹介してきました。そんな折、ABI の優れた部分について研究されていた七木田先生と水内先生に巡りあい、障害児通園施設や保育園・幼稚園等のインクルーシブな環境下で過ごしている子どもや家族の支援に有効であることから、是非、本書を翻訳して紹介したいということになりました。

　原著自体は2版、3版と改定され、内容は研究の進展とあいまって深化してきていますが、二瓶社の吉田社長に相談したところ出版を快く引き受けていただきました。翻訳には AIB に関心のある新進気鋭の研究者に協力いただき、全体を統一的に訳した後、七木田先生を中心に我が国の保育関係者が理解しやすいように翻案されています。もう少し早く出版の予定でしたが、今日に至ってしまいました。早く学びたいという要望に対して遅れましたこと、各章の翻訳を担当された方々にも申し訳なく思います。

本書は、先にも述べましたが、障害児療育の専門家のみならず、インクルーシブな環境のなかで保育活動を提供している保育者、幼稚園の先生に対して、早期介入の多くの示唆が含まれています。子どもの援助場面が家庭なのか専門的な機関なのか、あるいは保育園や幼稚園なのかを考慮し、きちんとしたアセスメントに基づいて個別の支援計画が策定されるために、そしてなにより、自然な環境下で子どもたちの発達のニーズが満たされていくために、是非、活用していただきたいと思います。

　Bricker 先生らの研究成果を、ひとりでも多くの保育や療育の専門家の方々に学んでいただき、障害やリスクがある子ども、困難を抱えている子どもたちの日常の保育・療育に活かしていただけると、訳者の一人としてとして望外の喜びです。

　　2011 年 5 月 5 日

　　　　　　　　　　　　　　　　　　　本書を手にしていただいた方々へ
　　　　　　　　　　　　　　　　　　シオンの丘から翻訳者を代表して
　　　　　　　　　　　　　　　　　　　　　　　　　子どもの日に

　　　　　　　　　　　　　　　　　　　　　　　　山根　正夫

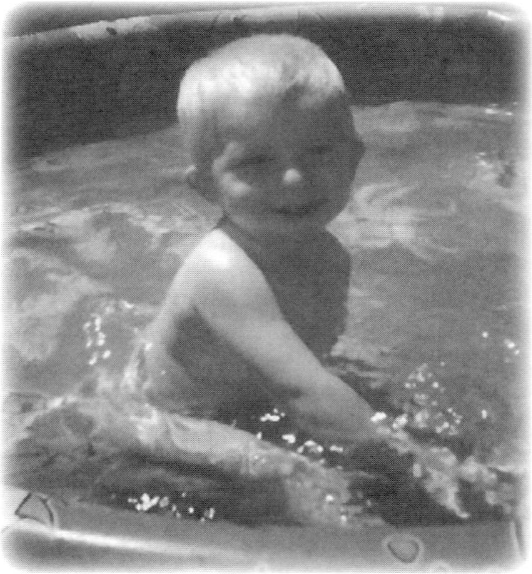

もくじ

- □ 謝　辞…………………………………………………………… v
- □ 日本語版序文…………………………………………………… vii
- □ 監訳者まえがき………………………………………………… ix

第1章　活動に根ざした介入の発展………………………………　1
第2章　ABIとは……………………………………………………　23
第3章　ABIとリンクシステム……………………………………　49
　　　《補足資料》
　　　　アセスメントの結果と目標設定をどうつなげるか…………　61
第4章　ABIの枠組み………………………………………………　71
　　　《補足資料》
　　　　枠組みの各書式　………………………………………………　99
第5章　ABIの実践…………………………………………………　123
第6章　ABIとチーム………………………………………………　179
第7章　ABIを利用するときの課題………………………………　195
第8章　理論的構成…………………………………………………　215
第9章　ABIの実践的基盤…………………………………………　235
第10章　未来に向けて……………………………………………　259

- □ 付　録：複写フォーム………………………………………… 263
- □ 索　引…………………………………………………………… 273
- □ 監訳者あとがき………………………………………………… 280

装　幀　森本 良成

第 1 章

活動に根ざした介入の発展

1960年代後半から1970年代初頭にわたる早期介入プログラムの萌芽を皮切りに、障害のある幼児に対する処遇は大きな変化を遂げてきた。例えば、連邦政府と州政府が支持する教育・保健・社会支援などの各部門においては、障害またはそのリスクのある乳幼児に対して支援を提供するよう、そのサービス領域を広げてきた（Bricker, 1989; Huefner, 2000; Odom, 1988）。早期介入の歴史を紐解けば、「介入のプログラム」「職員のもつ技能」「アセスメントや評価のためのツール」「カリキュラムが焦点を当てる内容」そして「具体的な介入・支援方法」は、現場で働く臨床家や実践者の経験、支援を受ける子どもや保護者の意見、実証研究の積み重ねにより、大きな変貌を遂げたのである。1980年代、連邦政府と州政府は、何千人もの障害またはそのリスクのある乳幼児や家族に対する早期介入を、法的に保障させるための活動を行っていた（Shonkoff & Meisels, 2000; Shonkoff & Phillips, 2000）。

　器質的障害と周囲の環境との相互影響の結果、時に障害やそのリスクのある子どもはさまざまな発達的リスクを被ることがある。早期介入に期待される役割の一つには、そのようなリスクを引き起こしてしまう種々の（ネガティブな）要因を、埋め合わせることが挙げられる（Farran, 2000; Guralnick, 1997; Ramey & Ramey, 1991）。早期介入にかかわる職員は、これまで子どもや家族に対して自信をもってサービスを提供してきた。しかし、その中には数多くの課題が残されていた。これを解決すべく、早期介入を提供するサービスには、度重なる改善が求められてきたのである。

　私たちはそのようなサービス改善のためには、以下の2つの変化が必要であると考える。1つ目の変化は、「現在の介入サービスの効果や効率性を向上させるよう『アセスメント、目標の設定、介入、再評価（事後評価）』の各プロセスがつながった体系的な方法論を用いること」である（Bagnato, Neisworth, & Munson, 1997; Bricker 1989; Hutinger, 1988）。各プロセスが適切につながることで、実践者は以下の4つを実現することができる。

☐ 子どもの長所、興味、そして芽生えつつあるスキルを記録すること、また家族のニーズ（関心事や意見）を理解すること。
☐ 子どもたちと家族のために、個別の家族支援計画（IFSP）または個別の

支援計画（IEP）における意味のある長期目標や短期目標を設定し、選択し、記述すること。
□ 長期目標または短期目標に沿った個別の介入内容を設定すること。
□ 適切かつタイムリーな方法で、子どもや家族の変容を評価すること。

　サービス向上に向けた2つ目の変化は「子どもの現実生活から切り離された、もしくは意味のない指導から少しずつ脱却していくこと」である。介入アプローチは学習機会を提供する文脈として、社会的・物理的な環境と子どもとの日々の相互作用を利用するよう発展してきた。こうしたアプローチでは、子どもの自立や問題解決能力、適応能力を向上させるよう、機能的な目標が取り上げられる。また、「介入の個別性」や「意味のある介入活動の設定」を保証させるためにも、子どもの動機づけと主体性が重要視される。
　本書は、活動に根ざした介入（以下 ABI とする）と呼ばれるアプローチを包括的に説明するものである。ABI は、幼児に質の高い介入サービスを提供する上で、以下の2つを基本としている。

□ 「アセスメント、目標の設定、介入、再評価」のプロセスをつなげること。
□ 子どもたちの日常生活の中に、機能的なスキルを獲得するための学習機会を埋め込む（embedded）こと。

　包括的な介入アプローチである ABI は、1980 年代に開発され、1992 年に本書の第 1 版が出版された。本書の第 2 版は 1998 年に出版されている。それ以後、ABI は、早期介入に携わる実践者に広く受け入れられている。ABI、またはもっと広義の"自然主義的"と呼ばれる類のアプローチは、障害やそのリスクのある幼児を支える重要な方法として多くの文献の中に見られる（Barnett, Bell, & Carey, 1999; Dunst, Hamby, Trivette, Raab, & Bruder, 2000; Rule, Losard., Dinnebeil, Kaiser, & Rowland, 1998）。本書の最初の2つの版は、幼児の主体性と日々の生活に重きを置いた方法を採用した方法論として、アメリカ合衆国のみならず、国際的にも高く評価されている。

ABIの歴史

　障害またはそのリスクのある幼児に対する早期介入プログラムは、さまざまな理念・カリキュラムアプローチ・教育方法が統合したものとして出現してきた（Odom, 1988; Warren & Kaiser, 1988）。複数の方法論がまとまっていく過程では、さまざまな議論が生じた（例えば、Atwater, Carta, Schwartz, & McConnell, 1994; Carta, 1995; Carta, Schwartz, Atwater, & McConnell, 1991; Kauffman, 1999; Novick, 1993）。それらの議論を通して介入方法がまとまる中で、障害またはそのリスクのある幼児に対する介入アプローチは「大人主導で日常の生活とは切り離されたもの」から、「子ども主導で生活と密接に関わるもの」へと進展をとげた。以下の節では、過去または今日的な影響について触れながら、ABIや類似したアプローチの発展過程について述べる。

初期の影響

　ABIの発展は「教育的介入を適切で機能的なものにする」ことを主張したイタールとセガンらの研究に大きな影響を受けている。セガンらのアプローチとABI開発の間には、大きな時間の隔たりがある。しかし、それでもABIはセガンらのアプローチからかなりのことを学んでいる。

　1800年代の中期には、知的・運動・感覚障害、または精神疾患のある人に対する施設が多く建造された。当初それらの施設の意図は「**異常な人が正常な人へなることを助ける**」ことであり、そのような改善が見込まれる者だけが施設に送られた（Wolfensberger, 1969）。その後、1800年代の後半になると、大規模な収容施設の目的は「社会に**不快**（*objectionable and unsavory*）であるとみなされた人（例えば、精神遅滞者）を恒久的に収容すること」へと変化した。施設は、治療教育的なプログラムの提供を止め、主に保護的なケアを提供するようになった（MacMillen, 1977）。これにより、施設の名称として**学校**（*school*）と言葉は使われなくなり、代わりに**収容所**（*asylum*）または**病院**（*hospital*）という言葉が使われるようになった。中度から重度の障害のある人々はそのような施設へ入所することが常となり、以下の2つ

の理由から、このような施設とは異なる意図をもつプログラム、つまり地域に根ざしたプログラムが開発されることはなかった。この時代、多くの人は1）障害のある人に対しては治療または教育は効果がなく、2）彼らは一般市民の幸福に重大な脅威となる対象である、と捉えていたのである。

その後、1950年代の初頭になってようやく施設は変わり始めた。その背景には、「親の会（例えば、精神遅滞児協会）」「訴訟」または「知能指数や行動に及ぼす環境の影響に対する新しい見方の出現」があった（Gallaghar & Ramey, 1989）。専門家は、環境が人に与える影響の重要性を理解するようになった。それにより、障害のある人に見られる行動・学習上の問題を解決するための介入プログラムを開発する動きがみられるようになった。このようにして「最重度の障害のある人も学習が可能である」という知見が蓄積されてきた（Ault, Wolery, Doyle, & Gast, 1989）。

1950年代後半から1960年代初期には、B.F.スキナーの弟子らが、知的障害と精神疾患のある人に対して、行動分析的原理（例えば、先行子操作、行動の定義、そして行動に対する強化子の提示などを用いること）を適用し始めた（Ayllon & Michael, 1959）。この初期の研究において、以前には教えることが困難と考えられていた障害のある人が対象とされた。研究者らは、行動分析的原理を用いることで、重度の障害がある人にも衣服の着脱や食事といったさまざまな機能的な行動を教えることが可能であることを示した（Staats, 1964）。

中でも、ビジューやベアーらは施設内にいる子どもに対する適用を始めた（Baer, 1962）。この取り組みでは、構造化された環境を用い、大人がモデルを示し子どもがその真似をするといった1対1での方法が強調された。またこの手続きでは望ましくない行動を消去、（例えば、「食べ物の要求のために自傷行為を行っても、その場合には食べ物は一切与えられない」など）する傾向もあった。

それらの初期の指導では、大人主導かつ報酬の使用（例えば、正しく模倣できたらジュースをほんの一口飲ませることなど）に依存していた。また、教育的介入のほとんどは子どもの日々の活動から分離された環境で行われていた。例えば、指導は子どもの通常の環境から分離された訓練室などで行わ

れた。またここでの学習する内容は、子どもの日常生活とは無関係のものであった。1970年代の著者らの研究（Bricker & Bricker, 1974, 1975）でも、「子どもたちに立ち座りさせる」「自分の頭の上に手を置く」「関連のない絵の名前を言う」などに指導の重点を置いていた。

施設のような非日常的な環境では、文脈のない学習がもたらされてしまうことに気付くことはとても重要である。つまり、施設に入所している子どもたちは、一般的な社会に生きる子どもたちと同じような生活を行う機会は得られなかったのである。施設に入所している子どもたちは適切な認知的・言語的な刺激を受けず、他者と親密な関係を築くこともほとんどなく、しばしば暴力的あるいは奇怪な行動を示していた。このような子どもたちを対象とする研究者らは、このような介入アプローチが、幼児に関する一般的な適応・学習に関する多くの研究知見とは、全く相反するものであることに気付いたのである。

幼児の発達課題、環境の影響、そして以前は教育不可能と考えられていた子どもたちの学習可能性に対する学説は、次々に塗り替えられていった。その中で、研究者らは障害幼児に対する、地域に根ざしたプログラムを目指し始めた。これまでの流れを踏まえれば「初期の施設中心のプログラムは、かつて施設に行くことが当たり前と考えられていた幼児に対する治療教育の考え方を大きく転換させた」といってもいいだろう。

後期の影響

1970年代の初頭に、障害のある幼児に対するコミュニティベースの実験的な介入プログラムが始まった（詳しくは（Tjossem, 1976）を参照）。それらの初期のプロジェクトの1つは、ピーボディ大学内で行われたものである（当初は Toddler Research and Intervention Project、後に Infant, Toddler, and Preshool Research and Intervention Project と呼ばれた；Bricker & Bricker, 1971）。

当初、プロジェクトで使用されたアプローチは、ブリッカーら（Bricker & Bricker, 1976）と同じく、施設入所していた人に使われていたものと同じものであった。つまり、子どもたちの生活に関連のない課題を大人主導で行

い、そして具体的な報酬に依存していたのである。しかし、高く構造化された方法では、子どもに期待されるような効果が表れることはなかった。例えば、子どもたちは学習に興味を示さず、目標としたスキルを学習する速度もとても遅かった。こうした結果により、幼児に対する効果的な指導方法が模索されることとなった。

1970年代には、次の３つの影響が早期介入に関する研究プロジェクトの方向性を揺れ動かした。つまり、１）学習ならびに生態学的理論に関する研究、２）初期の発達に関する研究、そして、３）プロジェクトに参加する子どもや保護者からのフィードバック、である。

第１に、幼児に対する指導方法について大きな影響を与えたものとして、ピアジェの研究があげられる（Piaget, 1970）。ピアジェは「幼児は、身の回りのものの具体的な操作を通して知識を構成し、それから内面的な操作（例えば思考など）へと移行する」と述べた。つまり、幼児の学習には、環境への積極的な関与（例えば、環境を操作することなど）が必要であることを指摘した。同様にデューイも、学習において子どもたちの自発的な参加が重要であることを論じている。さらにデューイは、子どもにとって身近で、関心のある活動に子どもたちを関わらせることの重要性を強調した。幼児が受動的な受け手であるよりも、むしろ能動的に活動を開始できることを強調しているこの理論は、早期介入において重要な視点である。

第２に、1970年代から1980年代まで続いた調査研究の存在が挙げられる。この研究は、感覚運動・社会性・社会的コミュニケーションなどに関する、子どもの初期の発達過程を明らかにするものであった（Bricker & Calson, 1981）。この研究から３つの主要なテーマが明らかになった。第１に「子どもたちは象徴システム（例えば、言語など、Bruner, 1977）を学ぶ前に、認知と社会的コミュニケーションスキルを獲得する必要がある」ということである。つまり初期の発達は、その後の発達のための準備段階である。第２に「幼児は社会的・物理的環境から影響を受け、またそれらに影響を与える（Bronfenbrenner, 1979; Goldberg, 1977）」ということである。第３には「幼児の初期発達とは、環境を操作し、自立的になり、他者とやりとりし、自らの要求を満たすよう、行動を積み上げていく過程である」ということである。

これらの研究からは、幼児の発達と学習の社会的な特質の重要性が明らかになった（Uzigiris, 1981）。

　第3に幼児の指導方法に大きく影響を及ぼしたものとして、プロジェクトに参加している子どもやその家族から意見が挙げられる。このプロジェクトには、障害のある子どもに加えて、障害のない子どもたちも通っていた。つまり、結果的には障害幼児のための国内で最初のインクルーシブなプログラムとなっていたのである。ここでは指導者らは、障害のない幼児らの姿から、以下の2つを学んだのである。まず、子どもたちの動機づけは非常に重要なものである、ということである。適切な環境で生活している幼児は、自身で物事を決め、大人がレールを敷くようなやり方にしばしば不満をもった。大人主導の面白みのない活動に対して、プログラムに参加していた障害のない幼児は進んで参加しようとはしなかった。幼児はそのようなしたくないことをさせられるよりも、自ら自由な方法を探していたのである。また、障害のない幼児は具体的な報酬が与えられていたが故に、課題を続けることも、興味をもち続けることも少なかったのである。つまり、定型発達の幼児は、面白くて意味があるものとみなされたときに、集中し、参加し続けることができる。このような中、研究者らが生態学的理論（Barker, 1978; Brofenbrenner, 1979）の重要性を理解するようになるにつれて、学習文脈に欠かせない性質が理解されるようになった。

　また、保護者からの意見が蓄えられる中で、子どもの教室や家庭の環境に目が向けられるようになった。指導スタッフが保護者の参加や協力を求める中、保護者らは家族がもつ価値や希望といったものを示すようになった。保護者らは、有益で意味があると思う活動にはよく参加したいが、メリットもなく興味がないと思ったものには参加したくはなかった。保護者らからの意見があるたびに、アセスメント、目標の設定、介入、そして再評価などのプログラムの運営に欠かせないプロセスに、重要な変化がもたらされていった。

　1970年代から80年代初期のこれらの動きは、その他のこと（例えば、状況的な学習など）と同様に、われわれの介入プロジェクトの初期の取り組みに少しずつ、しかしとても大きな影響をもたらした。第1に、介入プログラムは、周到に準備された大人主導の活動から、子ども自身が主導し持続する

活動へと変わり始めた。第2に、カリキュラムの内容も「言葉、数、概念、または運動などの領域」から、「早期の感覚運動、社会性、または社会的コミュニケーション行動を含む領域」へと焦点が移った。第3に、この時期、子どもが生活する社会的文脈の重要性が認知されるようになったのと同じく、介入プロジェクトの焦点も、幼児単体から幼児と彼らを取り巻く環境に焦点をあてたものへと変わり始めた。

　具体的なプログラムや介入方法についても、子どもたちの初期発達に関する知見と、先行事象―行動―結果からなる行動分析学的原理をうまくあわせるようになった。つまり、大人が設定する単調な先行事象よりも、環境と子どもたちの相互作用を利用した意味のある文脈の中での先行事象の設定が行われるようになったのである。また標的行動は特別な行動として定義されるのではなく、むしろ環境・人・状況にわたって見られる、一般的で機能的な行動として定義されるようになった。最後に、子ども自らの行動や活動の結果そのものが、子どもの次の活動への意欲を動機づけるようになった。行動分析の考え方自体は変化しているわけではない。むしろ、その利用の仕方が変わっているのであろう。適切な学習機会の設定、標的行動の操作的定義、そしてタイムリーかつ適切に与えられる結果操作は、ABIの基礎として受け継がれている（Briker, 1989; Heward, 2003）。

近年の影響

　我々の研究プロジェクト（現在はオレゴン州にある）は、1980年代初頭よりABIと類似した取り組みを開始した。現在見られる介入方略には、以下の2つが直接影響を与えてきた。つまり、1）効果的で文脈に基礎をおく指導の必要性、ならびに2）言語介入研究の蓄積である。また、直接的ではないにせよ、発達にふさわしい実践（developmentally appropriate practice : DAP）の影響もある。このDAPは、障害幼児に対するABIアプローチの適用を支持しているものである。

　そもそも早期介入の初期の取り組みより、保護者の考えや意見は重要視されてきた。介入・研究スタッフがアセスメントや介入活動に精通するようになるにつれて、彼らは保護者の要求にも敏感になっていった。保護者に対し

て家庭内での個別的訓練を求めることは、特段おかしいことではなかった。しかし、保護者がよりはっきりと自分の考えを言うようになるにつれて、それが自分たちの生活の時間を割く不合理なものであると認識するようになっていった。このような意見が繰り返される中で、スタッフは「保護者が望むものは何か」ということを考えるようなった。一方で、多様な生活場面で繰り返される実践は、幼児がスキルを獲得するのに必要不可欠なものであった。そして、家庭やその他の場所、すなわち教育の場である教室などで、目標とする行動が扱われることが極めて重要であると考えられるようになっていった。他方、保護者は子どもに対して指導を行う十分な時間はない。このジレンマによって介入スタッフは、保護者に対して新しい特別な活動を行うことを求めるのではなく、既に存在する日常生活を使った方法を用いる方向性を考えるようになった。その結果、当たり前のことではあるが、新しい行動を学習するための場として、子どもの日々のルーチン活動を利用する介入アプローチが発展していった。日常生活にある活動に焦点をあてることは、ABIの本質であった。

2番目の重要な影響として、言語介入に焦点をあてた研究の存在があった。1980年代以降、多くの研究者たちは、個別訓練的（ダイダクティック）もしくは教科学習的なアプローチ（例えば、文脈に即さない写真の命名、文法構造についてのドリル）とは、異なるものとして、機能的な言語あるいはコミュニケーションスキルを教えることに焦点をあてた訓練方法を開発していた。これらのアプローチでは、子どもにコミュニケーション行動を行わせるような動機づけを与える環境の中で、機能的なコミュニケーションスキルを教えることに重点が置かれていた（Oliver & Halle, 1982; Warren & Rogers-Warren, 1985）。

この例は、コミュニケーションの発達や能力の双方向的な特性を強調した、包括的なシステムを提案するマクドナルド（1985、1989）の研究にも示されている。デューチャンとウィエツナー・リンたちもまた、**養育―自然主義的**（*nurturant-naturalistic*）と呼ばれるアプローチを示した。つまりここでは、個別訓練的（ダイダクティック）な方法から、"子どもがやりとりの主導権をもつ養育的相互作用と、日常生活にある自然な文脈での指導に重きを置い

た方法"に変わっていったのである。同様に、シンダー・マクリーンら（1984）は、言語機能障害のある子どもたちの機能的コミュニケーションスキルを上達させるために、共同行為ルーチンを中心とした介入方法を紹介した。

　他方、自閉症の分野では、ケーゲル（Koegel & koegel, 1995）が、**自然的な言語教授**（*natural language teaching*）と呼ぶアプローチを考案した。そこでは「自然な強化子に反応する機会を利用すること」「反応しようとする言語を強化すること」「課題を変えること」そして「やりとりをすること」が強調された。ワレンとカイザー（1986）は、以下の点を考慮に入れながら、初期の機会利用型指導法やミリュー教授法を拡大させている。その要素とは「子どもたちの主体性を促すよう環境を整えること」、「子どもたちの発達レベルに適切な目標を選ぶこと」「子どもたちをはげますこと」そして「子どもたちのコミュニケーションの試みを強化すること」である。言語介入の分野における我々の研究でも「子ども主導で」「発達的に適切で」そして「子どもの視点からも機能的で意味のある」介入アプローチの採用を促している（Bricker & Calson, 1980, 1981）。

　幼児教育領域で1980年代から現在まで続いているDAPの存在も、アプ

ローチ推進の後押しとなった。DAP は ABI に直接的に影響を与えることはなかったが、その基本原則は、相互に影響を与えていた。ブリーデキャンプ（1987）、ブリーデキャンプとコプル（1997）によって示された DAP と我々の ABI は、多くの理論的・哲学的基盤を共有している。両アプローチとも、子どもの現在の発達レベルに基づいた介入を実現させる基盤として、デューイ、ピアジェ、そしてヴィゴツキーの研究を引用している。両アプローチともに「子ども主導の遊びは、大人主導でより高度に体系化された活動よりも好ましい」と主張している。ABI と DAP は、運動・言語・社会性そして認知などの領域にわたって、子どもたちの発達を高めるための包括的なカリキュラムアプローチを強調している。教師や介入者自身の重要性、また子どもの興味や好みを判断するための観察などは、DAP と ABI の両方で強調されている。

　さらに、外的な報酬の使用を支持していない点でも両アプローチは共通している。その代わりに、それぞれのアプローチは、子どもたちが行動または活動によって与えられる内的報酬を通して学習することを指摘している。また両アプローチとも、活動の中で積極的な探索ややりとりが起きるよう、介入者たちの役割を強調している。ABI と DAP は、子どもの発達に合わせて、活動と教材を変化させたり、活動を複雑にさせることが重要であると述べている。教師や介入者の役割は、活動への参加を促すこと、または学習機会を提供すること、の両方であると言われる。また、指導方針を決定するうえでの家族参加の重要性は、DAP と ABI の両方で考慮に入れられている。

　ところが、これら 2 つは多くの共通項がある一方で、以下の点で違いも見られる。つまり、ABI では介入のために明確な指導を提供するのに対して、DAP では幼児に働きかける際のガイドラインを提供している。例えば、ABI では、目標に対する学習機会をルーチン活動や遊びの文脈に埋め込み、その中で特定の指導方法を用いるようチームを導く。それとは対照的に、DAP では子どもの行動に対してどのように大人がふるまうか、または子どもたちとの関わり方における一般的な方法までしか言及されない。さらに、ABI ではタイムリーな発達評価を行うために、包括的かつ系統的なアセスメントを実現させる詳細な手続きが用意されている。ABI では、選定

された目標が発達的にも環境的に適切なものになるよう、正確かつ完全なアセスメントや事後評価の必要性を強調している。一方、ブリーデキャンプとコプル（1997）は「アセスメントはなくてはならない」と指摘しているものの、DAPの中では一般的なアセスメントの指標しか示されていない。つまり、アセスメントの結果があったとしても、それは個々の子どもに対する目標の選定には使えるものではないのである。

ABIと他のアプローチとの比較

「機能的な目標の獲得・般化」という明確な目的のもと、ABIでは、日々の意味のある活動への参加またはそこでの環境との相互作用が促進されるよう、行動論的学習原理を用いる。特にABIでは、機能的で般化するスキルの獲得と使用を促すために、多様な学習機会を活動の中に埋め込み、また適切な先行事象またはタイムリーで適切なフィードバックや結果操作を子どもに与える。子ども主導のアプローチともいえるABIが、一般的な保育と、もしくは大人主導のアプローチとどのような点で異なるのかを、以下に3つの"散歩"の例を挙げながら説明する。

保育のアプローチ

　保育のアプローチでは、外の散歩を行う前に、保育者は散歩の中で見られそうなものを子どもたちに話すだろう。散歩の間、子どもたちは自然を探索し、それに対して疑問をもち、そして子どもならではの"実験"を試みることもできる。保育者はアリ塚を指して、子どもたちに昆虫の動きを眺めるように勧めるかもしれない。直接的ではないにせよ、保育者は子どもたち主導の活動を行うように促す。そこでの子どもに対する目標は、一般的知識の獲得、言語や認知スキルの発達、そして探索活動の促進である。どんな子どもも、散歩の中では、「これ」といった特定の目標をもつことはないだろうし、また特定の行動形成を促されることもないだろう。活動の評価にあたっては、子どもたちの楽しさのレベルと保育者の活動達成に関する意識に焦点をあてることになるだろう。

大人主導のアプローチ

　大人主導のアプローチでは、子どもたちは特定の目標をもつことになる。そして、散歩はそれらのスキルの般化に向けて利用される可能性がある。散歩に先立って、子どもたちは目標に対する特定の指導を受ける。例えば「ものの命名」に関する目標をもっている子どもたちは、介入者が葉っぱやアリや雲の写真を持ってそれに答えるという、特別な訓練を受けるだろう。これらの写真は、子どもたちが写真の名前が容易に言えるようになるまで、繰り返し提示されるだろう。散歩では、介入者は目標としたものを指し、子どもたちに「これは何かな？」と問いかけるだろう。正しい反応と間違った反応は記録され、後に子どもの成長を評価するためにグラフとしてまとめられることもあるかもしれない。

ABIのアプローチ

　活動に根ざした介入アプローチを用いるということは、子どもたちに対して長期目標・短期目標をもたせることを意味する。また、それらの目標は「特定の反応」というよりはむしろ、一般的には「機能的な反応クラス」として記述されるものである。例えば「ものの命名」という目標に関しては、「単語・語句・文を用いて、ものや人または出来事について述べる」と記述される一方、もっと明確に「子どもは葉・木・虫・小道などのものを命名する」と述べられることもある。散歩の前に、その中で出会う可能性のあるものが、教室のどこかに置かれることもある。生活の中で、子どもたちはそれらに出会い、または自身の手で触れることが許される。つまり、介入者は、葉っぱの数を数えたり、葉っぱを木の上に置いたり、名前をつけたり、あるいは葉っぱをもみくちゃにしたりする、などの子ども主導の活動を促進させようとするだろう。一度散歩に出たら、介入者は目標とした行動を実際に練習する機会をもたせるために、葉を見つけるよう、子どもに働きかけるかもしれない。例えば、もし一人の子どもが、一枚の葉っぱを拾えば、介入者はその葉っぱの色や手触りなどに注意を向けさせるかもしれない。教室に帰ると、介入者は、散歩で見つけたものを出し、見つけたものについて子どもたちに話しをしてもらう。そしてその際の子どもたちの発言や使った技能（言葉など）に

ついて記録・評価を行う。これらのデータは、目標に対する子どもたちの成長を系統的に評価するために使用される。

本書について

　本書の出版以降、ABIに関する研究やその社会への浸透は、着実なペースで進んできている。今日ABIは、1）実践者が選択できる包括的な介入方法として、2）推奨される介入実践（recommended intervention practice）を反映しているものとして、そして、3）自然または日々の活動という文脈において、個別化された介入を提供できる方法として、広く知られている。1998年以降、国内の実践者たちとの共同研究により、この介入アプローチの重要なポイントが更に明らかになり、確実な支援を行うための方法が洗練されてきた。このABI第3版の出版のきっかけは、そのように数々の実践を通して新しい知識と方法論が更に蓄えられてきたからである。第2版の出版以降に得られた概念的・実践的な知識が、本書の中で検討され、うまく組み込まれている。

　第3版の構成と盛り込んだ内容は、最初の2版とは若干異なっているが、このアプローチの基本的な特徴や要素はほぼ同じである。本書は10の章で構成されている。そこではABIの基礎となる概念枠組みと、実際にそれを展開させる方法について詳細に述べている。第1章は、本書で用いられる用語を説明するとともに、ABIの発展に関する簡潔な歴史を示している。第2章は、本アプローチの概要（枠組み、要素、そしてアプローチの土台を築く各プロセス）を説明している。第3章では連続したサービス提供プロセスについて説明している。第4章では、ABIを成功へと導く組織的な枠組みについて示した。第5章では、3つのサービス提供モデルに対するアプローチの事例を説明している。第6章では、ABIの実現・成功に向けて、サービスを提供する専門家、コンサルタント、養育者らで構成されるチームの協力がどのように重要になってくるのかについて説明している。第7章では、ABIの展開において見逃すことのできない重要な課題等を示した。第8章では、理論的な事柄を含め、ABIの基礎となる概念的根拠について示した。

第9章では、多数の先行研究のレビューを通して、障害またはそのリスクのある乳幼児に対する介入研究に関するこれまでの知見や、ABIの効果に関する評価に焦点を当てる。第10章は、ABIに関連する研究・支援者の養成・日々の実践などに対して、我々が考える今後の方向性について簡単にまとめた。

　この本にはまた、3つの補足資料・付録がある。まず1つは、第3章の補足資料である。その中ではアセスメントなどの各介入プロセスを関連させたシステムが、ABIでどのように位置づけられるについて説明している。次は第4章の補足資料である。そこではABIを成功させるための包括的な枠組みについて、実際の記入例を示しながら説明した。最後は、第10章の後にあるこの本の付録である。ここでは本書の中で示されたいくつかの書式に関して、読者がコピーできるものを用意した。

　第3版の改定に伴ういくつかの変更は、保育者や介入者または保護者らが、本アプローチを学ぶのを支える中で、もしくはABIをともに実践していくなかで得られた経験に基づいている。専門家や保護者らは、このアプローチのどの部分が理解しやすいのか、または逆にどれが実践上課題が見られるのかを、我々に示してきた。私たちは、説明を修正し、挿絵や図表を加え、そして枠組みの一部を再構成することを通して、改善を試みてきた。そのような本書の変更によって、よりABIの基礎となっている概念的枠組みを理解することができるだろう。また、そのことによって読者らが生活する多様な状況の中で、ABIを効果的に使用することが可能になるものと、私たちは信じている。

本書の使い方

　この本の目的はABIを説明し、介入者や保護者らにこのアプローチの実施を可能にするための枠組みを用意することである。新しい情報・方法・スキルについて学び活用するにあたっては、言葉だけで伝えることは難しい。しかし、この本を通して、次の2つを確実に理解してもらいたい。1) ABIまたはその中で展開される「アセスメントのプロセス」「目標設定」「環境調整」などについて、その根底にある主な仮説を理解すること、2) ABIの

特徴となる各要素を、具体的な指導機会の中にうまく組み入れていくこと。

　筆者らは、ABIを学ぼうとする実践者の知識・実践力にも幾分幅があることを、想定している。一部の読者においては、子ども主導の方法を用いる中で、それが行いやすいアプローチであると感じるかもしれない。介入者やコンサルタントの中には、大人主導のアプローチに関する教育をこれまで受けてきたものもいるだろう。その際には、ABIで重視されている「子どもの観察者または応答者（responders）」になることを学ぶのは難しいことだと気付くだろう。しかし、大人主導のアプローチを止めようとする意図があっても、深く染み込んだ習慣をなくすことは難しい。例えば、個別訓練を通して子どもたちを指導してきた大人は、子ども主導の活動に参加させようとする際、または介入を提供する場として日常生活を利用しようとする際に、困難にぶつかるかもしれない。

　また、アプローチの具体的な各要素（例えば「アセスメント」や「目標の埋め込み」など）を学ぶことには熱心になる一方で、その背景にある概念的な土台や枠組みにはあまり興味を示さない読者も多い。そのような方は、具体的な実践方法が書かれた第4、5章を中心に読み、第2、3、8、9章はあまり読まないかもしれない。しかし、私たちはABIの適用においては、本書で述べていること全てが必要であると信じている。実際にABIを用いる中で種々の困難にぶつかっている介入者や保護者らを見ると、これらの方々がしばしば本アプローチの限られた部分しか理解しておらず、またはその基礎となる枠組みや構造について十分に理解していないことに気付く。アプローチの基礎原理を理解することは、ABIの成功に向けて必要不可欠なものである。また、ABIの適用に失敗する人のもつ問題を明らかにし、改善をしていくためにも基礎原理の理解が極めて重要になる。

用語と概念の定義

　本書をより理解するために、いくつかの用語について説明しておく必要があるだろう。**早期介入**（*early intervention*）、**幼児期特殊教育**（*early childhood special education*）、そして**幼児期介入**（*early childhood intervention*）のような用語は、基本的には同じような意味で使われている。これらの用語

は、障害やそのリスクのある幼児と家族に焦点をあてた研究分野と介入方法について言及しているものである。ABIに含まれている原理や方法は、他の（年齢）グループにとっても適切であるかもしれない。ただし、この本で説明する実例や基盤は、コミュニティベースのプログラムやインクルーシブプログラムに参加している子どもで、誕生から5歳までの乳幼児を対象にしているという縛りがある。

　介入者（*interventionist*）という用語は、早期介入／幼児期特殊教育そして保育プログラムに参加する幼児たちにサービスを提供する専門家やパラプロフェッショナルな人たちを表すのに使われる。私たちは、**教師**（*teacher*）という用語が、教師・補助職員・両親と同様に、言語病理学者、理学療法士、作業療法士、心理学者そして医師を含むということを考慮すると、早期介入に関わる専門家チームが限定されすぎているということがわかる。介入者という用語は、早期介入、幼児期特殊教育そして保育プログラムに関連したすべての専門家とパラプロフェッショナルな人のことを意味している。

　私たちは、「障害のある子どもたちと彼らの家族に対しては、IEP/IFSPを通して明確にされたサービスを提供する専門家チームが必要である」という連邦政府の要請に同意している。私たちはさらに、必要なサービスを提供するために専門家やパラプロフェッショナル、そして保護者らからなる集団について、**チーム**（*team*）という用語を使っている。加えて、私たちは、本書を通して**介入者ら**（*interventionists*）と**チーム**（*teams*）という用語を同じような意味で使っている。最後に**養育者**（*caregiver*）という用語は、幼児に対してケアを行う者（例えば、両親、里親、祖父母、家族の他のメンバー、子どもにケアを行う者、近所の人等）を説明するために使われている。

要　　約

　本章では、1970年代初期以降の発展過程を論じながら、ABIを理解するための背景を概観した。また第3版の内容と構成を述べ、本書を通して記述されている用語を明らかにした。ABIの発展を正しく認識することは、読者がこのアプローチをよりよく理解することの手助けとなるだろう。ABI

は、障害のある幼児に最善の結果をもたらすことができなかった初期の方法から発展してきたものである。障害のある幼児に対する初期の指導は、過度に構造化するものであった。その後、学習機会をうまく組み込んでいくよう、子どもたちの動機づけと日々の活動を利用する方法が開発され、実際に適用されていった。ABIは発達に課題のある幼児の発達促進を意図した包括的システムに、私たちの過去の研究と現在の知識を融合させたものである。

REFERENCES

Atwater, J., Carta, J., Schwartz, I., & McConnell, S. (1994). Blending developmentally appropriate practice and early childhood special education: Redefining best practice to meet the needs of all children. In B. Mallory & R. New (Eds.), *Diversity and developmentally appropriate practices* (pp. 185-201). New York: Teachers College Press.

Ault, M., Wolery M., Doyle, P., & Gast, D. (1989). Review of comparative studies in the instruction of students with moderate to severe handicaps. *Exceptional Children,* 55(4), 346-356.

Ayllon, T., & Michael, J. (1959). The psychiatric nurse as a behavioral engineer. *Journal of the Experimental Analysis of Behavior, 2,* 323-334.

Baer, D. (1962). Laboratory control of thumbsucking by withdrawal and representation of reinforcement. *Journal of the Experimental Analysis of Behavior, 5,* 525-528.

Bagnato, S.J., Neisworth, J.T., & Munson, S.M. (1997). *LINKing assessment and early intervention: An authentic curriculum-based approach.* Baltimore: Paul H. Brookes Publishing Co.

Ball, T. (1971). *Itard, Seguin, and Kephart: Sensory education: A learning interpretation.* Columbus, OH: Charles E. Merrill.

Barker, R. (1978). *Habitats, environments, and human behavior.* San Francisco: Jossey-Bass.

Barnett, D., Bell, S., & Carey, K. (1999). *Principles and techniques for observing. Designing preschool interventions: A practitioner's guide.* New York: The Guilford Press.

Bredekamp, S. (Ed.). (1987). *Developmentally appropriate practice in early childhood programs serving children from birth through age 8.* Washington, DC: National Association for the Education of Young Children.

Bredekamp, S., & Copple, C. (Eds.). (1997). *Developmentally appropriate practice in early childhood programs* (Rev. ed.). Washington, DC: National Association for the Education of Young Children.

Bricker, D. (1989). *Early intervention for at-risk and handicapped infants, toddler: and preschool children.* Palo Alto, CA: VORT Corp.

Bricker, D., & Bricker, W. (1971). *Toddler research and intervention project report:*

Year 1 (IMRID Behavioral Science Monograph No. 20). Nashville: George Peabody College, Institute on Mental Retardation and Intellectual Development.

Bricker, D., & Carlson, L. (1980). An Intervention approach for communicatively handicapped infants and young children. In D. Bricker (Ed.), *Language intervention with children*. San Francisco: Jossey-Bass.

Bricker, D., & Carlson, L. (1981). Issues in early language intervention. In R. Schiefelbusch & D. Bricker (Eds.), *Early language: Acquisition and intervention* (pp. 477-515). Baltimore: University Park Press.

Bricker, W., & Bricker, D. (1974). An early language training strategy In R. Schiefelbusch & L. Lloyd (Eds.), *Language perspective: Acquisition, retardation, and intervention* (pp. 431-468). Baltimore: University Park Press.

Bricker, W., & Bricker, D. (1975). Mental retardation and complex human behavior. In J. Kauffman & J. Payne (Eds.), *Mental retardation* (pp. 190-224). Columbus, OH: Charles E. Merrill.

Bricker, W., & Bricker, D. (1976). The infant, toddler, and preschool research project. In T. Tjossem (Ed.), *Intervention strategies for high risk infants and young children*. Baltimore: University Park Press.

Bronfenbrenner, U. (1979). *The ecology of human development; Experiments by nature and design*. Cambridge, MA: Harvard University Press.

Bruner, J.(1977). Early social interaction and language acquisition. In H. Schaffer (Ed.), *Studies in mother-infant interaction* (pp. 271-289). San Diego: Academic Press.

Carta, J. (1995). Developmentally appropriate practice: A critical analysis as applied to young children with disabilities. *Focus on Exceptional Children. 27*(6), 1-14.

Carta, J., Schwartz, I., Atwater, J., & McConnell, S. (1991). Developmentally appropriate practice: Appraising its usefulness for young children wit.h disabilities. *Topic in Early Childhood Special Education, 11*(1), 1-20.

Dewey, J. (1976). *Experience and education*. London: Colliers MacMillan.

Duchan, J., & Weitzner-Lin, B. (1987). Nurturant-naturalistic intervention for language impaired children. *Asha, 29*(7), 45-49.

Dunst, C., Hamby, D., Trivette, C., Raab, M., & Bruder, M. (2000). Everyday famil and community life and children's naturally occurring learning opportunities. *Journal of Early Intervention, 23*(3), 151-164.

Farran, D. (2000). Another decade of intervention for children who are low income or disabled: What do we do now? In J.P. Shonkoff & S.J. Meisels (Eds.), *Handbook of early childhood intervention* (2nd ed., pp. 510-548). New York; Cambridge University Press.

Gallagher, J.J., & Ramey C.T. (1987). *The malleability of children*. Baltimore: Paul H. Brookes Publishing Co.

Goldberg, S. (1977). Social competence in infancy: A model of parent-infant Interaction. *Merrill-Palmer Quarterly, 23*, 163-177.

Greenfield, P., & Smith, J. (1976). *Structuring and communication in early language development*. San Diego: Academic Press.

Guralnick, M.J. (Ed.). (1997). *The effectiveness of early intervention*. Baltimore: Paul H. Brookes Publishing Co.

Heward, W (2003). Ten faulty notions about teaching and learning that hinder the

effectiveness of special education. *Journal of Special Education, 36*(4), 186-205.
Huefner, D. (2000). *Getting comfortable with special education law: A framework for working with children with disabilities.* Norwood, MA: Christopher-Gordon.
Hutinger, P. (1988). Linking screening, identification, and assessment with curriculum. In J. Jordan, J. Gallagher, P Hutinger, & M. Karnes (Eds.), *Early childhood special education: Birth to three* (pp. 29-66). Reston, VA: Council for Exceptional Children.
Kauffman, J. (1999). Commentary: Today's special education and its message for tomorrow. *Journal of Special Education, 32*(4), 244-254.
Koegel, R.L., & Koegel, L.K. (1995). *Teaching children with autism: Strategies for initiating positive interaction: and improving learning opportunities.* Baltimore: Paul H, Brookes Publishing Co.
MacDonald, J. (1985). Language through conversation: A model for intervention with language delayed persons. In S. Warren & A. Rogers-Warren (Eds.), *Teaching functional language* (pp. 89-122). Baltimore: University Park Press.
MacDonald. J. (1989). *Becoming partners with children.* San Antonio, TX: Special Press.
MacMillan, D. (1977). *Mental retardation in school and society.* Boston: Little, Brown and Co. Adult Trade Division.
Novick, R. (1993). Activity-based intervention and developmentally appropriate practice: Points of convergence. *Topics in Early Childhood Special Education, 13*(4), 403-417.
Odom, S.L. (1988). Research in early childhood special education: Methodologies and paradigms. In S.L. Odom & M.B. Karnes (Eds.), *Early intervention for infants and children with handicaps: An empirical base* (pp. 1-21). Baltimore: Paul H. Brookes Publishing Co.
Oliver, C., & Halle, J. (1982). Language training in the everyday environment: Teaching functional sign use to a retarded child. *Journal of The Association for the Severely Handicapped, 8,* 50-62.
Piaget, J. (1970). Piaget's theory. In P. Mussen (Ed.), *Carmichael's manual of child psychology* (Vol. 1, pp. 703-732). New York: John Wiley & Sons.
Ramey, C., & Ramey, S. (1991). Effective early intervention. *Mental Retardation, 30,* 337-345.
Rule, S., Losardo, A., Dinnebeil, L., Kaiser, A., & Rowland, C. (1998). Translating research on naturalistic instruction into practice. *Journal of Early Intervention, 21*(4), 283-293.
Shonkoff, J.P., & Meisels, S.J. (2000). Early childhood intervention: The evolution of a concept. In J.P. Shonkoff & S.J. Meisels (Eds.), *Handbook of early childhood intervention* (pp. 3-31). New York: Cambridge University Press.
Shonkoff, JP, & Phillips, D.A. (Eds.), (2000). *From neurons to neighborhoods.* Washington, DC: National Academies Press.
Snyder-McLean, L., Solomonson, B., McLean, J., & Sack, S, (1984). Structuring joint action routines. *Seminars in Speech: and Language, 5*(3), 213-228.
Staats, A. (1964). *Human learning.* New York: Holt, Rinehart & Winston.
Tjossem, T. (Ed.). (1976). *Intervention strategies for high risk infants and young*

children. Baltimore; University Park Press.

Uzgiris, I. (1981). Experience in the social context. In R. Schiefelbusch & D. Bricker (Eds.), *Early: language: Acquisition and intervention*. Baltimore: University Park Press.

Warren, S., & Kaiser, A. (1986). Incidental language teaching: A critical review *Journal of Speech and Hearing Disorders, 51*, 291-299.

Warren, S., & Kaiser, A. (1988). Research in early language intervention. In S. Odom & M. Karnes (Eds.), *Early intervention for infants and children with hundicaps: An empirical base* (pp. 89-108). Baltimore: Paul H. Brookes Publishing Co.

Warren. S., & Rogers-Warren, A. (Eds.). (1985). *Teaching functional language*. Baltimore: University Park Press.

Wolfensberger, W. (1969). The origin and nature of our institutional models. In R. Kugel & W. Wolfensberger (Eds.), *Changing patterns in residential service: for the mentally retarded* (pp. 59-72). Washington, DC: President's Committee on Mental Retardation.

第2章

ABIとは

障害のある幼児やそのリスクのある幼児に対する介入の主な目的は、重要な発達的スキルの獲得と般化を促すことである。これを通して、子どもがさまざまな環境で、できるだけ自立できるようになることを意図している。そのためにも、学習・発達上の目標を達成できる支援を用いた介入が求められる。この章では、ABIについて説明する。このアプローチは、日々の活動という文脈の中で、個々の目標が達成されるよう、特別に開発されたものである。ABIを進めるにあたっての基本は、さまざまな環境・状況にわたって使用できる機能的なスキルを獲得することである。

　子どもが個別の目標を達成できる機会を最大限活かすために、ABIでは子どもが経験する日々の相互作用の中に介入を位置づける。このアプローチによって、環境とのやりとりを活用する意図が明らかになり、またそのような介入を実施する枠組みが与えられる。子どもと社会的・物理的環境との間の相互作用が、どのように子どもの学習に必要な情報・フィードバックを与えるのかについて、図2.1に示した。

　最初のコマでは、トビアが本を見て「お馬さん！」と言っている。近くにいる母親が、トビアに言ったことをくり返すよう求め、トビアはもう一度「お馬さん！」と言う。2コマ目では、母親はトビアが読んでいるものを見て、「まぁ、どこでお馬さんを見つけたの？」とたずねている。トビアは本の馬の絵を指しながら「ここ、見て」と答える。母親は「あら、馬がいたわ」と言って理解したことを伝えている。それから母親は、「茶色ね」と言ってトビアのコメントを発展させている。トビアはもう一度絵を見て、「茶色？」とたずねている。3コマ目では、母親はカーペットの上に一緒に座り、馬の絵を指差している。母親は「そう、馬は茶色よ。馬には茶色のたてがみもあるわね」と言っている。母親が新しい言葉と知識を紹介することで、トビア独自の馬に対する興味が維持されるだけではなく、馬の他の属性にも視点が広がることになる。母親のコメントに答えて、トビアは「たてがみ？」とたずね、母親は「そうよ。馬の首にある毛をたてがみと呼ぶのよ」と答えている。トビアは「たてがみ」と言って母親のコメントの一部をくり返している。4コマ目では、母親は「あなたにはたてがみがある？」とたずね、たてがみへの気づきを発展させている。トビアは「いいえ、私のは髪の毛」と答える。母

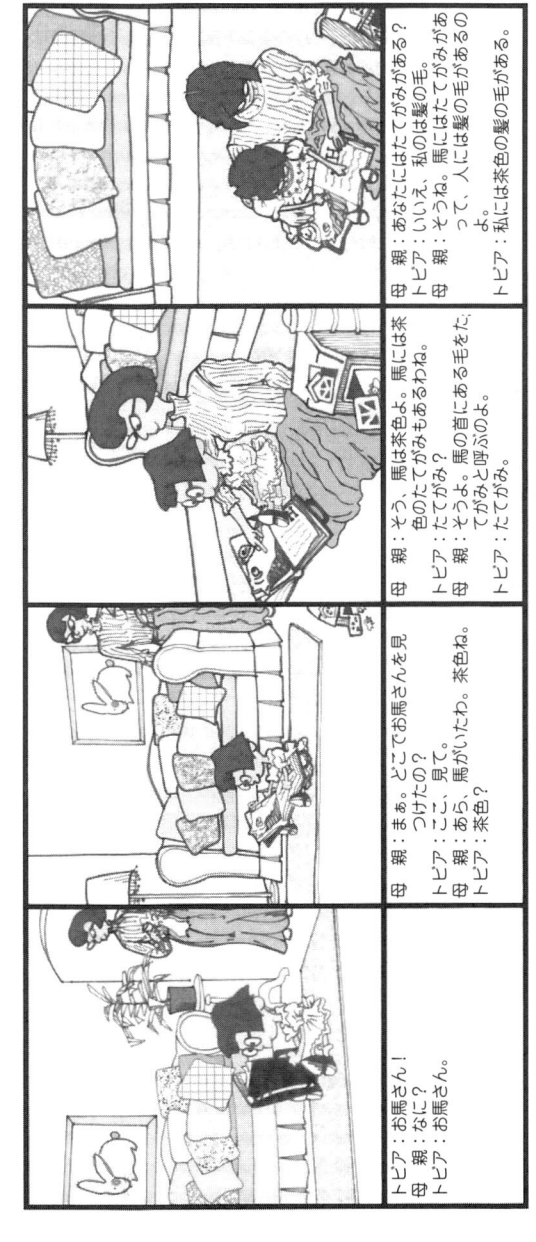

コマ1	コマ2	コマ3	コマ4
トピア：お馬さん！ 母 親：なに？ トピア：お馬さん。	母 親：まあ、どこでお馬さんを見つけたの？ トピア：ここ、見て。 母 親：あら、馬がいたわ。茶色ね。 トピア：茶色？	母 親：そう、馬は茶色よ。馬には茶色のたてがみもあるわね。 トピア：たてがみ？ 母 親：そうよ。馬の首にある毛を、てがみと呼ぶのよ。 トピア：たてがみ。	母 親：あなたにはたてがみがある？ トピア：いいえ、私のは髪の毛。 母 親：そうね。馬にはたてがみがあって、馬には髪の毛があるのよ。 トピア：私には茶色の毛があるの。

図2.1．子どもと社会的・物理的な環境との日々の相互作用によって、学習に必要な情報・フィードバックが与えられていることを示した図

親は「そうね。馬にはたてがみがあって、人には髪の毛があるのよ」と言ってトビアの答えを肯定している。トビアは「私には茶色の髪の毛がある」と言って、母親のコメントの一部をもう一度くり返している。

　トビアと母親の相互作用の中には、いくつかの興味深い特徴がある。第1に、この相互作用は、いずれの場面も子どもから始まり、子どもが主導していた。トビアの母親は子どもに寄り添いながら、必要に応じて情報を追加したり、フィードバックを行っている。第2に、親子のやりとりは、トビアの発達段階に応じたやりとりが続いているということである。第3に、この相互作用は固定的ではなく、意味のある方法で展開され、変化しているという特徴がある。第4に、お互いが応答的な関係であれば、そのやりとりが多少形式的であっても、意義のあるものであるということである。

　ABIは、トビアと母親とのやりとりのように、日々の相互作用を利用するように意図されたものである。日々の相互作用の中で用いられるABIについて、次のジョエル、アリソン、デシャウンの事例を示す。

ジョエル（11か月）

　ジョエルは、手の届かないところにお気に入りのボールを見つけ、長いすのそばでうろうろしていた。ジョエルはボールを指し、「ボ？」と言う。父親が傍を通ると、ジョエルは父親を見て、ボールを見返し、もう一度指差して「ボ？」と言う。

　父親は立ち止まり、ジョエルに向かって、「ボール。ボールがほしいの？」と言う。

　ジョエルは「ボ」と言い、父親は「ボールで遊びたいんだね？」と答える。

　ジョエルはまず父親を見て、ボールを見て、それから父親に戻って「ボ」と言う。父親はボールを取って、ジョエルの横の長いすに置く。ジョエルはそのボールを手に取る。

　父親は手を差しだして「そのボールを投げてごらん」と言う。ジョエルはボールを投げ、笑って、腕を振る。父親は笑って、ボールを拾い、ジョエルに向かって差し出す。「ボールがほしい？　こっちまでおいで」

　ジョエルは「ボ」と言い、父親に向かって数歩進む。

父親はまたボールを差し出し、「ボールはここだよ」と言う。

アリソン（5か月）
　アリソンは、兄が食事を片付けている間、キッチンカウンターの子ども用の椅子に座っている。アリソンは腕を振って『クークー』と言う。兄はアリソンの方を向き、『クークー』と言って真似る。それから兄が紙袋を捨てようと手に取ると、その紙の音がアリソンの注意を惹く。アリソンは紙をジッと見て、腕を振る。兄が紙袋を振ると、アリソンはすぐに静かになり、紙袋を見つめる。すると兄は紙袋をアリソンが届く場所に置く。アリソンは紙袋に手を伸ばし、それをつかみ、口に入れようとする。兄は「これは音の出る紙袋だよ」と言う。兄はアリソンの手を取り、紙袋を振るようにアリソンの腕を一緒に動かす。袋が動くと音が出て、アリソンは動くのをやめる。数秒後、紙袋の音が出るように、兄はまたやさしくアリソンの腕を振る。アリソンはしばらく動きを止めるが、すぐに音が出るように自分で腕を振る。

デシャウン（5歳）
　デシャウンが泣きながら家に入ってきた。祖母は何があったのかたずねる。デシャウンは、友だちに自分のおもちゃのトラックを取られたと泣きじゃくる。祖母はデシャウンを慰めてから、「どうしましょうね？」とたずねる。デシャウンは肩をすくめる。祖母は「ハイデンにトラックで一緒に遊ぼうと言える？
　それとももう1つトラックを探す？」と言う。
　デシャウンは寝室へ走っていくが、すぐに「トラックがない！」と祖母に向かって叫ぶ。
　祖母は「どこを探したの？」と返事をする。
　「おもちゃ箱の中を見たよ」とデシャウンは言う。
　「他のところも見た？」と祖母はたずねる。
　数分後、デシャウンは手に赤い消防車を持って祖母の前に立ち、「ベッドの下にあった」と言う。

　これまでの場面では、トビア、ジョエル、アリソン、デシャウンが活動を

始め、子どもにその主導権があった。この4人の子どもに起こった出来事は、論理的かつ連続的であり、その相互作用はいずれの場面でもそこにいる両者にとって意味のあるものであった。ABIは、日々の子どものやりとりや活動をうまく活用することを促すものである。ただし、活動または相互作用の全てが、子どもにとって重要・適切であるとは限らないので、相互作用や活動の性質または種類といった事柄には注意を払ってもらいたい。

では、次のロリとトマセロの事例を考えてみよう。

ロリ（16か月；ダウン症）

　ロリが、おもちゃに向かってハイハイしている。母親は間に入って、ロリを抱き上げ、テーブルの小さな椅子にロリを座らせる。母親はテーブルの向かいに座って、「さぁ、ロリ、おもちゃを見つけましょう」と言う。母親は、隠されて見えないものを見つけることが、今日のロリの課題であることを説明していく。まず母親は、ロリが見えるように小さなガラガラを握る。ロリはそのガラガラを見て、手を伸ばす。ロリがガラガラに触らないように、母親はガラガラを動かし、ロリがじっと見ている間に、小さな布の下にそれを置いて、「ロリ、ガラガラを見つけて」と言う。ロリは目を背けるが、母親は布を振って反応を促そうとする。ロリは布を見て、それを取る。ロリは布を振って、「いないいないばぁ」をするために、頭の上に置く。母親は「ロリ、ガラガラを探して」と言い、ロリの頭から布を取る。ロリは手でガラガラを床へ払い落としてしまう。

トマセロ（5歳；二分背椎、発達遅滞）

　トマセロは、父親のひざに座っている。父親が「さぁ、色当ての時間だよ」と言う。父親は色のサンプルがついた、小さなカードセットを手に取る。トマセロに最初のカードを見せて、「これは何色？」とたずねる。

　トマセロはカードを見て、「赤」と言う。

　「すごい。正解」と父親は言う。次のカードをめくって、父親はもう一度「これは何色？」とたずねる。

　「赤」とトマセロは言う。

　「違う。これは緑。緑と言ってごらん」と言う。

トマセロは部屋を横切る犬を見ながら「緑」と言う。

「オーケイ」と父親は言う。父親は次のカードをめくって、「これは何色？」とたずねる。

トマセロは父親を見て、確信なく「緑」と言う。

先ほどの場面とは対照的に、ロリとトマセロの養育者がやりとりを開始し、主導していた。養育者の意図はわかりやすく、子どももよく応じていたが、こうしたやりとりを繰り返し観察してみると、介入の効果に関する疑問がわいてくる。つまりそうした介入は、子どもの動機づけがあるようにも、またその活動が大事なことであるようにも思えない。次のロリと母親、トマセロと父親の別の場面を考えてみたい。

ロリ

ロリは床にある小さな人形に向かってハイハイしている。母親はその人形がロリのお気に入りであることを知っている。ロリがおもちゃの方へ移動している時、母親は人形の上にタオルを落とす。ロリはハイハイを止めて座り、「ロリ、お人形さんはどこ？」と言う母親を見る。ロリがタオルを見ると、母親が「お人形さんを見つけましょう」と言う。ロリはタオルを取り、人形を取って抱きしめて、母親に笑いかける。母親は「お人形さん見つかったね。人形って言ってごらん？」と言う。

ロリは「に」と言い、人形を指さす。

トマセロ

トマセロが着替えていると、父親が「今日は何色のシャツが着たい？　赤か緑があるよ」と言う。トマセロが緑のシャツを指すと、父親は「このシャツは何色？」と言う。トマセロはシャツを見るが、答えない。父親は「これは緑。緑と言ってごらん？」と言う。

トマセロはシャツを指しながら「緑」と言う。父親はシャツの色をもう一度たずねながら、トマセロがシャツを着るのを手伝う。

この２つの事例では、前回と違い子どもと大人の双方が主導権をもち、関わりあう姿を説明した。次の２つの例では、子どもたちのグループとその介入者の間に生じるやりとりを説明する。これらは、子どもが主導するもの（モアヘッド幼稚園）と、大人が主導するもの（プレザント・ヒル幼稚園）とに区別することができる。

モアヘッド幼稚園

　モアヘッド幼稚園は、子ども主導のプログラムを行う幼稚園であり、先生が子どもの意見を尊重しながら、多様な学習機会を創り出し、さまざまな発達の状態にある子どもに対応している。例えば、はじめの会で先生は、「今日は何のお歌を歌いましょう？」と子どもにたずねる。子どもはいくつもリクエストをする。先生はリクエストされた歌をボードに書き出し、「６曲選びましょう。今日どのお歌を歌うか、どうやって決めましょうか？」と言う。子どもと先生は優先する歌を話し合う。１日にしてはたくさん歌がありすぎるので、その日半分の歌を歌い、次の日にもう半分を歌おうと決める。図2.2で描かれているように、先生はどの歌を歌うか、子どもが提案できるよう促している。つまり先生は、子どもの興味にもとづいて活動を選択している。さらに先生は、読み書き、算数、問題解決、社会的なコミュニケーション、社会性などの目標に取り組む多様な学習機会を創り出している。最後に先生は、子どもをその発達の状態に応じて参加させている（例えば、そばに居させること、他者を見ること、歌のカードを持つこと、質問に答えること、意見を求めること）。

プレザント・ヒル幼稚園

　プレザント・ヒル幼稚園は、大人が主導するアプローチを用いる。集団活動は、指定された場所に静かに座るよう、先生が求めることから始まる。いったんそれができると、先生は今日どの活動をすることができるのかを説明し、幼児に教室でのルールを思い出させる。そして先生は曜日を確認する（例えば、子どもは今日の曜日や天気をたずねられる）。１人の子どもは、正しい「曜日」のカードを選び、ボードに置くよう求められる。もう１人の子どもは正しい「天気」のカードを選び、同じように求められる。そして先生が、「みんなで雨の

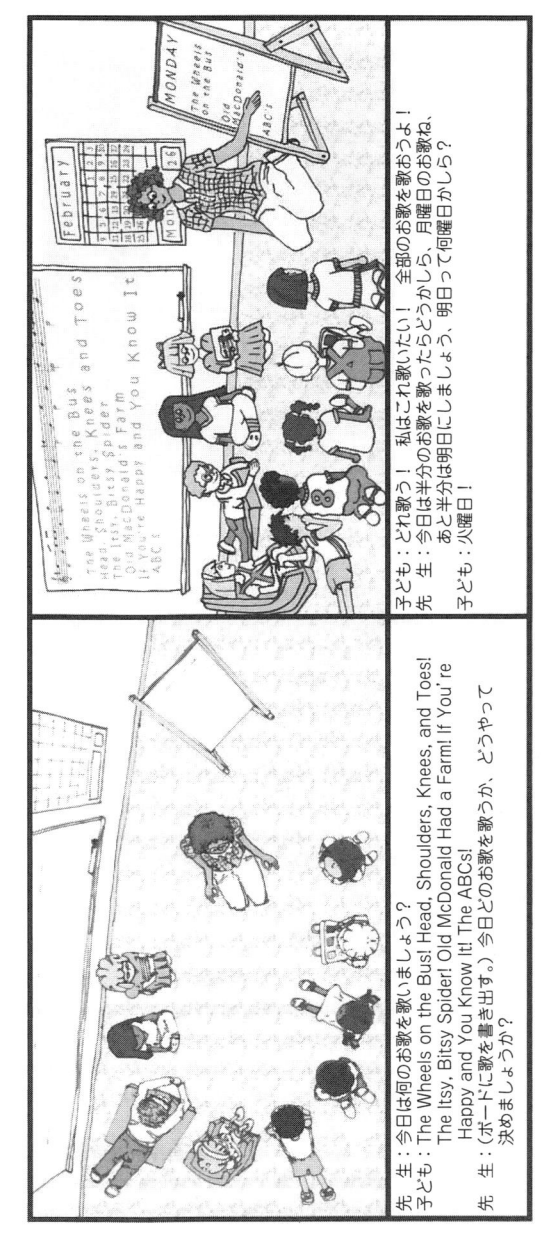

先生：今日は何のお歌を歌いましょう？
子ども：The Wheels on the Bus! Head, Shoulders, Knees, and Toes!
The Itsy, Bitsy Spider! Old McDonald Had a Farm! If You're
Happy and You Know It! The ABCs!
先生：(ボードに歌を書き出す。) 今日どのお歌を歌うか、どうやって
決めましょうか？

先生：どれ歌う！私はこれ歌いたい！全部のお歌を歌おうよ！
先生：今日は半分のお歌を歌ったらどうかしら、月曜日のお歌ね。
あと半分は明日にしましょう、明日って何曜日かしら？
子ども：火曜日！

図2.2. 子ども主導のプログラムのモアヘッド幼稚園で行われる集団活動の図

日のお歌を歌いましょう」と言う。先生が活動を選択し、主導している間、子どもは自分の興味を示す機会はほとんどない。

図2.2や先の例で示されているように、この2つの例は、学習機会の中で子どもの興味が引き出され、形成される場面と、子どもの学習を高めるための活動を大人が選択し、主導する場面とに区別することができる。推奨される実践が自然主義的な方法へ移行しているにもかかわらず（Hanson & Bruder, 2001）、子どもたちに提供されるプログラムを調べてみると、障害のある子どもに対して行われている介入の多くが、未だに大人主導の方法に依存している。最初のロリ、トマセロの場面、プレゼント・ヒル幼稚園で描かれたような場面は、おそらく多くの場所で見ることができるだろう。本書で説明するアプローチは、こうしたものとは異なるものである。

ABIは、トビア、ジョエル、アリソン、デシャウンらと保護者の間、またはモアヘッド幼稚園の子どもと先生との間に見られる、学習のエッセンスをうまく利用するように開発されている。このアプローチは、子どもの動機づけと、子どもにとって意味や関連のある活動を用いる。以下では、幼児やその家族に対する支援を行う上で欠かせない、アプローチの枠組み（目的・ねらい・要素または基本的な実施プロセス）について説明していく。

介入のための活動に根ざしたアプローチ

ABIの目的は、障害のある幼児やそのリスクのある幼児が、発達上重要なスキルを学習し、使用できるように支援することである。このアプローチの基本は、幼児とその物理的・社会的環境との間に生じる日々の相互作用にある。これらの日々のやりとりの中で、子どもたちは多くのことを学習する。活動に根ざしたアプローチでは、子ども主導の活動、ルーチン活動、そして設定活動の中に、治療・教育的な目標に取り組む学習機会が組み入れられる。これらの自然な（すなわち、意味のある）活動は、幼児に多様な経験の機会を提供する。さらにABIは、それを用いる人が、子どもと環境のやりとりを利用し、発達と学習を効果的に促す枠組みを提供する。図2.3に示したと

おり、このABIの枠組みの中には、目的、ねらい、要素、基本的なプロセス、が含まれている。

　ABIの目的は、幼児が機能的・発達的に適切なスキルを習得し、般化することを促進することである。こうした目的のもと、多様な学習機会を提供するために、物理的・社会的環境の間に生じる日々の相互作用が用いられる。適切に学習機会が与えられることで、幼児は機能的で般化する行動が促される。ただその際にはタイムリーで適切な結果操作・フィードバックも必要となる。ABIは、日々の相互作用に焦点を当てている。このアプローチは4つの要素から構成される。

- □ 子ども主導の活動、ルーチン活動、設定活動
- □ 多様な学習機会
- □ 機能的で般化できる目標
- □ タイムリーで適切な結果操作またはフィードバック

　ABIの基本的なプロセスは、自然にある活動に学習機会を埋め込むことである。埋め込むとは、つまり活動をうまく拡大・修正するという方法を用いて、もしくは活動の中にうまく組み込むという方法を用いて、子どもの目

目　的：	子どもの学習を高め、発達上重要なスキルを用いること			
焦　点：	自然な活動の間の子どもと環境のやりとり			
ねらい：	1	2	3	4
	子ども主導の活動、ルーチン活動、設定活動	多様な学習機会	機能的で、般化可能な目標	タイムリーで適切な結果操作・フィードバック
基本的なプロセス：	埋め込みは、（子ども主導の活動、ルーチン活動、設定活動）日々の活動を通して起こりうるプロセスであり、それを通して子どもに期待される反応を子どもから引き出す（すなわち、機能的で般化するスキルを示す）、多様な学習機会を提供することである。それらは子どもの行動に直接的に関連する、あるいは付随する、タイムリーな結果操作・フィードバックの提供によって支えられる。			

図2.3. 目的、ねらい、要素、基本的なプロセスを含むABIの枠組み

標を位置づけていこうとするプロセスのことである。

　次の節では、まず子どもと環境の相互作用の考え方について示す。続いてABIのそれぞれの要素について論じる。最後に、包括的なアプローチの中に、それらの要素を含んだ学習機会を適切に埋め込んでいくプロセスについて説明する。

子どもと環境のやりとり

　子どもと環境との相互作用を理解することは、ABIの実践において欠かすことができない。相互的であるということは、「相互に影響を与え合う」ということを意味している（Sameroff & Chandler, 1975; Sameroff & Fiese, 2000; Warren, Yoder, & Leew, 2002）。例えば、乳児のアリソンはクークーと言い、兄はその声を模倣する。兄の模倣は、同時にアリソンの次の声の性質に影響するかもしれない。このように、生じている音声のやりとりは変化していくものである（例えば、さらに長く、もしくはもっと変化に富んだものになるかもしれない。または新たな要素が加わるかもしれない）。

ジョエル

　ジョエルは指さししながら「ダ？」と言う。

　父親はジョエルが指したものがわかって、「ジョエルのクルマだよ。車がほしいの？」と言う。

　ジョエルはうなずいて、「ク……」と言う。父親との次のやりとりの間に、ジョエルは指を差して、新たに子音・母音を組み合わせた「ク……」を使う。

　このジョエルと父親のやりとりは、双方向的に影響し合うことと、どのようにやりとりが変容していくかについて説明している。子どもと環境のやりとりは学習の要であり、子どもの行動のレパートリーに変化を生じさせるために用いられるだろう。望ましい変化や成長のためには、子どもにとって自然な活動とさまざまな出来事に焦点を絞って、介入に取り組むべきである。そうした意味では、自然であるとは、子どもにとって重要で適切な相互作用を意味し、同時に日々の活動の流れをうまく統合・利用することを意味する。アリソンと兄、ジョエルと父親とのやりとりは、自然な相互作用の例を示しているが、そうではないやりとりは、わざとらしく、不自然で、孤立したものであり、子どもにとって意味のないものである。例えば、子どもにものの名前を教えようとして、フラッシュカードの絵を答えさせようとすることは、興味をもったおもちゃについての子どもの質問に答えることに比べて、自然とは言えない。同様に、身体の意識やバランスを改善しようとして、子どもに平均台を歩く練習をさせることは、公園の遊具で子どもを遊ばせることに比べて、自然とは言えない。単独で子音 ― 母音の組み合わせを作り出すことを学習することは、何らかの期待があり、その期待を得るために言葉を学習することに比べて（例えば、子どもがジュースをもっとほしいときに「も」と言う）、不自然なものであろう。子どもが高い椅子からおもちゃを落とした時に、自分でものの耐久性について学習することは、大人がものを操作してそれを子どもに探させることよりも、意味があり（すなわち自然で）適切であろう。

　養育者や保育者は、できるだけ自然な子どもと環境の相互作用を用いるよう努めるべきである。このことは、個々の子どもの長所・関心・ニーズを把

握したり、それをうまく用いて介入を計画することを意味するが、このためには、ABI がもつ 4 つの要素について考えなければならない。以下、それぞれの要素について説明していく。包括的なアプローチである ABI において、4 つの要素がお互いにどのように関連し合っているのかに注意してほしい。

要素1：子ども主導の活動、ルーチン活動、設定活動

　活動に根ざしたアプローチでは、3 種類の活動が、子どもと環境の相互作用の文脈として用いられる。それぞれの活動は、多様な学習機会を提供してくれる。次節で説明するような学習機会を通して、子どもは機能的で意味のあるスキルを身につけることができる。3 種類の活動とは、子ども主導の活動、ルーチン活動、設定活動である。

子ども主導の活動

　子ども主導の行為・遊び・活動とは、子どもが始める、もしくは子どもが活動を導いていくことを意味している。例えば、ペーターが誰にも促されないで三輪車に乗る・砂場で遊ぶことを選んだときには、子ども主導の活動をしている、ということになる。集団活動のときに子どもを集合させることは、子ども主導の活動というよりもむしろ、大人主導の活動である。しかし、子ども主導の活動は、集団活動内でも可能である。例えば子どもが、自分たちが歌う曲や種類を選択することができたり、すべての子どもが椅子に座らせられるのではなく、自分が快適な場所や位置に座ることが許されていたりする場合などである。子どもに活動やさまざまな出来事の流れを任せること自体は、大人主導の設定活動でも行うことができる。

　子ども主導の活動は、子どもの動機づけや興味を利用するものであり、また集団や環境の中で学習の質を高めることが指摘されてきた（例えば、Goetz, Gee, & Sailor, 1983; Griffin, 2000; Mahoney & Weller, 1980; Stremel-Campbell & Campbell, 1985）。子ども主導の活動を用いる大人は、1）子どもの主体性に寄り添い、2）子どもの興味を基本とし、3）子どもが始めた反応や、やりとりに合わせようとする。

子ども主導の活動は、通常子どもにとって適切で、自然なものである。もし子どもがある活動を始め、それに没頭するのであれば、子どもはそのように動機づけられているにちがいない。なぜならその活動は適切で、意味があるもので、子ども自身を強化しているからである（その活動は自然なものと定義される）。さらに子どもが与えられた活動に動機づけられ、興味をもっている場合には、参加するために食べ物のような一時性の報酬、または人為的な報酬を用いる必要はない。例えば多くの子どもにとっては、手を伸ばしてほしいおもちゃをつかむこと自体が、手を伸ばしつかむという行為を行うための十分な報酬なのである。

　子ども主導で行おうとするならば、大人は、発達上重要なスキルを身に付け、般化するよう、子どもの興味を利用することが必要になる。アリソンやジョエルが始めたようなやりとりを通して、親は子どもの動機づけや興味を利用できるようになる（例えばジョエルの父親は、単語を教えるために、息子のボールへの興味を利用した）。モアヘッド幼稚園や、図2.2の例では、子どもは普段歌う曲や種類を提案するなど、子ども主導の活動を行うことができた。他の例でも、ロリの母親は「いないいないばあ」をしながら、子どもの自発性を大切にしていた。設定された目標に向けた取り組みはそのまま行われるのだが、活動の選択は子ども自身が行っていた。

　ただし、子ども主導の活動の全てが標的とする目標の獲得や使用を促すというわけではない。例えば自閉症のエディの場合、活動中ずっと常同行動を示すかもしれない。介入者や養育者にとって課題となることは、「ものを使って、機能的に適切な行動をする」という目標に関連した行動に取り組むよう、エディの反応を徐々に変化させたり、広げることである。エディが示す行動が、おもちゃのトラックのタイヤを繰り返し回すことであれば、母親は床におもちゃを置き、おもちゃを前へ押すようエディに促すだろう。こうして、おもちゃを用いた機能的で適切な行動を作り出すのである。

ルーチン活動

　ルーチン活動は、人が日々生活をしていく上で当たり前に行われ、かつ必要不可欠な出来事を指す。衣食・入浴・お出かけ等はすべてルーチン活動の

例である。多くの人がこのルーチン活動の中で、必ず行わなければならない規則のような行動を行っている。こうしたルーチン活動の中に学習機会を埋め込むことで、子どもは設定された目標を実際に行う機会をより多く得ることができる。例として、「ものや人や出来事を説明するため2語文を用いる」というヘイデンのコミュニケーションに関する目標を取り上げる。食事や入浴時間などのルーチン活動で、保護者が2語文のモデルをヘイデンに示すことによって（例えば、私のタオル、冷たい水、全部終わった、もっと洗う）、機能的で般化できるスキルの練習を繰り返し行うことができる。

ヘイデンのもうひとつの目標は、自分で脱衣することである。この目標にヘイデンが取り組む上で、就寝の準備というルーチン活動は理想的な活動であろう。なぜなら就寝時には着替えるので、靴下、靴、シャツ、ズボンを脱ぐよう、ヘイデンに働きかけることができるからである。さらにこの目標は、ヘイデンが部屋に入る際、セーターやジャケットを脱ぐときにも実践できる。

実践する機会を増やせることに加えて、ルーチン活動は子どもにとってごく自然なものであるため、より機能的な目標が達成されやすくなる。ヘイデンが目指す目標は機能的であり、またそれは将来の自立を助けるようなものであろう。ルーチン活動の中で目標に関する学習機会として位置づけることで、発達上重要なスキルの獲得・維持に役立つ機会を増やすことができるのである。

設定活動

設定活動とは、大人主導のもと計画される出来事・活動を言う。例えば、3歳のフランシンが遊ぶために母親と公園へ行く、あるいはリモン先生が動物園の物語を読んで自分のところに子どもを集める、などの活動がそうである。十分考慮された設定活動を用いることで、目標に向けた多様な学習機会を提供することができる。設定活動がうまく使われるためには、子どもの現在の能力のレベル（長所や興味を含む）、十分な計画、目標に関する十分な意識などに関する知識が必要となる。設定活動は、目標に向けた実践を行うことができる多様な機会を作り出す手段として、構成されるべきである。フランシンには2つの目標がある。「年齢相応の活動を開始し終了すること」

と「両手を使ってものを上手に扱うこと」である。十分な計画、フランシンに関する包括的な情報、標的とする目標に関する知識をうまく用いることで、そのスキルを実践する機会を多様な活動の中に埋め込むことができる。例えば、クッキー作りや、運動場での科学実験、友だちとのアート・プロジェクトといった活動である。加えてフランシンの親は、一緒にぬり絵やパズルをするよう促すことで、家庭でも学習機会を与えることができる。

　設定活動では、できるだけ自然な活動の中で取り組めるよう、多様な機会を子どもに与えるべきである。また、介入者が個々の目標に取り組む設定活動は、子どもが興味をもつもので、また魅力的な方法を用いるべきである。

要素2：多様な学習機会

　子どもに与えられる学習機会の性質や頻度について考えることは重要である。子どもはさまざまな環境、人、条件の中で新しいスキルを使わなければならない。厳密に言えば、出来事において同じことが繰り返されるということはない。したがって、子どもは多様な条件に適応できる方法を学ばなければならない（Stokes & Baer, 1997）。例えば人は、雨の時や風が強い時、またおしゃべりしている間や荷物を運んでいるときであっても、さまざまなドア（小さい、大きい、重い等）を開けなければならない。こうしたごくありふれた現実は、固定的な条件下で行われる構造化されたルーチンを子どもに教えることの重要性・意味を、強く否定するものである。目標の設定を行うことで、多様な環境の中でも生活していくことができるよう、柔軟な行動レパートリーの獲得が促されなくてはならない。したがって学習機会は、子ども主導の活動、ルーチン活動、設定活動など多様な活動の中で提供されるべきなのである。

　発達上重要なスキルの獲得・般化のためには、ある程度の学習機会が保障されなければならない。残念なことではあるが、個々の目標を展開させるために提供される実践の機会はそれほど多くはなく、限定的なものであることが、多くの研究により指摘されている（例えば、Fleming, Wolery, Weinzierl, Venn, & Schroeder, 1991; Pretti-Frontczak & Bricker, 2001; Schwartz, Carta, & Grant, 1996）。十分な学習機会というものは、おそらく偶然に生じ

るものではない。そのため、大人の意図的な介入や十分な検討が必要となるだろう。適切な学習機会を保障するための手順については、後の第4、5章で論じることとする。

　学習機会が子どものためになるには、子どもにとって適切で、意味があるものでなくてはならない。つまり、子どもの現在の発達上の能力や興味と合ったものであるべきで、自然な活動ややりとりの中で目標が展開されるべきである。子どもが両手を使ってものの操作を学習している場合、例えばはさみで形を切るという場合には、以下のような事柄に配慮がなければ、子どものためにはならない。1）はさみで切るために必要なスキルをもっているか。例えば、にぎる、単純な指示に従う、まっすぐ座るといった能力。2）子どもが切ることに興味をもっているか。3）共同注意が保持されているか。例えば、子どもが窓から外を見ているのに、大人が手を取って教え手伝おうとする場合には、どれだけ実践を行ってもそれはものの操作の獲得にはつながらないだろう。意味のある学習機会を提供しようとするならば、チームは丁寧に子どもの観察を行わなければならない。

要素3：機能的で般化する目標

　相互作用またはその中に埋め込まれる学習機会は、子どものコミュニケーション、運動、適応行動、社会性、問題解決などのスキルを広げる行動に焦点を当てるべきである。発達上重要なスキルを引き出す学習機会を通して、子どものレパートリーは増加するだろう。ABIの基本は、機能的で般化できる治療教育的な目標を目指すことにある。つまり幅広い行動を示し、また多様な環境や状況や人に対して利用できるのである。

　機能的な目標によって子どもは、自分にも他人にも満足できる自立した方法で物理的・社会的な環境と折り合いをつけることが可能となる。ここでは、**機能的な**という用語を子どもにとって有用なスキルという意味で用いる。例えば、ドアを開ける方法、蛇口をひねる方法、トイレを流す方法を学習することは、一般的に子どもにとって機能的なことである（すなわち有用である）。曜日を正しく言うことそのものは幼児の生活においては直接関係することではなく、したがって機能的な目標とはならない（もっとも年長の子どもであ

れば、それは適切かもしれない)。本にあるものを答えるという学習は、遊びで使っているものの名前を学習することほど、意味のあることではないだろう。多くの子どもにとって友だちとやりとりを始めるという学習（例えば、あいさつをする、友だちにおもちゃをあげる）は、"I'm a Little Teapot（私はかわいいティーポット）"を歌う学習をするよりも意味のあることだろう。歌を歌うような「楽しい」活動に参加することは、促進されるべきである。しかし養育者や介入者は、子どもの発達を促進するための活動の価値を認め、特に機能的なスキルを獲得するということを考慮すべきである。

　目標は機能的であるだけでなく、般化できるものでなければならない。**般化する**ということには、2つの重要な観点が含まれている。第1に般化させるためには、さまざまな状況・人・出来事や物事の中で用いることができる目標を選択することが重要となる。多くの場合、子どもは犬という単語をただ家のペットというのではなく、もの・絵・おもちゃ・生きている動物など、さまざまな種類・意味があるものとして学習しなければならない。犬という単語が般化されるには、さまざまな異なる状況でその単語を適切に用いなければならない。指先でつまむという行動が般化されるということは、さまざまな状況（例えば、食卓で、床で、浴槽で）や、さまざまなもの（例えば、麦チョコ、豆、動物クラッカー、コイン）や、変化に富んだ状況下（例えば、ものが固い、やわらかい、ぬれている、乾いている）で対応できなければならないということである。

　第2に般化に関する観点として、子どもは状況・物・人・条件に応じて、自分の行動を変えていく方法を学習する必要がある。例えば、機能的な目標を指示に従うこととする。その行動が般化されるためには、先生や親の指示に応じて対応を変えることができなければならない。また子どもたちは、代用可能な対応の幅をもっていなければならない。例えば、「パパはどこ？」とたずねられたら、子どもは適切にパパを指し示したり、あるいはパパの方に行ったり（もし父親が部屋にいるのなら）、父親を見ながら「パパ」と言ったり、わからないと首を振って示したりしなければならない。

　通常目標は、家庭のニーズを考慮にいれる必要があり、また発達的・個別的にも適切で、日々の活動に参加する際に必要なものである。介入のた

めの目標もまた、通常のカリキュラムや家族のルーチンへの子どもの参加を促すための、基本的なプロセスを提示するべきである。さらにチームは、介入の目標がスキルの獲得・使用に焦点化されているかを理解する必要がある（両者は異なる介入への取り組みを要するかもしれないが）。最後にチームは、全ての子どもに対する通常のカリキュラムにおける目標と、特別な子どもに対する個別的な目標との違いを理解しなければならない。

　それぞれの子どもの目標（個別の家族支援計画［IFSP］、または個別の支援計画［IEP］の中に記載される）は、現在の子どもの発達レベルや個々のニーズを考慮したうえで、調整されなければならない。また目標は、さまざまな活動の中での自立と参加を促進するようなものであるべきである。多くの場合、チームは取り組みやすいというスキルではなく、実現可能な介入目標として、スキルを設定するだろう。したがって、チームは目標に優先順位をつける必要性がある。その場合、チームは目標の選定を行わなければならない。すなわち、1）介入がなければ発達しないであろうという目標、2）子どもの行動のレパートリーを増やすという目標、3）子どもが一般的なカリキュラム／日々の活動に参加できるという目標、4）子どもの発達レベルに合った目標、という基準を用いる必要がある。例えば、フラッシュカードの絵の名前を学習するよりも、要求言語を学習するほうが、より子どもの行動のレパートリーを広げる可能性がある。要求言語の学習によって、子どもはほしいものを手に入れることができ、大人や仲間に興味をもち、年齢にふさわしい活動や遊びに参加することができる。一方でフラッシュカードの絵の名前を答えることには限界がある。なぜならそれは、おそらく子どもにとって楽しいものではなく、自立や問題解決を促進しないような単一の活動であるからである。

　ABIは、幼児が機能的で般化する目標を自分のものとし、使用できるようデザインされている。このアプローチは、特殊な条件下で特別な指示に応じるように、子どもを教育するよう焦点を置いているのではない。つまりこのアプローチは、さまざまな条件のもとで、般化できる運動・社会性・適応行動・コミュニケーション・問題解決などのスキルを発達させることに焦点を置いているのである。

要素4：タイムリーで適切な結果操作とフィードバック

　子ども主導の活動・ルーチン活動・設定活動にただ子どもを参加させるだけでは、期待される変化が得られるとは限らない。そうした活動や学習機会の設定を通して、介入のための豊かで意味のある文脈が提供されなければならない。しかし最終的には、もっとも重要な要素が必要である。すなわちタイムリーで適切な結果操作やフィードバックである。これが適切に行われない場合、子どもは目標を獲得したり使用することはできないだろう。しかし、結果操作やフィードバックにおいては、2つの重要な基準を満たす必要がある。第1に、子どもに与えられる結果操作やフィードバックは、タイムリーに行われるべきであるということである。第2に、結果操作やフィードバックは、できるだけ、活動・行動・反応と直接関連があり、またその行動に対する論理的な結果として与えられるべきである、ということである。

　効率的・効果的な学習を促進するために、タイムリーで適切な結果操作やフィードバックを行う必要があるということに関して膨大な著作がある（例えば、Duncan, Kemple, & Smith, 2000）。子どもの行動とその後の結果操作やフィードバックを結びつけることは、幼児または学習に課題のある子どもにとって重要であろう。もし幼児がコップを指して「ジュ」と言い、即時にそのコップをもらえたなら、その子どもはすぐに、どんな行動をすればジュースがもらえるのかを学習することができるだろう。しかし、もし指差しや発声を行ってもジュースがもらえなかったら、その幼児は他の反応を試みるかもしれない（例えば、叫ぶこと）。もし子どもの反応とジュースをもらえることの間に相当の時間がかかってしまったら、指差しと声かけでジュースをもらうことの学習には時間がかかるかもしれない。介入者や養育者はできるだけ即時に結果操作またはフィードバックを子どもに与える必要がある。それによって、子どもは自身の行動とそれに続く結果操作やフィードバックとの関係性に気付くことができるのである。

　ABIの結果操作・フィードバックの提供に関する2つ目の基準は、子どもの行動とそれとが直接関連するということ、あるいは行動に対して論理的な結果が示されるということである。例えば歩くことに関するフィードバックや結果操作は、子どもが行きたい場所へ移動する、もしくは不快な状況か

子ども主導の活動、ルーチン活動、設定活動	多様な学習機会	機能的で、般化可能な目標	タイムリーで適切な結果操作・フィードバック
自由遊び	教室や家でパズルやブロック（子どものお気に入りのおもちゃ）を作ることができる。	子どもがパズルのピースを合わせたり、ブロックを積んだりする。	子どもがパズルやタワーを完成させる。
コーナー保育	教室にいる間、ジッパーやボタンやタイのついた洋服、スモック、人形の洋服で仮装することができる。	子どもが料理人の衣装のボタンを留め、エプロンのひもを結ぶ。	子どもは遊びながら洋服を選び、それを身につける。
入浴時間	保護者が子どもに、タオルに石鹸をつけるように言う。	子どもがタオルに石鹸をつける。	母親はどんなにきれいになったか伝える。
おやつ	先生がジュースのコップや小さな容器を渡す。	子どもがコップにジュースを注ぐ。	子どもはジュースを飲み、のどを潤す。
登校	学校に着いたときに、子どもはコートを脱ぎ、リュックからお弁当を出すよう言われる。	子どもはコートを脱ぎ、リュックを開ける。	先生が笑顔でうなずく。
小集団活動	子どもは小麦粉粘土で遊ぶ小さなグループを作る。	子どもは小麦粉粘土をまるめる、叩く、切る。	仲間で違った形や名前を教えあう。
放課後活動	保護者は午後の活動のためのぬり絵、物語の本、工作道具を出す。	子どもはクレヨンでページをぬり、ページをめくる。形を切る。	作っているものを完成させ、他者と共有する。
科学と発見の時間	発見の時間に子どもはいろいろなものを移動させ計量する。	子どもはカップから容器に砂を注ぐ。	容器が砂でいっぱいになる。

図2.4. 両手でものを上手に扱うという、機能的で般化できる目標に取り組むための、多様な学習機会を含んだ活動の例と、学習を高めるために行われるフィードバックや結果操作の例

子ども主導の活動、ルーチン活動、設定活動	多様な学習機会	機能的で、般化可能な目標	タイムリーで適切な結果操作・フィードバック
自由遊び	高い椅子にあるおもちゃで遊び、それを床に落とす。	保護者を見て、床にあるおもちゃを指差す。	保護者はおもちゃを拾う。
着替え／おむつ替え	おむつを替える。	保護者を見て、笑う。	保護者が笑い返す。
おあつまり	物語を読むのに、保護者のひざの上に座る。	Pat-a-cakeをしたいということを表すために、保護者の手を一緒に置く。	保護者は歌い、手を動かす。

図2.5. 大人の家族との相互作用を始めるという、機能的で般化できる目標に取り組むための、多様な学習機会を含んだ活動の例と、学習を高めるために与えられるフィードバックや結果操作の例

ら離れるということである。歩くことによって、ほしいおもちゃを得ることができれば、不自然な報酬を用いる必要もなくなる。例えば、おもちゃがほしくて歩き出した子どもとって、「歩くのが上手ね」と言われることは自然で重要な報酬とはいえないだろう。タイムリーで適切なフィードバックや結果操作を用いること、または組み入れることは、それがタイムリーであることを保障することにも役立つ。暗い部屋で電気をつけることで、すぐに見ることができるというフィードバックや結果操作を受取る。また蛇口をひねることで、のどが乾いた人に対して即時に水が与えられる。行動の直接的な結果として提示されるフィードバックや結果操作は、自然な相互作用の中で用いられる場合に強く高められる。

　図2.4、図2.5では、ABIが子どもに特定の指示を用いて行動形成させることを意図して開発されたものでないことを説明している。むしろこのアプローチは、活動を通して多様な学習機会を子どもに与えられるようにデザインされている。ABIの主な目的は、子どもの学習機会と行動とを結び付けることである。そのためにフィードバックや結果操作を用いるのだが、行動と

その結果の関係が、特定のまたは1つの指示に対して1つの行動をとるといった関係に限定されるわけではない点に注意しなければならない。子どもが受けるフィードバックは、子どもにとって効果的であるように十分調整されなければならない。ジュースを指差した幼児は、必ずコップにジュースをもらうとは限らない。誰かのコップから一口もらうかもしれないし、ジュースではなくてミルクをもらうかもしれない。子どもに与えられるさまざまなフィードバックや結果操作について図2.4に示した。包括的なアプローチの中に上記4つの要素がどのように組み込まれているかについて、図2.5に示した。

土台となるプロセス：学習機会を埋め込むこと

　ABIの土台となるプロセスは、自然な活動の中に学習機会を埋め込むことである。埋め込むとは、子どもの日々の活動や出来事の中に目標を組み込むプロセスを意味する。またその際、意味のあるやり方で活動や出来事を拡大・変化させる、もしくは活動にうまく組み込むという方法を用いる。子どもの目標を扱うために、学習機会の埋め込みを用いる、というプロセスは、概念としてはわかりやすい。しかしそのプロセスを利用することは、難しいことである（Grisham-Brown, Pretti-Frontczak, Hemmeter, & Ridgley, 2002; Pretti-Frontczak & Bricker, 2000）。

　意味のある学習機会を上手く作り出し、埋め込むために、介入者や養育者は以下のような実践を行わなければならない。1）包括的・継続的なアセスメントを行うこと、2）子ども主導の活動、ルーチン活動、設定活動の中に、多様な学習機会を作り出すこと、3）機能的で般化できる目標を設定すること、4）介入の効果を系統的にチェックすること。これをどのように行うのかについては、第5章で論じることとする。

要　　約

　発達上重要な目標を扱うこと、子どもと環境の相互作用に焦点をあてること、4つの要素を組み合わせること、学習機会を埋め込むこと、これらによってABIの枠組みが与えられる。このアプローチは、さまざまな状況下で

直接サービスを提供する職員やコンサルタントや養育者などが用いることができる。またこのアプローチは、多様な背景をもつ子ども集団はもちろん、個々の子どもに対しても有効である。ABIは、障害のある乳幼児から、中程度もしくは重度の障害のリスクのある乳幼児まで、幅広い対象に適用できる柔軟性を有している。加えてABIは、多様な発達段階、経済的背景、経験、価値、文化をもつ子どもたちの集団に用いることができる。

　ABIは、大人主導ではなく、子ども主導のまたはルーチン活動を利用するものである。子ども主導の活動であるので、子どもには馴染みやすく魅力的で、また家族の価値が反映された活動を行うことができる（例えば、既に家の中にあるおもちゃや本）。またルーチン活動を用いることで、家族が日常生活を送る上で必要不可欠な活動の中に、子どもの学習機会を組み入れることができる。最後に、設定活動は家族の経験や文化や価値を考慮にいれながら、選択・設定することができる。もし子どもが動物園に行ったことがなければ、動物園の活動を幼児に紹介しても、ほとんど意味がないだろう。しかし、家で飼っている動物に関連した活動を計画することは、子どもにとって何らかの意味ある活動になるかもしれない。ABIを成功させるためには、子どもやその目標に合わせて、言い換えれば、多様性を尊重して、活動をうまく組み立てることが必要である。

REFERENCES

Bricker, D., Pretti-Frontczak, K., Johnson J., & Straka, E. (2002). In D. Bricker (Series Ed.), *Assessment, Evaluation, and Programming System for Infants and Children AEPS): Vol. 1. Administration guide* (2nd ed.). (2002). Baltimore: Paul H. Brookes Publishing Co.

Duncan, T., Kemple, K., & Smith, T. (2000). Reinforcement in developmentally appropriate early childhood classrooms. *Childhood Education, 76*(4), 194-203.

Fleming, L., Wolery M., Weinzierl, C., Venn, M., & Schroeder, C. (1991). Model for assessing and adapting teachers' roles in mainstreamed preschool setting. *Topics in Early Childhood Special Education, 11* (1), 85-98.

Goetz, L., Gee, K., & Sailor, W. (1983). Using a behavior chain interruption strategy to teach communication skills to students with severe disabilities. *Journal of The Association for Persons with Severe Handicap, 10*(1), 21-30.

Griffin, E. (2000). *Narrowing the gap in reading: Instructional promise and peril.*

Paper presented at the annual meeting of the American Educational Research Association. New Orleans.

Grisham-Brown, J.L., Pretti-Frontczak, K.L., Hemmeter, M.L., & Ridgley, R. (2002). Teaching IEP goals and objectives in the context of classroom routines and activities. *Young Exceptional Children, 6*(1), 18-27.

Hanson, M., & Bruder, M., (2001). Early intervention: Promises to keep. *Infants and Young Children, 13*(3), 47-58.

Mahoney, G., & Weller, E. (1980). An ecological approach to language intervention. In D. Bricker (Ed.), *Language resource book* (pp. 17-32). San Francisco: Jossey-Bass.

Pretti-Frontczak, K., & Bricker, D. (2000). Enhancing the quality of IEP goals and objectives. *Journal of Early Intervention, 23*(2), 92-105.

Pretti-Frontczak, K., & Bricker, D. (2001). Use of embedding strategies during daily activities by early childhood education and early childhood special education teachers. Infant-Toddler Intervention: *The Transciplinary Journal, 11* (2), 111-128.

Sameroff, A., & Chandler, M. (1975). Reproductive risk and the continuum of caretaking casualty. In F. Horowitz, E. Hetherington, S. Scarr-Salapatek, & G. Siegel (Eds.), *Review of child development research* (Vol. 4. pp. 187-244). Chicago: University of Chicago Press.

Sameroff, A., & Fiese, B. (2000). Transactional regulation: The developmental ecology of early intervention. In J. Skonkoff & S. Meisels (Eds.), *Handbook of early childhood intervention* (pp. 135-159), New York: Cambridge University Press.

Schwartz, I., Carta, J., & Grant, S. (1996). Examining the use of recommended language intervention practices in early childhood special education classrooms. *Topics in Early Childhood Special Education, 16*(2), 251-272.

Stokes, T., & Baer, D. (1977). An implicit technology of generalization. *Journal of Applied Behavioral Analysis, 10,* 349-367.

Stremel-Campbell, K., & Campbell, R (1985). Training techniques that may facilitate generalization. In S. Warren & A. Rogers-Warren (Eds.), *Teaching functional language* (pp. 251-285). Baltimore: University Park Press.

Warren, S., Yoder, P., & Leew, S. (2002). Promoting social-communicative development in infants and toddlers. In S.F. Warren & J. Reichle (Series Eds.) & H. Goldstein, L.A. Kaczmarek, & K.M. English (Vol. Eds.), *Communication and language intervention series: Vol 10. Promoting social communication: Children with developmental disabilities from birth to adolescence* (pp. 121-149). Baltimore: Paul H. Brookes Publishing Co.

第3章

ABI とリンクシステム

ABI は、4 つの相互に関連するプロセス（アセスメント、目標の設定、介入、および評価）で構成されるシステムの中で実施されたときに効果を発揮する、包括的なアプローチである（Bagnato & Neisworth, 1991; Bagnato, Neisworth & Munson, 1997; Bricker, 1989, 1996a, 1996b, 2002）。本章の目的は、ABI とリンクシステムにおける 4 つのプロセスと、その関連について説明することである。図 3.1 では、4 つのプロセスで構成されるリンクシステムの枠組みと、そこから推定される循環的な関係性を示した。リンクシステムの相互・循環的な性質により、効果的なアプローチが実現することができ、そのことによって子どもや家族に対して有効な結果がもたらされる。また ABI は、リンクシステムの 4 つのプロセスに重点を置いている。ABI をうまく実施しようとするならば、システム全体のことを考慮に入れる必要があるだろう。

　リンクシステムの最初のステップは「アセスメント」である。アセスメントは「系統的な観察と分析に関する継続的かつ職員間の協力的なプロセス」であると言われている（Greenspan & Meisels, 1995, p.23）。アセスメントの目的は、子どもの長所や興味、現在のスキルを明らかにし、個別の家族支援計画（IFSP）や個別の支援計画（IEP）の目標、そしてそれに続く介入内容の選定を行う際に必要となる情報を把握することである。

　第 2 のステップは「目標の設定」である。その目的は、子どもたちの一連の行動レパートリーを広げるような、個別的な目標を明確にし、また優先順位をつけることである。それら一連の行動は質が高く、発達的に適切で、機能的であるべきである。そのような目標を選ぶためには、アセスメント段階における包括的な情報収集が重要な鍵となる。

　第 3 のステップは「介入」である。介入の目的は優先的で個別化された目標を、子どもが獲得し使用していくのを援助することである。すなわち ABI は、子どもたちに望ましい変容をもたらすべく、指導を提供するための文脈として日常の活動を利用できるように、意図されたものである。

　「評価」はリンクシステムの 4 つ目のステップであり、子どもたちの介入前と後の行動を比較しながら、行動の変容について検討することである。いくつかの州では、評価をサービスの妥当性を検証するためのステップとして

```
アセスメント → 目標の設定 → 介入 → 評価
         ↑         ↑       ↑      │
         └─────────┴───────┴──────┘
```

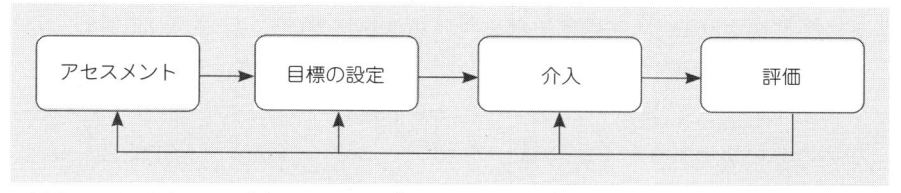

図3.1　リンクシステム枠組みの4つのプロセス

用いている。ただ、我々はこの用語を継続的な発達評価やそのための情報収集といった意味で使用する。ここでのデータは、アセスメントの実施・目標設定・実際の介入を評価するために使用される。または、データを確認しながらそれらを修正して、子ども・家庭・プログラムのニーズと介入と合わせるために使用されるべきだろう。

　リンクシステムを用いることで以下のことが可能となる。つまり、1）職員や他の資源の有効活用、2）長期的なプログラムの影響の検討、3）子どもたちと家族のニーズに特化した支援の計画。さらにリンクシステムは、ABI実現のために必要な文脈を提供してくれる。効果的なABIの適用は、アセスメントツールの有効活用によって、適切な目標を設定することができるか否かにかかっている。またこのアプローチでは、発達的にふさわしく機能的で、そして日々の活動の中で扱うことができる目標の設定がポイントとなる。最後にこのアプローチでは、子どもの行動変容に関する、継続的で詳細な評価を行う必要がある。

ABIとアセスメントプロセス

　ABIを実施する際には、子どもの長所や興味、現在の能力に関する情報を得ることが重要である。意味のある介入活動は、継続的な観察と、子どもに近い人々との会話を通してのみ評価・計画されうる。したがって子どもの行動レパートリーに関する継続的で、正確で、包括的なプロフィールを提供するアセスメント情報が必要不可欠なのである。さまざまな場面で見られる子どもの行動をうまく観察し記述することができるよう、フォーマルもしくはインフォーマルなものを含めた、多くの手法が開発されている。フォーマ

ルなものとしては、「基準準拠型または標準準拠型の尺度（例えば、ベイリー乳幼児発達尺度〈Bailey, 1993〉、バッテル発達目録〈Newborg, Stock, & Wnek, 1998〉や、あるいはカリキュラム準拠型の尺度：例えば、乳児と幼児のためのアセスメント、評価、プログラミングシステム〈AEPS; Bricker, 2002〉、ハワイ早期学習プロフィール〈HELP; VORT Corporation, 1995〉）」、や「養育者との構造化された面接の実施（例えば、バインランド適応行動尺度〈Sparrow, Balla, & Cicchetti, 1984〉）」などが含まれる。インフォーマルなものとしては「活動中の幼児の観察」「特定のプログラムに対するチェックリストの記入」「エピソードの収集」「養育者や介入チームの他のメンバーとの話し合い」などがある。

　子どもの行動をアセスメントするために開発された尺度を選ぶ際には、尺度が本来意図している目的と、それを実際に使用する際の目的とが、一致しているかどうか確認しなければならない（例えば、Bagnato & Neisworth, 1991; Bagnato et al., 1997; Bricker, 1996a, 1996b; MacLean, Wolery, & Bailey, 2004）。幼児を対象として、これまで数多くのアセスメント尺度が開発されてきた。例えば、「スクリーニングのためのもの」「早期介入の必要性を判定するもの」「介入計画の立案のためのもの」「プログラム評価のためのもの」などである。検査の開発者や出版社が、尺度はさまざまな目的のもと（例えば、スクリーニングと診断）使用できることを指摘している。ただし、多くの場合一つの尺度は一つの目的のために使用するほうが効果的である（例えば、Pellegrino, Chudowsky, & Glaser, 2001）。

　スクリーニング検査は、子どもたちを２つのカテゴリーのどちらかに分類できるように作成されている。すなわち順調に発達していると判断される群と、発達に問題があると疑われる群である。スクリーニング検査は多くの場合、多数の子ども集団に対して実施可能で、比較的簡便に行うことができる。このようなスクリーニング検査では、比較的大まかに子どもたちの振り分けを行うことができる。

　適性検査は、通常標準化されたものを用いて、子どもの能力を一般的なサンプルと比較しながら測定するよう使用される。これらの尺度は、訓練された専門家（例えば、言語聴覚士、臨床心理士、作業療法士、理学療法士）に

よって行われ、多くの場合、標準化された道具と手続きを使いながら、統制された条件で実施される。診断検査の結果から、1つまたはそれ以上の領域における子どもの発達の概要、子どもの発達の遅れの程度、そして発達的ニーズのある領域等に関する資料が提供される。

プログラムに基づいた尺度(すなわち基準参照型、カリキュラム準拠型、カリキュラム埋め込み型)は、事前に設定された基準と子どもの実際の行動とを比較し、標準化されていない手続きを用いて行われる。これらの尺度による評価を行う際には、家庭での子どもの様子を聞くよう促される。またチームが以下のことをうまく実施できるように開発されている。1)現在の子どもの状況(行動の機能等)に関する記述。2)適切な目標の選定と優先順位の設定。3)適切な介入内容の検討。そして4)子どもの成長の評価。

プログラム評価尺度は、1週間・3ヶ月間・年間・またはそれ以上の間隔で、データの比較を行う。評価の目的に応じて、子ども・家族・介入プログラムの成果等を評価するために、フォーマルな尺度(標準化された検査、もしくはプログラム尺度)か、インフォーマルな尺度(エピソードノートやポートフォリオ)のいずれかが使用される。

問題が生じやすいのは、尺度が乱用されるときである。すなわち、誤った目的で使用されたり、目的について十分に考慮せずに使用されたときである。よく見られる問題は、スクリーニングや診断尺度を、あまりよく検討せずに使用することである(例えば、IFSP/IEPの目標を決定する際)。尺度を通して介入に関連する内容が明らかにできない場合には、発達的に不適切で、ニーズとは関連のない介入活動につながってしまうような、目標設定がなされてしまう。そして、子どもに起きる小さな変容を見逃してしまうような目標設定を行ってしまう可能性もある(Bagnato & Neisworth, 1991; Bagnato et al, 1997; Bricker, 1996a, 1996b; McLean, Wolery & Bailey, 2004)。上記以外のアセスメントツールやそれらの目的については、マクレーン、ウーレイ&ベイリー(2004)を参照されたい。

ABIを効果的に用いるためには、機能的で般化可能なスキルの発達や、適切な介入のために必要な情報を明らかにするプログラム尺度を用いなければならない。「カリキュラム準拠型の尺度(CBMs)」は、"基準と照合さ

れた尺度であり、子どもの状態や成長の評価のため、そして目標設定のための基準としての機能を果たすもの"と定義される（Bagnato & Neisworth, 1991, p.87）。アセスメントの結果と目標設定とを関連させる際、CBMsは標準化された平均参照尺度に比べて、いくつかの利点がある。一般にAEPS（Bricker, 2002）などのCBMsは質が高く個々に適切な目標の設定と、直接関連する項目からなる。またいくつかのCBMsは、その内容がすべての主要な発達領域（例えば運動、コミュニケーション、社会的発達）を扱っているという点で、包括的である。さらにCBMsの項目は、子どもの個々のニーズに合うように修正が可能であり、状況や時間、教材、子どもに関わりのある人など、多くの事項にわたって観察可能である。本章の補足資料で、個々の目標設定にあたってCBMsの結果をどのように使用するのかについての例を掲載している。

ABIと目標設定のプロセス

ABIは、子どもの個々のニーズを扱うために、多様な学習機会を日々の活動の中に埋め込む。またそのためには、機能的で般化可能なスキルの使用・獲得を促すような、結果操作・フィードバックを提供することも必要である。このアプローチを効果的に行おうとする場合、適切な介入計画・実行につながる目標設定が重要になる。

IFSPsやIEPsを作成する際、介入チームは連邦政府が示す事項に従う必要がある。例えば、1990年の障害者教育法（IDEA; PL 101-476）や、1997年の障害者教育法（PL 105-17）によれば、チームは測定可能な目標を設定する必要がある。長期目標や短期目標または下位目標の定義は連邦政府や州によってさまざまである。ただし本書では、長期目標を子どもがおよそ1年位で獲得・熟達できる測定可能なスキルと定義する。長期目標は広域にわたる行動を扱っており、さまざまな状況下で子どもに必要なものである。またそのような目標（スキル）の獲得を通して、子どもたちの自立が促されるものである。長期目標は、短期目標と言われる特定のスキルの集合体と言える。

短期目標は、本書においては、長期目標へ向かう上での中間地点であると

捉える。また、それらは測定可能な段階であると同時に、長期目標に対する初期の段階、あるいは長期目標という家を完成させる上での基礎工事を意味する。短期目標は、長期目標と関連するものであり、年間を通した目標達成に向けた子どもの進歩の指標としての役割を果たさなければならない（例えば、Michnowicz, McConnell, Peterson, & Odom, 1995; Notari & Bricker, 1990; Notari & Drinkwater, 1991）。短期目標は、プログラムの下位段階として、より簡易で小さな構成要素になるように記述されなければならない。最後に本書では、標的行動を、「機能的な行動レパートリーの学習・強化・使用のために選択される行動（つまり長期目標、短期目標やプログラムのステップ）」として用いる。

　よりよい介入活動を実施しようとするならば、個々に対する質の高い目標を設定する必要がある。標的とされたスキルが適切に選択され、また操作的に定義されれば、介入効果はよりよいものになるだろう。また学習機会や指導方法の設定、子ども主導の活動の選択がやりやすくもなるだろう。機能的かつ発達にふさわしい目標を設定することで、介入者や養育者は自信をもって、子どものための介入活動を実施することができる。もし子どもの長期目標が適切でなければ、十分な介入効果は期待できない。質の高い目標を記述する際の基準について、本章の補足資料に掲載している。

ABIと介入プロセス

　介入とは、標的スキルの使用・獲得を促すことを目的とした、養育者や専門家によって行われる計画ならびにその実施のことである。ABIにおける「介入」という意味は、学習機会を生み出す物理的環境の整備と同じように、大人や他児によって行われる意図的・無意図的な行為を意味する。

　幼児期における介入活動は、日常の活動の中で起こるように意図されている。どの活動を用いるかに関しては、それは子どもの興味やニーズに応じて決定されるべきである。また、介入活動は全ての子どもに対して、以下の要件を満たすものでなければならない。つまり、1）一般的な就学前カリキュラムにつなげられる、2）一般的なカリキュラムの中で成長できる、そして3）個々のスキルの達成・到達を保障できる、介入活動でなければならない。

　適切な介入活動を行うために、以下のことが重要である。1）CBMsによる子どもの評価から介入内容を決定すること、2）機能的で般化できるスキルを標的とすること、3）個々のニーズに合うよう、エビデンスに基づいたさまざまな指導方法を組み込むこと、4）効果的な介入が持続できるよう、系統的に子どもの成長を観察すること。さらに、期待される目標に向かって子どもが成長するためには、ABIの枠組みが適切に与えられなければならない。介入の枠組みとは、学習機会を提供する活動をうまく展開させるように、チームを方向づけるものである。このような枠組みを作り出し、また維持するためには、チームの構成員による綿密かつ継続的な計画を必要とする。効果的な介入、特に幼児のための個別的な介入を行うための計画の重要性について、いくつかの研究が見られる（例えば Bennett, DeLuca, & Burns, 1997; Fleming & Wolery, 1991; Hoyson, Jamieson, Strain, & Smith, 1998; McDonnell, Brownell, Wolery, 2001; Salisbury, Mangino, Petrigala, Rainforth, & Syryca, 1994）。ABIを効果的に用いるためには、十分な計画の時間が必要である（例えば、Grisham-Brown & Pretti-Frontczak, 2003）。これに関して、ABIの実践に関する事柄を、第4、5章に示した。

ABIと評価のプロセス

　評価とは、何を、いつ、だれを、どこで観察し、またどの様に報告するかを検討することを含んだ、循環的なプロセスを意味する。望ましいデータを検討する際、そのデータが実際にどの様に使用されるのかについて、考えることはとても重要である。例えば、子どもの現在の能力を説明するものか、または時間経過に伴う成長についての評価なのか、などである。評価データを通して、個々のあるいは集団の能力、または以前の能力や特定の暦年齢との比較が可能になる。それらを通して、チームは、IFSPやIEPの目標に対する成長を記録し、通常のカリキュラムの中での成長を観察し、また全般的なプログラムの目標が適切なものであるかについて判断を行う。

　ABIを効果的に用いるために、チームは1週間、1学期、または1年間の間隔でデータを収集しなければならない。これにより、効果的な介入が保障される。週間隔のデータを収集することで、日常の活動やルーチン活動での子どものパフォーマンスを評価することができる。目標とするスキル（すなわち、一般的には個別的介入のためのIFSPやIEPに記載されたスキル）に対して、子どもが成長・進展をとげているか、という観点のもと、週ごとにデータが収集されるべきである。子どものパフォーマンスとその成長に関する週間データを系統的にまとめ、検討することで、チームは介入の効果を検証していくのである。

　週間データの収集は、子どもが標的スキルに向かって着実に成長しているかを確認するために必要である。もし質の高い目標（機能的で、般化可能で、使い勝手がよく、測定可能なもの）が設定されていれば、子どもの成長に関する情報を収集することは、比較的容易であろう。子どもたち一人ひとりの介入効果に関して、タイムリーな情報に基づいた決定を行うためにも、週間データが必要なのである。

　週間データの収集にあたっては、子どもの成長を意図して設定された、標的スキルに焦点を当てる。したがって、ここでは、子どもの成長に関する包括的な目標、または通常のカリキュラムの中で身につけるべきスキルに関するデータの収集は行わない。さらに複数の子どもたちの週間データを、ま

とめていくことも難しい。なぜなら、そのようなことをしても、週間データの変化がグループ効果によるものなのかプログラムの効果によるものなのかについての判断を行うことは難しいからである。年に3～4回ほどのもっと間隔のあいたデータ収集を行うことで、プログラム尺度（例えば、AEPS〈Bricker, 2002〉）や通常のカリキュラムで設定された目標に対する成長に関して、有効な示唆を得ることができる。さらにそのような間隔でデータを収集することで、集団の効果やプログラムの結果を検証することも可能になる。

　チームは、子どもの成長やプログラムの効果を検討するために、年間データの収集を行う必要がある。もしチームが特定の同じ尺度を使用している場合、年4回のデータ収集をつなげることで、年間データを集めることができる。例えば、もし年4回プログラム尺度を実施できたなら、チームはこのデータをまとめることで年間評価として使用することができる。継続的かつ効果的な収集活動を目指すためにも、さまざまな工夫が必要となるだろう。具体的なデータ収集の方法について、第5章に示した。

要　　約

　本章では、ABIを位置づける文脈として「リンクシステムの枠組み」を説明した。リンクシステムの枠組みは、4つの基本的プロセスを含んでいる。つまり、アセスメント、目標の設定、介入、評価である。これら4つのプロセスは、幼児に対して効果的なサービス、特にABIを提供する上で、非常に重要なことである。ABIにおけるアセスメントと目標設定との関係について、本章の補足資料に示した。またリンクシステム内でABIを行うために必要な事柄について、引き続き第4、5章で説明していく。

REFERENCES

Bagnato. S., & Neisworth, J. (1991). *Assessment for early intervention: Best practices for professional.* New York: The Guilford Press.

Bagnato, S.J., Neisworth, J.T., & Munson, S.M. (1997). *LINKing assessment and early intervention: An authentic curriculum-based approach.* Baltimore: Paul H. Brookes

Publishing Co.
Bayley, N. (1993). *Bayley Scale of Infant Development- II*. San Antonio, TX: Psychological Corporation.
Bennett, T., DeLuca, D., & Bruns, D. (1997). Putting inclusion into practice: Perspectives of teachers and parents. *Exceptional Children, 64*(1), 115-131.
Bricker, D. (1989). *Early intervention for at-risk and handicapped infants, toddlers. and preschool children*. Palo Alto, CA: VOKT Corp.
Bricker, D. (1996a). Assessment for IFSP development and intervention planning. In S. Meisels & E. Fenichel (Eds.), *New visions for the developmental assessment of infants and toddlers* (pp. 169-192). Washington, DC: ZERO TO THREE, National Center for Infants, Toddlers, and Families.
Bricker, D. (1996b). Using assessment outcomes for intervention planning: A necessary relationship. In M, Brambring, H. Rauh, & A. Beelmann (Eds.), *Early childhood intervention theory, evaluation, and practice* (pp. 305-328). Berlin/New York: Aldine de Gruyter.
Bricker, D. (Series Ed.). (2002). *Assessment Evaluation, and Programming System for Infants and Children* (2nd ed., Vols. 1-4). Baltimore: Paul H. Brookes Publishing Co.
Fleming, L., & Wolery, M. (1991). Model for assessing and adapting teachers' roles in mainstreamed preschool settings. *Topics in Early Childhood Special Education, 11* (1), 85-98.
Greenspan, S., & Meisels, S. (1995). A new vision for the assessment of young children. *Exceptional Parent, 25*(2), 23-25.
Grisham-Brown, J., & Pretti-Frontczak, K. (2003). Using planning time to individualize instruction for preschoolers with special needs. *Journal of Early Intervention, 26*(1), 31-46.
Hoyson, M., Jamieson, B., Strain, P., & Smith, B. (1998). Duck, duck − colors and words: Early childhood inclusion. *Teaching Exceptional Children, 30*(4), 66-71.
Individuals with Disabilities Education Act Amendments of 1997, PL 105-17, 20 U.S.C. §§ 1400 et seq..
Individuals with Disabilities Education Act of 1990, PL 101-476, 20 U.S.C. §§ 1400 et seq.
McDonnell, A., Brownell, K., & Wolery, M. (2001). Teachers' views concerning individualized intervention and support roles within developmentally appropriate preschools. *Jounral of Early Intervention, 24*(1), 67-83.
McLean, M., Wolery M., & Bailey D. (Eds.). (2004). *Assessing infants and prechoolers with special needs* (2nd ed). Columbus, OH: Charles B. Merrill.
Michnowicz, L., McConnell, S., Peterson, C., & Odom, S. (1995). Social goals and objectives of preschool IEPs: A content analysis. *Journal of Early Intervention, 19*(4), 273-282.
Newborg, J., Stock, J.R., & Wnek, J. (1998). *Battelle Developmental Inventory Complete Version*. Chicago: Riverside Publishing.
Notari, A., & Bricker, D. (1990). The utility of a curriculum-based assessment instrument in the development of individualized education plans for infants and young children. *Journal of Early Intervention, 14*(2), 117-132.

Notari, A., & Drinkwater, S. (1991). Best practices for writing child outcomes: An evaluation of two methods. *Topics in Early Childhood Special Education, 11*(3), 92-106.

Pellegrino, J., Chudowsky, M., & Glaser, R. (Eds.). (2001). *Knowing what students know; The Science and design of educational assessment.* Washington, DC: National Academy Press.

Pretti-Frontczak, K., & Bricker, D. (2000). Enhancing the quality of IEP goals and objectives. *Journal of Early Intervention, 23*(2), 92-105.

Salisbury, C., Mangino, M., Petrigala, M., Rainforth, B., & Syryca, S. (1994). Innovative practices: Promoting the instructional inclusion of young children with disabilities in the primary grades, *Journal of Early Intervention, 18*(3), 311-322.

Sparrow, S.S., Balla, D.A., & Cicchetti, D.V. (1984). *Vineland Adaptive Behavior Scales.* Circle Pines, MN: American Guidance Service.

Tymitz, B. (1980). Instructional aspects of the IEP: An analysis of teachers' skills and needs. *Educational Technology, 9*(20), 13-20.

VORT Corporation. (1995). *Hawaii Early Learning Profile (HELP).* Palo Alto. CA: Author.

第3章 補足資料

アセスメントの結果と目標設定を
どうつなげるか

　この補足資料では、活動に根ざした介入の中で有意義な目標を設定するために、どのようにアセスメントの過程で収集された情報を活用するかという点について説明する。アセスメントの過程には、カリキュラム準拠型の尺度の実施や、家族が有するニーズ等（資源、優先事項、心配事）に関する評価が含まれる。アセスメントの情報は、優先的なニーズを明らかにするのに加えて、子どもの長所や芽生えつつあるスキルをチームが理解するためにまとめられる。優先的なニーズは、目標の設定に対する基準として扱われる。従って、それは意図的な介入の中心として位置づくとともに、そのために系統的な評価が必要になる。

　先述のように活動に根ざした介入の実施においては、いかに有意義な目標を設定するかが鍵となる。目標設定の手法は、州や地域の実態もしくは子どもの年齢（すなわち個別の支援計画（IEP）ではなく、個別の家族支援計画（IFSP）の実施など）ごとに異なる。読者は、アセスメントの結果からIFSPやIEPの目標を設定するための「5段階のプロセス（またはそのバリエーション）について、AEPS（Assessment, Evaluation, and Programming System for Infants and Toddlersの第2版〈Bricker, 2002〉）を参照してほしい。以下の例では、チームが有意義な目標を効果的に設定・記述していけるよう、AEPSの実施から得られた結果と、その後の活用の方法について示した。

　子どものIFSPやIEPの目標設定において、有効な3つの視点・特徴をもっているという理由から、介入チームはAEPSを利用している。3つの特徴について、第1に、AEPSの評価項目は、特定・限定的な行動ではなく、むしろ日常的で般化できる行動を反映するよう、記述されている（例えば、本、洋服、敷物やカップなど日常にあるものを活用する、はたまた1インチの積

木を3つ積み重ねることを目標とする、など）。第2に、AEPSの評価項目の多くは、幼児が自立した生活をおくるために、またはさまざまな環境の要求に対処できるために（例えば、さまざまな場所を移動する、自分の要求を人に伝える）、必要不可欠なスキルで構成されている。第3に、AEPSは、チームが目標や対象を選択・記述しようとする際に見本となるような項目（目標）で構成されている。

セリーナ・ジョンソン

セリーナ・ジョンソンは、全般的な発達の遅れの診断のもと、幼児期特殊教育（ECSE）サービスを受けることが認められている4歳の女児である。セリーナは、地域の就学前施設のプログラムに週に3日通っている。そこでは、作業療法や言語療法などを含めたECSEサービスが受けられる。彼女の長所やニーズ、または家族のニーズを考慮に入れた適切なIEPを作成するために、下記のような十分なアセスメントが実施された。

情報の収集

セリーナの両親、ECSEクラスの教師、クラスの補助教員、セラピストから構成されるチームは、まず、AEPSやAEPS家族報告書を実施・作成し、関連する報告書（例えば、直近に行われた検査結果や医療報告書）の検討をおこなう。このようなアセスメント収集のための包括的アプローチを通して、介入チームは有意義な目標の設定が可能になり、またそれを通して適切な介入が実現される。

セリーナの介入チームは、家庭、学校、地域における日々の活動の観察を通して情報を収集する。学校では多くの設定活動があり、それらの全てを考慮にいれるためチームは「AEPSアセスメント活動計画」を使用する。「AEPSアセスメント活動計画」は、子どもが獲得している機能的な行動レパートリー（例えば、現在どんなスキルをもっているのか、それらのスキルを活動の中でどのように使っているのかなど）を正確に示せるよう、またはチームが効率的に情報を得られるように開発されている。チームは、AEPSを実施する

3つの活動を選び、クラスの中で観察する場所や状況を設定する。セリーナや友だちは、設定活動に参加するように勧められる。セリーナがそれぞれの大人が設定した場所・状況で活動に参加したら、教師、セラピスト、補助教員らは「彼女が表出したスキル」「活動等の遂行にあたって、まだ援助が必要なスキル」「まだ獲得していないスキル」という観点や分類にそって、記録を行っていく。

また、チームはセリーナをよく知る人物（例えば、祖父母や保育者など）や両親からの話をもとにAEPS家族報告書を作成していく。AEPS家族報告書では、日頃の家庭での姿、特に地域の中でセリーナの活動参加状況についての情報をまとめていく。この報告書を通して、複数の発達領域にわたる子どもの長所、興味、獲得しつつあるスキルなどについて記録することができる。

情報をまとめる

AEPSの実施、AEPS家族報告書の記入、関連する報告書等の検討を行った後、それらの情報をもとに介入チームはアセスメント情報をまとめる。通常、さまざまな方法（例えば、数量的なデータ、視覚的なデータ、言語記述的なデータ）を使って、アセスメントの情報がまとめられるようになっている。アセスメントの情報をまとめる際、チームは子どもの長所、興味、獲得しつつあるスキルに焦点を当てたほうがよい。チームは子どもがスキルを発揮する際のパターン（例えば、特定の場面か否か、援助が必要・不必要、一貫している・していない）、または、発達領域にわたる子どもの遂行能力と関係するもの（例えば、関係する課題の遂行を邪魔するような、共通の特徴を見いだすかもしれない）を特定しなければならない。

セリーナのチームは、収集した情報を再検討し、以下の3つの方法で結果をまとめる。第1に彼らは、AEPSにおける6つの発達領域別にパーセントスコアを算出する。発達領域別のパーセントスコアでは、6つの領域（例えば、粗大運動、適応性、社会性）のそれぞれに関して、「子どもが継続的に、援助なしで実施できる項目」の割合と、「獲得しつつある、あるいはいくらかの援助があれば実施できる項目」の割合を提示する。第2に、介入チーム

はAEPS子ども発達記録表（AEPS Child Progress Record）の作成を通して、視覚的に情報をまとめる。AEPS子ども発達記録表は、個々の子どもの発達の経過を評価するために開発されたものであり、「現在達成していること」、「現在の目標」、「将来的な目標」の3つの視覚的情報をチームにもたらす（Bricker, 2002）。第3に、介入チームはセリーナの長所、興味、ニーズを記録することで、情報を言葉による報告の形でまとめる。そのような形態で情報をまとめる際には、できるだけ専門用語を使用せず、客観的で叙述的なものであるべきである。また子どもの障害が子どもの日常生活にどのような形で影響を与えているのかについても示しておいたほうがよい。

個別の支援計画における目標の選択

　介入のために選択されるスキルは、最低限、以下の4つの質的基準を満たしていなければならない。それは、1）機能的で、2）般化可能で、3）測定可能で、また4）日常の活動の中で扱うことができるものである（Pretti-Frontczak and Bricker, 2000）。セリーナの介入チームは、アセスメント情報から選定された目標が、それらの質的基準を満たしているかを確認するために、「目標選択における評価尺度改訂版（Notari-Syverson and Shuster, 1995）」を使用した。セリーナの例では、チームは、「紙を2つに切ること」、あるいは「紙をまっすぐに切ること」を目標として当初設定していた。しかし、「目標選択における評価尺度改訂版」を用いて検討した結果、このスキルはIEPの目標として質的基準を満たさないことに気づいた。そこで、「両手でものを操作する（「紙をまっすぐに切ること」を包含する、もっと広いスキルであろう）」の方が上記4つの基準を満たしていると考え、これを介入で扱う可能性の高い目標として位置づけた。それを含めて、チームは、質的基準を満たし、介入で扱う可能性のある目標として、以下にあげる7つの目標を設定した。

□ 両手でものやおもちゃを操作する
□ 単純な形や文字を描く
□ さまざまな食べ物を食べたり、食事の準備をする（例えば、包み紙をとる、

果物の皮をむく）
- [ ] 指示に従う
- [ ] より多く、分かりやすく話す
- [ ] 他児と遊ぶ
- [ ] おもちゃやもので遊ぶ

個別支援計画における目標の優先順位の決定

　介入のねらい（すなわち目標）を選択し、選択された目標が質的基準を満たしていることを確認したら、次にチームは「どのスキルが最も優先順位が高く、特別な援助・支援を必要としているか」について決定しなければならない。チームはセリーナの長所やニーズを再検討し、下記に述べるいくつかの質問に答えることを通して優先順位を決めている。

- [ ] 全てのメンバーが目標の特徴や性質を理解しているか？
- [ ] 全てのメンバーが、そのスキルが優先的であると認識しているか？
- [ ] スキルの獲得と使用に当たって、計画的で個別的な支援が提供できるか？
- [ ] 目標は、個々の子どもに対して発達的に適したものか？
- [ ] 通常の活動や保育カリキュラムへの参加のために必要なスキルか、あるいは日々のルーチン活動を行うために必要なスキルか？
- [ ] 全ての子どもに対するカリキュラムにおける目標、または州が提示する基準と関連するスキルか？

表 A3.1. IEP の目標として採用するか否かに関する、判断基準・根拠

扱うかもしれない目標	（特にインクルージョンとの関連による）採用の根拠とその内容
両手でおもちゃやものを操作する	セリーナは日常生活のほとんどでこのスキルを必要とする。よってこの目標は、介入を通して獲得されるべき優先的なものとして位置づく。
簡単な文字や形を書く	この目標については、上記の「おもちゃ等の操作」の一部として扱うことも可能である。そのため必ずしも目標として設定しなくてもよい。
多くの食べ物を食べたり準備したりする	この目標については、チームは「介入がなくても時がくれば解決できる」と考える。そのため必ずしも目標として設定しなくてもよい。さらに準備については上記の「おもちゃ等の操作」で扱うことも可能である。
指示に従う	この目標については、就学前施設にいるほかの幼児も求められるものであり、特段介入の機会を設けなくても、通常の保育カリキュラムの中で扱うことができる。そのため、必ずしも目標として設定しなくてもよい。
言葉を多く正しく話す	この目標は個別介入を必要とする優先度が高い。それゆえセリーナのIEP として位置づけることとする。
他児と遊ぶ	この目標については、おもちゃで遊んだり友だちから理解されることによって、セリーナ自身が向上させていく能力だと考える。そのため、必ずしも目標として設定しなくてもよい。セリーナは就学前施設で他児に遊びに誘われるだろう。
おもちゃやもので遊ぶ	セリーナが他児と一緒に活動に参加する時間を増やすためにも、このスキルが獲得されるべきだろう。よって、この目標は、介入を通して獲得されるべき優先的な目標として位置づく。

表 A3.1 に、IEP の目標として採用するか否かに関する、判断基準・根拠を示した。

上記の基準を用いて、最終的にチームは以下のスキルを IEP の目標として位置づけた。

☐ 両手でものやおもちゃを操作する（例えば、切る、描く、裂く、注ぐ）
☐ おもちゃやもので遊ぶ（すなわち、機能的に使用する、もしくは見立て

遊びをする）
☐ より多く、分かりやすく話す（あいさつ・要求・報告を行うために言葉を使う）

IEPにおける長期目標、短期目標の記述

　セリーナのチームは優先的なスキルを選択し、それをIEPにおける長期目標や短期目標として記述していった。これらの目標は、州や機関の基準を満たすものである。チームは、セリーナのIEPを作成するために、AEPSに記載されている目標の例を参考にした。AEPSで記載されている各目標は、有意義な目標の設定と、それに続く介入の実施に関する記述を行う際に、役立つように開発されている（第4章、第5章を参照されたい）。セリーナのチームでも、まず手始めにAEPSの例が使用された。彼らは、ABCの三項随伴性の行動枠組みを用いて、目標例を修正したり、（セリーナに向けて）個別化するための作業を行った。行動枠組みにおけるAとは、先行事象（Antecedent）、Bは子どもの行動または目標（Target's Behavior）、Cは許容できる行動の水準や基準（Criterion or level of acceptable performance）を示している。図A3.1に、AEPSの目標の例の比較と、それらをいかにセリーナのために個別化したのかについて示した。個別化された目標は、介入実施を導くように使用される。

　アセスメント情報と目標設定とをつなげていく作業は、活動に根ざした介入を行う上で非常に重要な事柄である。ここでは、いかにチームが包括的アセスメントを実施し、機能的で般化できる目標を設定するために情報を活用するのか、について焦点を当ててきた。第5章では、個別的な介入実施と目標に関する評価の例として、セリーナ・ジョンソンの例も出しながら、引き続き説明を行っていく。

AEPS における目標の記載例	セリーナの IEP の長期・短期目標
レベルⅡ，微細運動領域 基準 A，長期目標 1.0	長期目標 1.0
ものを操作するために両手を使う。なお、その際にはそれぞれの手は異なる動作をする（例えば、靴紐を結ぶ、衣服のボタンをとめる、はさみでカーブを切る）。	日々の活動で、セリーナは両手を使うことが必要なさまざまなものやおもちゃを扱う。なお、その際それぞれの手は異なる動作をする。彼女は 2 週間に 1 日は、3 つの異なるものやおもちゃを手で扱う。例えば、セリーナは靴紐を結び、衣服のボタンを締め、チャックを締め、はさみでカーブを切るなどを行う。
レベルⅡ，微細運動領域 基準 A，短期目標 1.1	短期目標 1.1
一方の手で何かものを扱いながら、別のもう一方の手でものを持つ（例えば、お絵かきをしながら紙を持っている、容器を持ったまま粘土を取る）。	日々の活動で、セリーナは片方の手で何かを押さえたり持ったまま、もう片方の手でものやおもちゃなどを扱ったり動かす。 彼女はそのような手の操作のうち、3 つの動作を 2 週間に一度のペースで行う。 例えばセリーナは紙切れを持ったままクレヨンで絵を書く、紙を持ったまま半分まで紙をやぶく、ボウルをしっかり持って食べ物や飲み物をそこからすくう、ナイフで食べ物を切る、チャックを締める、本のページをめくる、などの手の操作を行う。
レベルⅠ，微細運動領域 基準 A，長期目標 3.0	短期目標 1.2
親指・人差し指・中指を使ってどちらかの手で手のひらサイズのものを握る：指で固定された状態で手の平に載せた状態ではない。	日々の活動で、セリーナは親指・人差し指・中指を使ってどちらかの手で手のひらサイズのものを握る。ものは指で固定された状態で、手のひらに載せた状態ではない。 彼女は 2 週間のうち毎日、3 つの異なる手のひらサイズのものを握る。例えばセリーナはお風呂場で使うおもちゃ、ブロック、クラッカー、粘土、大きめの太いクレヨンやマーカーを握るなど。

図 A3.1　AEPS の目標の記載例ならびにセリーナへの介入に向けて修正された目標

AEPSにおける目標の記載例	セリーナのIEPの長期・短期目標
レベルⅡ．社会的コミュニケーション 基準A．長期目標1.0	長期目標2.0
下記のために単語、連語、文を用いる。 ・要求のため ・想像的なもの、出来事、人を述べるため ・自身の、または他者の感情を述べるため ・過去に起きた出来事を述べるため ・他者に指示したり要求するため ・情報を得るため ・他者に何かを知らせるため	セリーナは日々の活動でさまざまな1語文又は2語文を用いながら、ものや人を**要求**し、他者に何かを**伝え**、**あいさつ**をする。その際、2週間のうち1日、3回は彼女が言うことを2名の大人が理解できる。 「大人が理解できる」ということは、すなわちセリーナが要求や伝達、あいさつなどのために話しかけた際、大人がセリーナの発声の中に最初の子音と最後の子音をはっきりと聞き取れるということである。なお最初の子音は/p,b,t,d,k/であり、最後の子音は/k,l,g,f,v,ch,j,th/である。
レベルⅡ．社会的コミュニケーション 基準A．短期目標1.5	短期目標2.1
他者に指示したり要求するために、単語、連語、文を用いる（例えば、「赤いやつちょうだい」など）。なお、構文の誤りは許容する。	セリーナは日々の活動でさまざまな1語文又は2語文を用いながら、大人や他児からものや人を**要求**する。その際、2週間のうち1日3回は彼女が言うことを2名の大人が理解できる。例えば、セリーナは「もっと上」「おもちゃちょうだい」「おかわりちょうだい」などの言葉や文を発する。
レベルⅡ．社会的コミュニケーション 基準A．短期目標1.7	短期目標2.2
ものや動作または出来事について述べるために、又は他者に自分の不満や意図、体験したことを伝えるために、単語、連語、文を用いる（例えば、「外に行ってくる」と保護者に伝えることなど）。なお、構文の誤りは許容する。	セリーナはさまざまな1語文又は2語文を用いながら、日々の出来事について他者（大人や他児）に**伝える**。その際、2週間のうち1日、3回は彼女が言うことを2名の大人が理解できる。例えば、セリーナは「ねこいたよ」「牛乳」「大きな絵本」などの言葉や文を発する。
レベルⅡ．社会性の領域 基準A．短期目標1.4	短期目標2.3
声をかけたり、抱きついたり、叩いたり、触ったり、微笑むなどして、自分の親しい人に対してあいさつを行う。	セリーナはさまざまな1語文又は2語文を用いながら、他者（大人や他児）に**あいさつ**を行う。その際、2週間のうち1日、3回は彼女が言うことを2名の大人が理解できる。例えば、セリーナは「ハイ」「ハイ、メアリー」「ハイ、ケイト」「おはよう」などの言葉や文を発する。

次ページへ続く

図 A3.1　続き

AEPSにおける目標の記載例	セリーナのIEPの長期・短期目標
レベルⅠ，認知領域 基準F，短期目標1.1	長期目標3.0
遊んでいるときに、ものを何かに見立て動作を行う（例えば、棒で書くふりをする、クレヨンで人形にご飯をあげるふりをする、ブロックで飲み物を飲むふりをする）。	セリーナはさまざまな活動で、あるものを別のあるものに見立てる（例えば、棒をペンに見立てる、クレヨンを飲み物のボトルに見立てる、ブロックを電話に見立てる）。その際、セリーナは2週間のうち毎日3つの異なるものに対して見立てる動作を行う。
レベルⅠ，認知領域 基準F，短期目標1.2	短期目標3.1
遊んでいるときに、機能的に適した動作でものを扱う（例えば、電話を耳にあてる、くしを髪にあてる）。	セリーナはさまざまな活動で、機能的に、又は社会的に適した動作でものを扱う（すなわち、そのものの用途にそった行為）。 その際、セリーナは2週間のうち毎日3つの異なるものに対して機能的に、又は社会的に適した動作を行う。例えば、セリーナは耳におもちゃの電話をあてたり、頭にくしをあてたり、もしくはくしで髪をとかそうとする。

REFERENCES

Bricker, D. (Series Ed.). (2002). *Assessment, Evaluation, and Programming System for Infants and Children* (2nd ed., Vols. 1-4). Baltimore Paul H. Brookes Publishing Co.

Bricker, D. (Series Ed.) (2002). *Assessment, Evaluation, and Programming System for Infants and Children: Child Progress Record* (2nd ed.). Baltimore: Paul H. Brookes Publishing Co.

Bricker, D. (Series Ed.). (2002). *Assessment, Evaluation, and Programming System for Infants and Children: Family Report* (2nd ed.). Baltimore: Paul H, Brookes Publishing Co.

Notari-Syverson, A., & Shuster, S. (1995). Putting real life skills into IEP/IFSPs for infants and young children. *Teaching Exceptional Children, 27*(2), 29-32.

Pretti-Frontczak, K., & Bricker, D. (2000). Enhancing the quality of IEP goals and objectives. *Journal of Early Intervention, 23*(2), 92-105.

第4章

ABIの枠組み

連邦法や推奨する実践（Recommended practice）で述べられているように、個別の家族支援計画（IFSP）や個別の支援計画（IEP）は、介入の方向性を示す地図のようなものである（Bricker, 2002; Pretti-Frontczak & Bricker, 2000）。つまり、個別の支援計画は、日々の保育や指導実践を意図して作成されていないのである。そのため、子どもたちに多様な学習機会を提供したいと思うならば、チームは更なる作業を行わなければならない。その際、環境との相互作用の中で子どもたちのニーズが扱われるよう、学習機会が用意されるべきであろう。読者の中には、「ABI は子どもに興味のある活動させるだけ、または楽しい活動に取り組ませるだけの方法論だ」と思う人がいるかもしれない。しかし、楽しくて魅力的な活動を利用することは、ABI が有する複雑な要素のほんの一つにすぎない。ABI を展開させるにあたっては、専門家チームや養育者を導いてくれる土台が必要となる。ABI の土台となる枠組みは、以下の3つである。つまり、介入のガイド（Intervention Guide）、埋め込みのスケジュール（Embedding Schedules）、活動計画（Activity Plan）である。

第1に、**介入のガイド**（*Intervention Guilde*）では、介入を進めていく際に必要となる、大まかな事項について考える。これを通してチームは、IFSP/IEP に記載されている情報を実践レベルにまで落とすことができ、よって日々の活動で子どものニーズを扱うことが可能になる。第2に、**埋め込みのスケジュール**（*Embedding Schedules*）では、目標としたスキルを「いつどこでどのように扱うことができるか」を検討していく。これを通して、日々の活動の中で確実に、多様な学習機会を埋め込むことができる。第3に、**活動計画**（*Activity Plan*）では、具体的に「どのように日々の活動（子ども主導の活動、ルーチン活動、設定活動）を展開させるか」について検討していく。つまり、活動の検討・計画の際に用いるのである。これを通して、目標とした行動を実践する機会が、活動の中に埋め込まれていく。介入のガイド、埋め込みのスケジュール、活動計画、またはそれらが組み合わさることで、目標とするスキルの学習や子どもの成長に欠かせない枠組みが与えられる。この章では、3つの基本的な枠組みの概要、またはその実施プロセスについて説明する。

ABIでは、子どもと環境との相互作用に重きを置いている。加えて言うならば「子どもたちの学習や発達の過程において、日々の活動への積極的な参加は欠かせない」のである。ただし、どんなに魅力的な活動であっても、それが子どもだけで終わってしまえば、目標とするスキルを十分に実践することはできず、また期待される発達も望めないかもしれない。また同様に子どもがある活動に積極的に参加していても、それは子どものポジティブな成長・発達にはつながらないかもしれない。この章で述べる枠組みを用いることで、私たちは、子どもたちが目標に取り組む（そして学習し、成長を得る）機会を作り出すことが可能になる。

枠組みの各部分を段階的に実施することで、IFSPやIEPなどの計画レベルから、学習や発達を促す日々の実践のレベルへの移行が可能となる。とりわけ介入のガイドでは、「何を、どのように、どこで教えるのか、そして教育が効果的であったかをどのように評価するか」を明確にすることで、IFSPやIEPを実践レベルに移していく。埋め込みのスケジュールでは、介入のガイドから情報（個々の子どもの目標など）を引き出し、それを日々の活動やルーチン活動の文脈にうまくのせていく（例えば、「どのように着替え・移動・食事の時間に目標を扱う学習機会を埋め込んでいくか」など）。最後に、活動計画では、多様な子どもたちと彼らの目標に対する、具体的な学習機会の設定と計画を練っていく。

枠組みの各部分を、以下の節で説明していく。それぞれの書式（例えば、介入のガイド、埋め込みのスケジュール、活動計画）の記入例を、本章の補足資料に添付した。それらの書式を見れば、さまざまなサービス提供モデルでどのようにABIを展開できるかが、イメージし易くなるだろう。さらに、3つの書式について空白のサンプルを第10章の後に、本書の資料として収録した。チームは効果的なアプローチ実施に向けて、その書式を複写し、目的に応じて修正しながら使用することができる。

介入のガイド

チームは介入のガイドを通して、介入の計画、もしくは介入内容やプロセ

スに関する記録を系統的に行うことができる。活動の計画を行う前に、チームは子どもの目標に関する介入のガイドを作成したほうがよい。介入のガイドの作成を通して、子どもに学習機会を与えたり、データに基づいた決定を行う際に必要となる方向性や基準が提供される。作成当初は、介入のガイドは面倒な作業であると思うかもしれない。しかし、いざ実践が始まれば、チームは介入のガイドの恩恵を知ることになるだろう。介入のガイドはIFSPやIEPの作成の後に、次いで実施するように設定されている。つまり、IFSPやIEPの情報をもとに、以下のような事項について議論したり、またはIEPやIFSPの内容を実践レベルで広げることができる。

☐ 子どもの学習のために必要な配慮や工夫、または具体的な介入方法
☐ 学習機会が起きる場所、すなわち、どの活動の間か
☐ どのくらいの頻度で学習機会を与えるか
☐ 学習機会の提供による子どもの成長の評価について、誰が責任を負うのか

　介入のガイドではさまざまな情報を盛り込むことができる。ただし、以下に示す情報が最低限記載されるべきである。

☐ 子どもの名前、チームメンバーの名前、目標に対する介入実施の開始と終了の日付
☐ 長期目標、短期目標やプログラムのステップ（IEPから直接引用が可能）
☐ 州の基準やIFSPの結果とどう関連しているのかについて
☐ 多様な学習機会、機能的で般化できる目標、タイムリーで適切に与えられるフィードバックもしくは結果操作
☐ 子どもが生活の中で、社会的・物理的にも十分参加するために必要となる配慮や工夫、または具体的な介入方法
☐ データ収集の方法（IEPから直接引用が可能）
☐ 時間の経過に伴う成長・発達をどのように捉えるか、またはその後の決定をどのように行うか、などに関する決定のルール（Bricker, 2002）

基本的な情報

介入のガイドには、子どもの名前・介入実施の責任を負うメンバー・介入のスケジュールに関する欄を設けるべきである。開始と終了の日付は、既存の資源に見合った現実的な介入実施を検討するのに役立つ。終了の日時は、子どもに応じて、または目標とされたスキルの数や種類に応じて変動するだろう。

長期目標、短期目標、プログラムのステップ

介入のガイドにおける長期目標・短期目標・プログラムのステップの部分では、子どものIFSPやIEPから長期目標または関連する短期目標を抜き出す。またチームはこの部分にプログラムステップを含めることもできる。プログラムステップは短期目標をさらに細分化した細かい内容のことである。中度から重度の障害のある子どもに対して、介入のガイドを作成するとき必要になるかもしれない。例えば、「ものを握る」という短期目標に関するプログラムステップは、「腕を伸ばす、そして手のひらを開く」となるだろう。一般的に、介入のガイドはそれぞれの長期目標や関連する短期目標またはプログラムのステップに対して、個別に作成される。

州の基準もしくはIFSPの成果

かつて米国では、介入の説明責任を問う働きかけが高まるにつれて、「子どものニーズやそれ（ニーズの明確化）に続くサービスに応じて、介入を実施すべきだ」という認識が広がった。チームは、介入のガイドにおける「州の基準やIFSPの成果」に関する箇所に、子どもの目標に関連した、州・地方・機関の基準[1]を載せるべきである。例えば、「両手でものを操作する」というスキルが目標とされた場合、「目的を達成するために、作業を終わらせるために、または問題を解決するために、身近なものを操作する」もしくは「簡

---

[1] 近年、州や各機関は、多様な内容・構造・数からなる基準を、独自に作成するようになった。「個々の目標に合った基準をどのように作るか」に答えることは、この書の範疇を超えているが、チームは州や各機関の基準を良く知るべきであり、介ら入実施がすべての子どものための成果につながるよう保障するべきである。

単な道具（例えば磁石や虫眼鏡）を用いて、ものを操作しながら探索活動を行う」といった州が提示する基準を参考にすることができる。そして、具体的に目標をどう設定し、州の基準との整合性をどのように保つかについて、チームは熟慮しなければならない[2]。通常の教育・保育カリキュラムへのアクセスを増やし、そこで子どもの発達を促そうとする場合、介入で狙う目標は、やはり子どものニーズに基づくべきであろう。

ところで、この3つ目の部分（州の基準もしくはIFSPの成果）によって、チームは目標とIFSPとの関係を理解することもできる。多くの州でIFSPは家族自身の言葉で、大まかな報告書として書かれている。このため介入を効果的に行うためには、IFSPに記載された保護者の願いや意見を、測定可能な長期目標や短期目標へと変換しなければならない。例えば、もしIFSPに記載されている内容が「私たちは子どもに幸せになってほしいし、友だちをつくってほしい」であるなら、チームはこのように漠然とした願いをどのように達成できるかを示す、測定可能で意味のあるスキルを設定しなければならない。各州が示す基準やIFSPと介入でねらう目標とをつなぎ合わせるプロセスについては、本章の補足資料にある図A4.1とA4.2に示してあるので参照してほしい。

多様な学習機会、機能的で般化できる目標、タイムリーで適切なフィードバックもしくは結果操作

多様な学習機会を活動の中に埋め込むにあたっては、適切な先行事象の選択と利用が非常に重要なポイントとなる。先行事象とは「学習機会が与えられるように計画・選択される、または生起する特定の出来事・行動・状況」のことを指す。例えば、大人（教師、養育者、セラピスト）、他児やきょうだい、もしくは物理的な環境（物品、出来事、写真／サイン／言葉）などが先行事象になりえる。時に、先行事象は子ども自身の内側から生じることもある（例えば、空腹、おもちゃへの興味）。先行事象は単純なもの（例えば、教師が

---

[2] 第4、5章ならびに第4章の資料にある州の基準の例は、全てオハイオ州教育局早期学習内容基準から直接引用したものである。

第4章　ABIの枠組み

直接身体補助を行う、ターゲットスキルのモデルを示す)からもっと複雑なもの(例えば、漸進的時間遅延法、マンドモデル法)まで、また非指示的なもの(例えば、届かないところにおもちゃを置く)から直接指示するもの(例えば、大人が要求する、指示を与える)までさまざまである。各目標に対して、多様な先行事象が使用されるべきであるし、またそれらは介入のガイドに明確に記載されるべきである。介入のガイドの中に先行事象を記入する目的は「どのような活動やどのチームメンバーであっても、一貫して学習機会を提供すること」にある。

　学習機会は、少なくとも2つの条件が備えられたときに生み出される。第1に「1つもしくは複数の目標に関連した先行事象が生じる」ということである。要するに先行事象は、子どもに1つもしくはそれ以上の目標を練習・形成させる、もしくは生み出す可能性をもっている。第2に、先行事象は「子どもに行動を続けさせる、または既存の活動や環境で推測される子どもの意図や興味・関心を保持するものである」ということである。もし先行事象を変え、子どもの行動や注意を変化させたり拡大させようとする場合には、子どもの元々の意図や興味関心を邪魔してはいけない。つまり、先行事象を変える場合には、子どもが興味をもっていることや行っていることから、注意を逸すべきではない。以下のエピソードでは、「もっと」という要求を行う目標に関して、いくつかの先行事象がどのように学習機会を作り出すのか、または作り出さないのかを説明している。

　マーシーは6人の友だちと一緒に子ども机に座っている。子どもたちは各自、食器を持っている。配膳する食べ物が、彼らの机の後ろの台に用意されている。大人は子どもたちと一緒に机に座ったり、部屋を歩き回ったり、追加の食べ物や飲み物の準備をしている。マーシーは、おかわりの食べ物がある机とは反対のところに座っている。彼女はクラッカーを食べ終わると、皿を持ち、棚の中にあるクラッカーの箱を見る。そしてすぐ隣に座っているブライアンを見る。「もっと」のサインをしておかわりをもらっているブライアンをマーシーが見ていれば、学習機会が生み出される。ブライアンが行った「もっと」のサインという先行事象は、1)マーシーの目標と関連するものであり、2)マーシーがブライアンに注目している、場合に学習機会を

提供できる。もしこの時、大人がマーシーに飲み物がほしいかどうかをたずねてしまえば、学習機会は作られないかもしれない。大人が「飲み物がもっとほしいかどうか」をマーシーにたずねるという先行事象も、マーシーの目標への取り組み（すなわち、もっとのサイン）を促すかもしれない。しかし、食べものではなく飲み物がほしいことをたずねてしまえば、本来のマーシーの意図（もっと食べたい）は、違う意図（もっと飲みたい）へと変わってしまうかもしれない。マーシーの興味や意図は行動から推察できる（すなわち、空いた皿を持ち上げ、クラッカーの入れ物を見ているなど）。彼女のもともとの意図を大人が変えてしまえば、マーシーの「もっと」のサインを練習するせっかくの機会は失われるかもしれない。

　第3章で述べた機能的で般化できる目標は、しばしば関連する短期目標やプログラムのステップを含む。これらの長期目標、短期目標、プログラムのステップは、介入のガイドにおいて**標的行動**と呼ばれる。標的行動は、日々の活動で子どもが獲得・使用するために、チームが選択する望ましいスキルである。一方、本来教える予定がなかったのにも関わらず、先行事象の提示によって子どもが獲得してしまうかもしれない**非標的行動**も、チームは事前に検討しリストに記載しておく必要がある。例えば、教師はマテオに上着を脱ぐように指示する。標的行動は、「上着を自分で脱ぐ、もしくはその際教師の援助を求めること」である。非標的行動としては、「無反応」または「マテオが上着を脱がずに立ち去ってしまうこと」などが挙げられる。すべての子どもの行動に対して、フィードバックや結果操作がタイムリーにそして十分に与えられるように（つまり、行動に見合った結果を子どもが獲られるように）、標的行動と非標的行動の両方を事前に考えておくことが重要になる。これを確実に見定めることで、チームはねらう標的行動の生起頻度を高めることができ、または逆にねらっていない非標的行動の生起頻度を減らすことができる。

　フィードバックや結果操作の種類としては、大人（例えば、教師、養育者、セラピスト）の行動、他児／きょうだいの行動、子どもの反応を援助する物理的環境としての物品・出来事・写真・サイン・言葉（例えば、笑顔、肯定すること、必要とする・欲するものに会えること）などがあげられる。第2

章で述べたように、フィードバックや結果操作は可能なかぎりタイムリーにかつ十分提供されるべきである。自身の行動とそれに伴う結果（環境の変化や自身に起こる変化）との関係を、子ども自身が体感・理解するためには、フィードバックや結果操作が適切なタイミングで提供されることが重要となる。また、フィードバックや結果操作を欠けることなく十分に行うことで、「子どもが行った行動」と「提供されるフィードバックもしくは結果操作」との間に生まれる必然性または固有の関係性が、子どもに暗示されることになる。介入のガイドの作成段階から、標的行動ならびに非標的行動の両方に対するフィードバックや結果操作を考慮することで、介入の一貫性が保たれるのである。

配慮、工夫、具体的な介入方法

　介入のガイドにおける「配慮、工夫、具体的な介入方法」の部分では、チームは子どもが日々の活動に参加し、そこでさまざまなスキルを獲得していくために必要となる、配慮や工夫また具体的な介入方法について検討を行う。例えば、子どもがある活動に参加するには十分な力やスキルをもっていない場合でも十分に楽しく参加できるよう、活動や環境に対してさまざまな（物理的・社会的）配慮や工夫を考えていく。実践では、そのような配慮や工夫は一時的なものであったり、もしくは常に必要なものであったりする。また具体的には以下のようなものが含まれる。

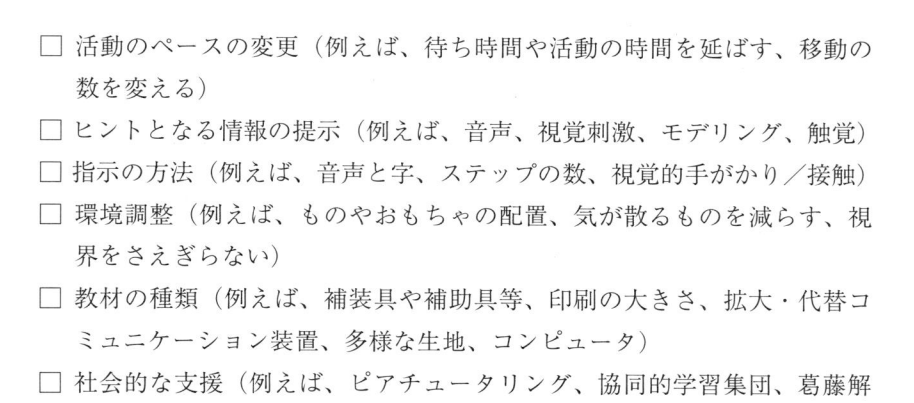

☐ 活動のペースの変更（例えば、待ち時間や活動の時間を延ばす、移動の数を変える）
☐ ヒントとなる情報の提示（例えば、音声、視覚刺激、モデリング、触覚）
☐ 指示の方法（例えば、音声と字、ステップの数、視覚的手がかり／接触）
☐ 環境調整（例えば、ものやおもちゃの配置、気が散るものを減らす、視界をさえぎらない）
☐ 教材の種類（例えば、補装具や補助具等、印刷の大きさ、拡大・代替コミュニケーション装置、多様な生地、コンピュータ）
☐ 社会的な支援（例えば、ピアチュータリング、協同的学習集団、葛藤解

決スキル）
- ☐ 強化や動機づけへの考慮（例えば、内因性、外因性、言語、非言語、子どもの選択／好きなもの）
- ☐ 自己管理の手法（例えば、写真スケジュール）
- ☐ アセスメントや評価への考慮（例えば、質問の種類、テスト環境、時間の長さ、程度）

　チームはこの部分に、介入方法やその提案について記述することができる。各介入方法が、スキルの獲得や使用にどのような影響を与えるかについて、十分検討することが重要になる。介入のガイドを用いることで、効果的でかつ活動間に渡って広く使用できる介入方法について、メンバーが相互に意思疎通・確認する手段が与えられる。

　ABIはこれまでに開発されてきたさまざまな介入方法と併用して用いることが前提となっており、また特に非指示的な支援方法の使用に重きを置いている。集中的な訓練・ドリルの実施はABIと相容れないというわけではない。ただし、ABIでは子どもの行動に対して応答的で、日々の意味のある場（ルーチン活動など）で実行可能なやり方を使うことを推奨している。以下では、そのようなやり方を代表する、7つの介入方法（つまり、忘れたふりをする、めずらしさ、目に見えるけど届かない、予測内の変化、一つずつ、補助、中断や遅延）について、説明する。

忘れたふりをする（Forgetfulness）

　"忘れたふりをする"という方法は、子どもが自分で行動したり、問題解決を行うのを促すために用いられる。これは、子どもが知っていること、またできることを見定める際に効果的な方法である。"忘れたふりをする"は、本来必要な備品・道具を大人が提供しないときに、またルーチン活動や活動の中にある、ありふれた要素を"意図的になくす"ときに生じる。例えば、「おやつでピーナッツバターやジャムのサンドウィッチを作る際に、ピーナッツバターなど主要な食材を忘れる」、「お絵かきの活動で用いる絵筆を忘れる」、もしくは「身近なお話や歌の言葉やフレーズを忘れる」などが挙げられる。

これを通して、子どもたちは質問したり、物品を探したり、その他適切な問題解決行動を行うことで、本来ならばあるはずの部分・要素を認識し、その情報を探すことになる。

めずらしさ

　一般的に、子どもは新しいおもちゃや活動に魅かれるものである。めずらしいものや新規なものを注意深く用いることで、子どもの望ましい反応が引き出されるかもしれない。重度の障害のある乳児や子どもに対しては、ルーチン活動や身近な活動の中にめずらしいものを導入することで、大きな効果が得られる。例えば、「あひる、あひる、がちょう」のような身近なゲームに、新しい行動や言葉の変化などを付け加えるなど、「ねこ、ねこ、ねずみ」という言葉に変化させることによって、ゲームを"少し"変えることができる。もっと年齢の高い、もしくは能力のある子どもに対しては、クラスで飼っているペットを用いたり、バスからクラスまで新しい道を使ったり、移動で並ぶところの床に薄版状の形を追加するなどの例もあげられる。多くの乳幼児にとって、めずらしいものの導入は、その変化が子どもたちの期待に大きく矛盾するものでなければ、もっとも効果的になる。つまり、長い髪をとても短い髪に切るなど、自身の外見を極端に変化させてしまう大人は、子どもに大きな不安をもたらすこともある。また、もう一つ、あまり効果的ではない方法として、「子どもに関係のないものを砂遊びのところに置くこと」があげられる。なぜなら、子どもはそれに対して興味をもてなかったり、もしくはどのようにして使うのかを理解できない可能性があるからである。

目に見える、けど届かない

　ちょっとした環境操作で済む支援方法として、「子どもたちに見えるけれど、届かないような場所に物品を置いておくこと」が挙げられる。視界に入るけれど届かないところに物品を置くことで、社会性、コミュニケーション、問題解決行動の発達を促すことができる。家族は、それを"介入方法"とは思わずに、この方法をよく使用している。例えば、クッキーのようなお気に入りの食べ物や、おしゃべり人形のようなお気に入りのおもちゃを、届かな

い棚に置くとする。すると子どもは「ほしい」と思い、どうしたらその食べ物やものを取ることができるかを考えようと動機づけられる。この方法を用いるときには、子どもがそのものを見ることができ、かつ自分自身で問題を解決できない場合に助けてくれる他児や大人がいることが重要である。

届かないところにものを置いておくことは、通常、初期のコミュニケーションスキルを学習している子どもに用いられる効果的な方法である。専門家チームがよく用いる簡単な方法として、配膳の前後で、机の真ん中に食べ物を置いておくことがあげられる。配る前に机の中央に食べ物を置くことで、大人はそのものの名前を言い、子どもが要求するのを待つことができる。1回配り終わった後、机の真ん中に残った食べ物を戻すことで、子どもは食べ物を見ることができ、またおかわりの要求行動を促すことができる。

予測内の変化

活動やルーチン活動の中で、子どもが良く知っている活動やその特定の部分・要素を行わない、もしくはそれを少し変化させることを"予測内の変化"と呼ぶ。あまりに大きな変化は、子どもにとって滑稽なものに見えるかもしれない。例えば、芯が消しゴムの上下逆さまの鉛筆で、大人が何か書こうとしている。これを見れば、子どもたちはおかしく思うだろう。このような予測内の変化の目的には、2つの側面がある。一つに、変化に対する子どもの認識は、彼らの弁別能力や記憶能力に関する情報を提供する。そしてもう一つは、そのような変化は、多様なコミュニケーションや問題解決行動を引き出すのに理想的な状況を提供してくれる（例えば、子どもは大人に異議を唱え、尖ったほうが下になるように鉛筆を反対にさせるかもしれない）。重度の障害がある子どもでも、ミトンが足につけられているような状況を「何か変だ」と認識することは可能であり、またそのことについて大人とやりとりすることができる。熟練した教師らは、子どもが発するこのような小さな無意図的な行動を、機能的な行動へと発展させる（行動形成させる）ことができる。

一つずつ

　活動の中で、多くのパーツを必要とする教材を用いる場合に、もう一つの非指示的な手法を用いることができる。子どもが一つずつ繰り返し教材を要求しなければならないように、大人はその教材を保持しておくことができる。例えば、パズルを行っているときには、子どもがそれを要求したときに大人はピースを手渡す。子どもはピースの名前を言うように促される。この方法は、子どもが絵の具、糊、紙、クレヨン、ブロック、その他小さなものを使用する際に、効果的に用いることができる。シリアル、レーズン、果物や野菜のスライスなどを食べるときにも可能である。

　ただし、この手法を用いることで、子どもは多くの妨害をもたらされることに配慮しなければならない。パズルピースを繰り返し要求されれば、子どもは活動継続を妨げられ、有意義な時間が邪魔されることになる。介入者は、「特定のスキルを練習する機会の提供」と「活動への有意義な参加を保障させること」のバランスを取るべきである。

補　助

　チームが検討できる効果的な方法の一つに、補助がある。ものを取ったり、活動するために、子どもは大人や友だちから、何らかの形での補助を必要とするだろう。この方略は適応、粗大運動、微細運動、コミュニケーション領域などにおける一連のスキルの発達において効果的である。例えば、硬く閉まった蓋のついた透明な箱の中にものを置けば、子どもはそれを空ける際、大人の助けが必要となる。子どもが助けを求めたり、期待する目線で誰かに箱を示せば、ふたは緩められる。その後、子どもは「ふたを握り、箱を開けて、ものを取るために手首を捻る」練習をすることができる。他の例として、1）止まるたびに大人への要求が必要になるネジ巻き式のおもちゃ、2）大人の補助が必要になるよう蛇口を硬くしておく、3）子どもが開けるには難しいボタン、スナップ、レースのついたお出かけ用の新しい洋服やアクセサリー（バッグやサイフ）を追加する、などが挙げられる。

行動継続の妨害・中断もしくは時間遅延

　行動の妨害とは、子どもが活動を続けるために必要な行動の流れを、意図的に止めることである。例えば、歯磨きのルーチンで、養育者は歯ブラシに歯磨き粉を載せる直前に、一旦止まる。養育者は歯磨き粉のチューブを持って、「何がほしいんだっけ？」とたずねる。子どもはその後の行動を遂行させるために、必要なものを要求しなければならない。この方法は重度の障害がある子どもに対して効果的である（Carta & Gurnsell, 2001; Goetz, Gee, & Sailor, 1983; Roberts-Pennell & Sigafoos, 1999; Romer, Cullinan, & Schoenberg, 1994）。

　時間遅延では、子どもからの応答を促進するために、活動の中で少し対応を遅らせたり、一瞬待つことを行う。例えば、子どもに言語模倣を教えている大人は、言葉を言った後に自身の行動を止め、子どもが模倣するまで待つだろう。遅延を行うことは多くの活動で簡単に適用できる。また時間遅延は、子どもからの要求を増加させるのに効果的であることが知られている（例えば、Daugherty, Grisham-Brown, & Hemmeter, 2001; Schuster & Morse, 1998; Wolery, 1992; Wolery, Anthony, Caldwell, Snyder, & Morgante, 2002）。

　これら非指示的な支援方法を用いる際には、2つの点に注意しなければならない。まず1点目に、先述のように、子どものニーズや目標に応じてチームは各決定を行うべきである。各支援方法は、以前選択した目標をチームが扱うときにのみ、使用されるべきである。介入のガイド全体を考慮に入れずに、これらの支援方法を用いた場合、満足のいかない結果がもたらされる可能性がある。2点目に、非指示的な介入方法は丁寧に用いられるべきである。特定の支援を過剰に用いる場合、望ましくない結果が生み出される傾向がある。例えば、もし中断や遅延が過剰に行われれば、子どもはフラストレーションを蓄積させ、時に感情を爆発させるかもしれない。ABIでは、このような影響について十分配慮した上で、各支援方法を使用することを推奨している。

データ収集の手続き

　IFSPやIEPでは、標的とするスキルに関する子どものパフォーマンスのデータを「いつどのように、収集し、検討し、養育者と共有するか」について記述しなければならない。介入のガイドでは「子どもの成長に関するデータをどのように収集するか」または「今後の決定を行う際にデータをどのように使用するか」について明示することが求められる。チームはまず初めに、それぞれの目標に関するデータを、誰が収集するのかを決定する。例えば、「保護者、作業療法士、幼稚園の先生、早期介入者のだれがデータを収集するか」もしくは「彼らの中から1人以上がデータを収集するのかどうか」などである。その後、チームはどこでデータを収集するかを決める（すなわち、「どの環境で、もしくはどの活動で収集するか」）。もし必要ならば、チームはデータを収集する活動を明確にしたほうがいい。例えば、「おやつの時間のクラスの中で」、「園庭で」、「お集まりの間に」などである。場所を選択したら、次にチームは子どものIFSPやIEPにおける長期目標や短期目標の基準に基づいて、いつデータを収集するかを決めるべきである。データ収集の期日の部分では、どのくらいの頻度でデータを収集するか（毎日、毎週、毎月）、

もしくは特定の日にするかなども検討される。最後にチームは目標に対する子どもの成長をどのように評価するかについて議論すべきである。データを収集する際の一般的な方法として以下の3つがあげられる。1）記述された説明、2）作品や記録物、3）行動のカウントもしくは集計。子どもの成長を記録するための方法については、第5章に詳しく述べているので参照されたい。

決定ルール

　子どもの成長を評価した後、介入の方向性について検討する際にも介入のガイドを用いる。期待される成長が子どもに起きていない場合、チームは以下の5点について変更や修正を検討する。つまり、1）目標について、2）先行子やフィードバック／結果操作について、3）配慮や工夫、もしくは支援方法について、4）提供される学習機会の頻度について、そして、5）学習機会を埋め込む活動について、である。収集されたデータに基づいて、個々の子どもに合った決定ルールを、設定すべきである。

　チームにとって効率的な介入ガイド作成はとても重要なことである。例えば、複数の子どもたちが同じ目標をもっている場合、同様のもしくは少しだけ修正された介入のガイドを複数の子どもに適用することできる。小程度から中程度の修正・変更が必要な場合でも、介入ガイドの中心的な部分をそのまま複数の子どもに用いることができるかもしれない。例えば、2人の子どもに対する目標は同じままかもしれないが、それぞれの子どもに対する結果や評価の手続きは異なるかもしれない。

　介入ガイドを通して、発達を促す介入を実現させるための枠組みが与えられる。そのためABIの実現に向けて介入のガイドは非常に重要になる。さまざまな事項が熟慮された介入のガイドを作成できれば、次にチームは具体的に日々の活動の中で目標を扱うための、埋め込みのスケジュールを作成する段階に移る。

埋め込みのスケジュール

　障害幼児に対する介入については、一般的には、特別な指導機会を設けるよりも、子どものルーチン活動や毎日の活動を用いるほうが効果的である。日々の活動の中で目標としたスキルが確実に実践されるよう、埋め込みのスケジュールが使用される。埋め込みのスケジュールはABIの枠組みの2つ目の部分である。埋め込みのスケジュールを作成する際、チームは以下に述べることに気をつけなければならない。第1に、スケジュールが一人の子ども（例えば、ホームベースのサービス、もしくはコミュニティーベースのプログラムにおける巡回サービス、もしくは子どもケアセンターのいずれかを利用している）のためか、集団（すなわち、同じ遊びプログラムもしくはセンターベースのプログラム内でサービスを受けている）のためなのかを考慮に入れる必要がある。第2に、スケジュールがどのように作成されるかを考慮に入れる必要がある（例えば、活動ごとに、ルーチン活動ごとに、州の基準ごとに、人ごとに）。第3に、スケジュールに書き込まれる情報の種類について検討する必要がある（例えば、起こりうる教師の行動、望ましい子どもの反応、子どものパフォーマンスに関連するデータ）。

　スケジュールが作成される環境（家庭、学校、地域）や子どもの数などの違いに関わらず、埋め込みのスケジュールには、子どもや子どもたちの名前、学習機会の埋め込みに関する責任メンバー、そしてスケジュールを使用する日付などの基本的な情報を記入する。基本的な情報の記入後に、チームはスケジュールを作成するが、その際には図A4.3のような表を用いる。従来、埋め込みのスケジュールは、その上部に子どもの目標のリスト、そして左側の列には一連の活動例が記載される。介入ガイドと同じように、第10章の後の付録に埋め込みのスケジュールのサンプルを載せている。

　スケジュールの各項目を記入した後、チームはそれらの項目が交わるところに情報を記載していく。チームは、介入のガイドから先行条件や結果操作または目標など、具体的な情報を抜き出し、スケジュールにそれらを記入していく。例えば、子どもの目標が「両手でものを操作すること」である場合、学習機会を作り出すための先行条件や、学習を促し強化するための

フィードバックや結果操作を、介入のガイドから抜き出だす。または活動ごとにそれらの情報を記載していく。学習機会を埋め込む文脈としてどの活動を用いるかを決定する際、「どの活動が確実に長期目標を練習するもしくは形成する状況を提供してくれるか」を検討する（例えば、登園、おやつ、美術、発見学習）。それゆえ、この例では、「ものをどのように操作するかのモデルを示す」という先行条件は、他児や大人が上着やリュックのファスナーの開け方のモデルを示すことが可能な、登園の時間に設定することができる。目標を扱うための埋め込みのスケジュールの親密性や実用性が育ってくれば（慣れてくれば）、たくさんのバリエーションが出てくるだろう（例えばGrisham-Braown, Pretti-Frontczak, Hemmeter, & Ridgley, 2002; Hemmeter & Grisham-Brown, 1997; Raver, 2003）。本章の補足資料、A4.3 から A4.8 の図に、これらのバリエーションの例を記載した。

　埋め込みのスケジュールを作成したからといって、必ずこれに従って介入を進めなければならないというわけではない。例えば、もし子どもが変化の兆しを見せたり、目標や子どもの発達を促す別の意図していない出来事が起こった場合には、スケジュールに記載していない方法を用いたほうがいいこともあるだろう。このためにも、埋め込みのスケジュールの作成・使用段階において、全てのチームメンバーが子どもの目標をよく理解していることが重要になる。介入者が目標に関する知識を得ておくことで、当初の計画から多少ずれても子どもの主体性や興味に沿うことが可能になる。また目標に取り組むための多様な機会を保障することも可能になるだろう。ABI を実施するチームは、本書で提示されている埋め込みのスケジュールの書式を用いて実践するよう推奨されている。本章の補足資料や第 5 章で述べられている事例を通して、上記の事柄について検討・議論していただきたい。

活動計画

　ABI 枠組みの 3 番目は、活動計画の作成とその使用である。活動計画は、目標に関する先行条件と後続条件を、活動に埋め込むための仕組みを提供してくれる。それを通して、子どもの学習経験が最大化されることが意図され

ている。活動計画は、子ども主導の活動やルーチン活動（例えば、おやつ、着替え、お風呂）でも作成されるが、一般的には設定活動（すなわち、大人が計画し、準備し、導いていかなければならないように計画された出来事）のために作成されるものである。設定活動の例として、園外保育、美術・科学プロジェクト、お集まりへの参加などを挙げることができる。設定活動はホームベースのサービスを受けている子どもにも行われるが、一般的にはコミュニティーベースもしくはセンターベースのプログラムでサービスを受けている子どもに対して行われるものである。

　活動計画を通して、チームには少なくとも2つの利点が得られる。まず、チームは活動計画を作成する中で、子どもが目標に取り組む具体的な場や活動（計画前には定かではなかった）を発見できるかもしれない。次に、作成の中でチームの協力・協同関係が高まることで、限られた資源の活用が可能になるかもしれない。ここで述べる活動計画は9つの要素からなる。しかし、すべての活動計画で、9つ全ての要素が必要となるわけではない点に注意されたい。1）活動の名前、2）物品、3）環境の整備、4）連続するステップ、5）埋め込まれた学習機会、6）計画されたバリエーション、7）語彙、8）他児との相互作用の機会、9）養育者の参加。

活動名

　活動の名前はそれぞれの計画で記入していく（例えば、ブロック、恐竜の卵、蝶は模様を乾かす、パズル、食事、ペットショップ）。活動のためのアイデアはAssessment, Evaluation, and Programming System for Infants and Children（AEPS; Bricker, 2002）；The Creative Curriculum for Infants and Toddlers（Dombro, Colker, & TristerDoghe, 1997）；More Mudpies to Magnets: Science for Young Children（Sherwood, Williams, & Rockwell, 1990）等のカリキュラムやカリキュラムのガイドから、もしくはチームの経験をもとに選択できる。

教　材

　活動を計画する際に考慮すべき重要な点として、教材の選択が挙げられる。

チームが教材を選ぶ際に以下の4つの基準が参考になる。

☐ 教材は日常の活動に関連するものである
☐ 教材は多様な特性をもつ
☐ 教材は発達的に適しているものである
☐ 教材は学習機会もしくはスキルの般化を高めるものである

　日常の活動に関連のある教材は利用しやすく、また子どもたちの生活の一部となっていることが多い（例えば、台所では、ボウルやポット、鍋などの使用）。チームは子どもたちの興味や生活経験が理解することができる。海の近くに住んでいる子どもたちには、砂、貝殻、岩、海辺の草、流木などを使って、数えたり、ものを分類したり、砂浜に名前を書くなどの練習を行うことが効果的であるかもしれない。

　多様な特性をもつ教材は、多様な使い方ができる。特にボールは特徴的で素晴らしい例である。というのも、ボールにはさまざまな大きさや手触りのものがあり、蹴る・転がす・投げる・バウンドさせる・トスするなどさまざまな方法で用いることができるからである。ボールのような教材は、子どもが想像できる方法とそうでない方法の2つで使用することができ、子どもの興味をしばしば刺激する。ポプシクル（アイスキャンディー）の棒も、多様な特性のあるものである。なぜなら、子どもが絵のフレームを作ったり、数えたり、色をつけたり、もしくは糊を塗ったりするための道具として使えるからである。

　子どもたちが教材をうまく用いることができるように、チームは物品を選択する際、個々の子どもたちの発達能力に配慮する必要がある。子どもたちが進む一般的な発達段階を知ることで、各発達段階への移行を促す教材を選択できる。例えば、子どもたちがものの感覚探索から始まり、次第にものを機能的・象徴的に使用するようになることを知っていれば、子どもが彼らの感覚で（すなわち、目、耳、口、手、鼻を使って）安全にものを探索できるような教材を選ぶことができる。例えば、12ヶ月から18ヶ月頃の乳幼児は、簡単な3つのパズルのピースを取って口で味わったり、パズルにピースをは

める前に2つのピースを両手で叩き合わせるかもしれない。ピースを元に戻すには大人のモデルや指示が必要かもしれない。もっと年長の子どもはパズルからピースを取り出し、土台にはめ、その後パズルのピースを使って想像的な遊びに発展させるかもしれない。彼らは消防車のパズルのピースを取り出し、パズルをはめる前に、「火事が起きているところにかけつける」というごっこ遊びををすることもあるだろう。他の子どもは動物のパズルのピースを取り出し、動物の鳴きまねをしたり、餌をあげたり、毛にブラシをかけるふりをするかもしれない。ピースをパズルにはめる前に、動物のお世話ごっこが展開されることもあるだろう。最後に、学習機会を増加させたり、般化を促進させる教材を選択すべき点についても触れたい。さまざまな活動・状況・事象で使える教材を使用することで、同様のまたは似たようなスキルを用いて、もしくは異なる文脈で、多様な学習体験が得られる。

環境調整

　活動のために環境を整えることは、いくつかの理由から重要なことである。まず第1に、ある活動では事前に物品を集め、準備しておく必要がある。例えば、子どもたちがお気に入りの物語を演じるために、大きな家庭用品サイズの箱が必要になるかもしれない。チームは適当な箱を見つけたり、その箱が入るように部屋の模様替えをする必要がある。第2に、いくつかの活動を行うにあたっては、物理的環境を大きく変える必要がある（例えば、邪魔なコースを整える、ごっこ遊びの場所を家事の場所からウィンタースポーツショップに変更する。第3に、特定の活動をしている間、各場所にいる子どもたちがそこでうまく参加できるよう、適切な量の物品や十分なスペースが用意されなければならない。チームはそれぞれの活動の場所で、どのくらいの人数の子どもたちが適切に安全に遊ぶことができるかを検討しておく必要がある。また、チームは子どもの補助具（例えば、車椅子、座位保持椅子、コミュニケーション装置）をその場所にうまくフィットさせる必要もある。つまり、補助具が必要な子どもたちがさまざまな物品を十分に利用し、活動に十分参加できる環境調整を行わなければならない。最後に、環境を整えるにあたっては、子どもの移動や待ち時間を最小限に保つ必要がある。

連続するステップ

　多くの活動には連続するステップがあり、それらは「始まり（例えば、ものを取る、特定の位置に移動する、何をするかを言う）」、「中間（例えば、ものを操作する、課題を完成させる、プロジェクトに参加する）」、「終わり（例えば、ものを片付ける、やり終えたことを見直す、他の場所や活動に移動する）」の3つに大きく分けることができる。子どもの目標に関する学習機会をつくりだすために、活動の3つの部分を最大限に活かす方法を理解しなければならない。

　活動の始まりでは、目標を実践できる多くの機会を設定できる。例えば、必要な物品を子どもに取らせることで、以下のようなスキルに取り組む機会が得られる。1）複数の段階からなる指示に従う、2）いつもの場所にあるものを見つける、3）さまざまな面を歩く、4）問題解決をする、5）後ろや隣のような空間関係の理解を促す。必要なものを子どもが得た後に、その活動に関連する指示について考えたり、活動が行われる場所に移動したりすることで、さらなる学習機会を作り出すことができる。

　活動の中間の部分では、もっとも明確かつ多様なスキルの学習機会を提供できる。この部分では、これから始まる出来事について子どもは考えることができる。実際に想定される活動の展開を考えることで、チームは子どもたちの興味、能力、ニーズを考慮に入れた検討ができる。

　始まりや中間と同様に、活動の終わりはそれぞれのスキルを練習するための、多くの学習機会を提供することができる。片付けが丁寧に行われることで、または活動の振り返り・まとめが行われることによって、各発達領域（例えば、微細運動、粗大運動、社会性、認知）に関するスキルの練習ができる。活動を振り返ったりまとめたりすることで、「活動の間に何が起きたか」、「自分たちがなにを学習したか」について、子どもと大人が一緒になって話し合うことができる。

埋め込まれた学習機会

　第2章で述べたように、ABIの目的は、幼児に対して機能的かつ発達的に適したスキルの獲得や般化を促進することにある。この目的を満たし、ま

た多様な学習機会を提供するために、幼児と物理的・社会的環境との間に生じる日々の相互作用が用いられる。埋め込むということは、目標とするスキルを日々の活動で扱っていくことを意味する。またそれは有意義な方法で活動を拡大・修正させることを通して、もしくは活動にうまく組み込まれることで実現される。活動計画は、既存の活動内で扱うことのできる全てのスキルの検討を促すものであり、また十分な学習機会の設定を支えるものである。

　活動計画の埋め込まれた学習機会の部分を作成することで、活動の全体的な目標（つまり、全ての子どもに対する目標）に加えて、個々の子どもの目標を扱うことができる。個々の目標は、子どものIFSPやIEPもしくは介入ガイドから決定される。また、より広義の目標は、教育機関（例えば、ヘッドスタートの成果の枠組み）もしくは州の基準から参照することができる。

　使用する物品や、環境調整、一連の出来事（始まり、中間、終わり）を検討した後、チームは活動参加を通して扱うことができる目標に注目する。例えば、みんなで歌を歌ったり楽器を演奏したりする活動では、通常のカリキュラムの内容を超えたスキルや個々の子どもの目標を狙うことができる。または多様な子どもたちが一緒に参加するのを支えることもできる。この場合、ある子どもが歌ったり、サイン言語を使って質問をしたり、ダンスをしたり、楽器を演奏するなどして参加している一方で、他の子どもは見聞きするなどして参加しているかもしれない。特にセンターベースのプログラムでは、多様なスキルや発達段階にある子どもたちがいることを前提に、全員がクラスの活動に十分参加できるよう配慮することが重要である。更に、学習機会がくまなく埋め込まれるよう、家族の日々のルーチン（例えば、入浴や着替え）について調査しておくことも重要である。

意図的・計画的なバリエーションの追加

　ちょっとしたバリエーションや工夫を加えることで、以前に行った活動を飽きずに繰り返し用いることができる。設定活動に子どもが全く興味を示さない場合、活動の基本的な設定や手順に、1つかそれ以上の変更を加えたり、何らかの意味ある方法で活動をうまく広げることができるだろう。あまりに多くの変更を行ってしまえば、子どもの興味に過度に影響を与えてしまう。

つまり、どんなによく計画された活動や好みの活動も、魅力のないものになってしまう。バリエーションを加えることで、一人ひとりの、またはカリキュラム全体の目標に関連した学習機会の活用が促進される。例えば、教師が障害物コースを計画したとして、その活動に子どもは興味を見せなかった。その場合、教師は同様の学習機会を埋め込むために、音楽パレードというバリエーションを試みることができる（例えば、両方の活動とも機敏性、平行性、調整能力、指示に従うこと、友だちと一緒に参加すること、叙述や要求の機会、意見や思いを言う機会、見通す力などを扱うことができる）。

言　葉

　発達に適した言語の使用は、多くのチームで共通して取り組まれていることだろう。課題の一つに「特定の語彙に関する目標を事前に覚えておくこと」が挙げられる。目標となる語彙を事前に検討するにあたっては、以下の2つの前提が重要である。まず1つに、それらの語彙は「思考、欲求、ニーズ、ものや出来事の説明になどを伝えるために使用される」という前提である。第2に、「チームが選択した語彙は、子どものアセスメント情報を基盤とするべきである。もしくは子どもの言語能力を促すよう、子どもにとって既知の、または逆に新しい言葉やサインを含むべきである」という前提である。言語聴覚士は、発声練習が必要な特定の音の選定の際に活躍する。選定した言葉やサインに応じて、チームは特定の活動で用いるさまざまな物品を検討する。つまり、介入者が選択した言葉・サイン・音を確実に狙うためには、特定の物品が活動の中に含まれる必要がある。例えば AEPS（Bricker, 2002）や The Complete Resource Book: An Early Childhood Curriculum with over 2000 Activities and Ideas（Schiller & Hastings, 1998）、The Creative Curriculum for Preschool（Trister Dodge et al., 2002）、Learning Center: Open-Ended Activities（Wilmes & Wilmes, 1991）などの、市販のカリキュラムの多くは、活動計画を計画する際に使用できる、関連する物品のリストや言葉のリストを載せている。

他児との相互作用の機会

　異なる発達段階、スキル、興味をもつ子どもたちのやりとりを作り出したり、うまく（すなわち、積極的で建設的に）維持するには、十分な計画や大人の配慮が必要である（Bricker, 1995; Odom & Brown, 1993; Turnbull & Turbiville, 1995）。発達領域の中でも、特に社会性のスキルが遅れている場合、1）やりとりを始めない、2）やりとりを維持しない、3）失敗に終わりそうなやりとりをしようとしない、などの傾向を子どもたちは示す。他児との相互作用の発達を支えるために、大人の存在が鍵となる。社会的スキルを練習する機会を活動の中に設定することで、子どもたちは重要な社会的スキルを学習することができる。

　ジョセフとストレイン（2003）は、子どもの社会的スキルを促進するカリキュラムについてレビューを行っている（例えば、Incredible Years Child Training Program-Dina Dinosaur Social Skills and Problem Solving Curriculum〈Webster-Stratton, 1990〉, First Step to Success〈Walker, Kavanaugh, Stiller, Golly, Severson, & Feil, 1997〉）。社会的スキルを日々の活動の中で扱う上で、非常に役に立つものであろう。活動計画に記載する例としては「言葉や社会的行動のモデルとして仲間を用いること」、「お互いの行いや作品を見て意見を述べるよう、子どもを促すこと」、「子どもが遊びで使うものを共有したり、交換したりすることを支えること」などが含まれる。

養育者の参加・関与

　養育者はチームの中でも極めて重要なメンバーである。それゆえ、活動の計画、実施、評価に養育者を巻き込むことが重要となる。親や養育者に寄り添いながら、その提案に耳を向けることで、家族の長所や有する資源またはニーズを考慮にいれた活動計画を作成することができる。養育者の関与を求めることで、家族や専門家のチームメンバーが協働するための機会が広げられる。またこれを通して有意義な活動計画が実現される。

　どのように家族の関与や参加を得ていくかについては、課題も多々存在する。しかし、以下のような手法がこれまでに開発・検討されている。

- ☐ 家庭のルーチンや子どもの興味に関連する情報を共有してもらうよう、家族に求める（例えば、養育者が AEPS Family Report を記入する）。
- ☐ 子どもの個々のニーズに関する情報を共有する。
- ☐ 子どもが学校で参加している活動についての情報を家庭に伝える。
- ☐ 家族がどのように日々のルーチンを活用できるかについて、記述もしくは口頭での情報提供を行う。もしくは家庭訪問を行う。
- ☐ 子どものスキルや興味を共有するために、家族を教室に招く。
- ☐ 活動の中で子どもに与えることにできるような物品や他の資源を寄付してもらうよう、家族に援助を求める。
- ☐ 学習機会を促進し埋め込んでいく中で、設定活動の成功を左右するようなデータ収集の援助を家族に求める。

チームは、これらの方法を用いることで、介入の全ての段階で家族の関与を促進させることができる。

要　　約

ABI を展開させるためには、チームメンバーや養育者を導く枠組みが必要である。ここで述べた枠組みとは、介入ガイド、埋め込みのスケジュール、活動計画の３つを意味する。この枠組み抜きで、日々の活動やルーチンの中で子どもの目標を扱う体系的な方法をもつことはできない。つまり ABI の実施は困難なのである。ABI を用いるチームは、子どもにとっての最善の学習条件が整うよう、系統的な手法を用いるべきである。本章の補足資料として、介入ガイド、埋め込みのスケジュール、活動計画のフォーマットや事例を掲載している。

REFERENCES

Bricker, D. (1995). The challenge of inclusion. *Journal of Early Intervention, 19*(3), 179-194.

第4章 ABIの枠組み

Bricker, D. (Series Ed.). (2002). *Assessment, Evaluation, and Programming System for Infants and Children* (2nd ed., Vols. 1-4). Baltimore: Paul H. Brookes Publishing Co.

Carter, M., & Gurnsell, J. (2001). The behavior chain interrupted strategy: A review of research and discussion of future directions. *Journal of The Association for Persons with Severe Handicaps, 26*, 37-49.

Daugherty, S,. Grisham-Brown, J., & Hemmeter, M.L. (2001). The effects of embedded skill instruction on the acquisition of target and non-target skills with preschoolers with developmental delays. *Topics in Early Childhood Special Education, 21*, 231-221.

Dombro, A., Colker, L., & Trister Dodge, D. (1997). *The Creative Curriculum for Infants and Toddlers*. Washington, DC: Teaching strategies.

Goetz, L., Gee, K., & Sailor, W (1983). Crossmodel transfer of stimulus control: Preparing students with severe multiple disabilities tor audiological assessment. *Journal of The Association for Persons with Severe Handicaps, 8*(4), 3-13.

Grisham-Brown, J., Pretti-Frontczak, K., Hemmeter, M.L., & Ridgley R. (2002). Teaching IEP goals and objectives in the context of classroom routines and activities. *Young Exceptional Children, 6*(1), 18-27.

Hemmeter, M., & Grisham-Brown, J. (1997). Developing children's language skills in inclusive early childhood classrooms. *Dimensions in Early Childhood, 25* (3), 6-13.

Joseph, G.E., & Strain, P.S. (2003). Comprehensive evidence-based social-emotional curricula for young children: An analysis of efficacious adoption potential. *Topics in Early Childhood Special Education, 23*(2), 62-73,

Odom, S.L., & Brown, W.H. (1993). Social interaction skills interventions for young children with disabilities in integrated settings. In C.A. Peck, S.L. Odom, & D.D. Bricker (Eds.), *Integrating young children with disabilities into community programs: Ecological perspectives on research and implementation* (pp. 39-64). Baltimore: Paul H. Brookes Publishing Co.

Pretti-Frontczak, K., & Bricker, D. (2000). Enhancing the quality of IEP goals and objectives. *Journal of Early Intervention, 23*(2), 92-105,

Raver, S. (2003). Keeping track: Using routine-based instruction and monitoring. *Young Exceptional Children, 6*(3), 12-20.

Roberts-Pennell, D., & Sigafoos, J. (1999). Teaching young children with developmental disabilities to request more play using the bayberry chain interruption strategy. *Journal of Applied Research in Intellectual Disabilities, 12*, 100-112.

Romer, L.T., Cullinan, T., & Schoenberg, B. (1994). General case training of requesting: A demonstration and analysis. *Education and Training in Mental Retardation, 29*, 57-68,

Schiller, P., & Hastings, K. (1998). *The Complete Resource Book: An Early Childhood Curriculum with over 2000 Activities and Ideas*. Beltsville, MD: Gryphon House.

Sherwood, E., Williams, R., & Rockwell, R. (1990). *More Mudpies to Magnets: Science for Young Children*. Beltsville, MD: Gryphon House.

Schuster, J., & Morse, T. (1998). Constant time delay with chained tasks: A review of the literature. *Education and Treatment of Children, 21* (1), 74-107.

Turnbull, A., & Turbiville, V. (1995). Why must inclusion be such a challenge? *Journal of Early Intervention, 19*(3), 200-202.

Walker, H., Kavanaugh, K., Stiller, B., Golly, A., Severson, H.H., & Feil, E. (1997). *First Step to Success*. Longmont, CO: Sopris West,

Webster-Stratton, C. (1990). *Incredible Years Child Training Program – Dina Dinosaur Social Skills and Problem-Solving Curriculum*. Seattle, WA: Incredible Years.

Wilmes, D., & Wilmes, L. (1991). *Learning Center: Open-Ended Activities*. Elgin, IL: Building Blocks.

Wolery, M. (1992). Constant time delay with discrete responses: A review of effectiveness and demographic, procedural, and methodological parameters. *Research in Developmental Disabilities, 13*(3), 239-266.

Wolery, M., Anthony L., Caldwell, N., Snyder, E., & Morgante, J. (2002). Embedding and distributing constant time delay in circle time and transitions. *Topics in Early Childhood Special Education, 22*(1), 14-26.

第4章 補足資料

枠組みの各書式

　この補足資料では、第4章で紹介した介入のガイド、埋め込みのスケジュール、活動計画の書式とその記述例を紹介する。これらを見ることで、活動に根ざした介入の枠組みを効果的に利用するための、多様な方法を知ることができる。また、このアプローチを行うにあたっては、巻末（第10章の後）に載せてある空白の書式を使用したり、ここで紹介する書式を修正して用いることもできる。枠組みに関する3つの主要な領域については、第4章で説明してきた。以下では、記述例に沿って説明しながら、それぞれの書式の特徴を解説ていきたい。

介入のガイド

　介入のガイドの主な目的は、目標設定のプロセスと介入のプロセスとの間に生じるギャップを埋めることである。個別の家族支援計画（IFSP）や個別の支援計画（IEP）はそもそも介入計画もしくは治療教育計画ではない。そのため、個々の子どもに対する目標の設定と介入との間に、もうワンクッション挟むことが重要になる。ここでは、さまざまな種類の介入のガイドを紹介する。まず1つ目の介入のガイドは、IFSPから目標を抜き出し、それに関連した（活動に根ざした介入で扱う）目標を決めなければならないときに、用いられるものである。図A4.1に、ケネディのIFSPの目標に関する介入のガイドの例を示した。ここでは、一人で歩くことが長期目標とされ、そのようなケネディの発達が促されるよう、個別的介入・継続的な評価の手続き・決定事項に関する内容が検討されている。

　2つ目の介入のガイドは、「個々の目標」と「州もしくは特定の機関の基準」とを合わせるために用いられるものである。近年、チームは「どのように介入が個々の子どもによい影響を与えたか」に加えて、「どのように通常のカ

介入ガイド

1．基本情報

子どもの名前：ケネディ・ベネット

チームメンバー：保護者、早期ヘッドスタートセンターの教師、早期介入の専門家、理学療法士

介入開始日：2003年9月　　介入終了日：2004年9月

2．長期目標、短期目標、プログラムステップ

長期目標1.0
　家庭・学校・地域で、一週間のうち毎日、ケネディは3つの異なる地面（例えば、芝生・カーペット・タイル）を15フィート一人で歩くことができる。

短期目標
　1.1　家庭・学校・地域で、2週間のうち毎日、ケネディは2つの異なる地面（例えば、芝生・カーペット・タイル）を、片手を支えてもらいながら15フィート歩くことができる。

　1.2　家庭・学校・地域で、ケネディは家具やその他生活用品の周りを動くことができる。1週間のうち1日3回彼女は、少なくとも2歩、自分で移動することができる。

プログラムステップ
　1.3.1　家庭・学校・地域で、2週間のうち1日2回、ケネディはしゃがんだ状態から起き上がることができる。

3．州の基準，「個別の家族支援計画」の結果

個別の家族支援計画の記載内容：私たちが介助しなくてもすむように、または自分でおもちゃを選べるように、ケネディに自分で歩けるようになってほしい。

図A4.1　ケネディ・ベネットのために記入された「介入ガイド」

4．多様な学習機会、機能的で般化できる目標、タイムリーで適切に与えられるフィードバックや結果操作

学習機会を与える先行子	子どもがとりそうな行動：標的としているもの（＋）、標的としていないもの（－）	フィードバックと結果操作
1.3.1 トランクに彼女の手を置くよう身体的補助を行う。	立ち上がるように、手をつきだす（＋） 座ったままでいる（－）	大人がほめたり微笑む（＋） 数秒待って、ケネディにもう1回がんばるよう促す（－）
1.2 届かないところにケネディの興味を持っているものを置く。	家具や生活用具を支えにして、もののほうに2歩もしくはそれ以上歩き出す（＋） ものを指差す（－） ものに向かって這う（－）	ものやおもちゃを取る（＋） ケネディに歩いておもちゃを取りにいくように促す（－）
1.1 言葉の手がかりを与える（例えば、「お父さん何しているか見に行こうか」もしくは「外に行こうよ」）、そして片手を支えてあげる。	大人もしくは友だちの手をとって、数歩歩き出す（＋） 支えてもらうよう両手を差し出す（－） その場で遊び続ける（－）	もっと歩くように促す（＋） お父さんにほめてもらう（＋） 外で遊ぶ（＋） ちょっと歩いて、大人は片手をはずしてみる（－） しばらくして、もう1回歩くように促す（－）

5．活動の修正や工夫、または具体的介入方法

歩く途中で邪魔になるものは退ける。

支えるときに使えそうな家具や生活用品をケネディに見せる。

ケネディの協調運動（受身的な動作も含む）を向上させたり、筋肉を弛緩・緊張させる力を増加させたり、バランスや協調性を促すように、日常生活の中で運動療法的な方法を使ってみる。

図 A4.1　続き

6．データ収集の手続き			
誰が（データ収集の責任を負う人物）	どこで（活動している場所、地域）	いつ（頻度、日数）	どのように（収集方法）
ヘッドスタートの教師	クラスの移動時間（外から中に入るとき、カーペットの場所からおやつの場所であるタイルに移動するとき）	毎日 （月曜日から金曜日）	記録を取る
理学療法士	クラスの移動時間	毎週 （月曜日と水曜日）	記録を取る
早期介入専門家や保護者	家庭や祖母の家	週ごとの家庭訪問、または週末	記録を取る

7．決定ルール

もし、子どもに十分な成長が　1〜2週　間（チームがデータを見直すために適した期間を記入する）で確認されない場合には、チームは以下のことを行う（あてはまる項目すべてにチェック）。

_____　目標の変更

_____　先行子、フィードバックや結果操作の変更

____〇____　活動の修正・工夫、具体的な介入方法の変更

_____　学習機会を提供する頻度の変更

_____　学習機会の場所の変更

_____　その他（自由記述）_____

介入ガイド

1．基本情報

子どもの名前：ニコラス・マーシー

チームメンバー：幼児期特殊教育の教師、言語聴覚士、保護者

介入開始日：2003年9月　　　介入終了日：2004年9月

2．長期目標、短期目標、プログラムステップ

長期目標 1.0
　2週間にわたって、ニコラスはさまざまな2語文や3語文を使いながら、1日に3回おもちゃや人を**求め**、1日に3回人に何かを**知らせ**、また1日に2回人に**あいさつ**をすることができる。

短期目標
　1.1　2週間にわたって、ニコラスはさまざまな2語文や3語文を使いながら、1日に3回、人から（大人や友だち）おもちゃやその人自身を**求める**ことができる。

　1.2　2週間にわたって、ニコラスはさまざまな2語文や3語文を使いながら、1日に3回、人（大人や友だち）に何かを**知らせる**ことができる。

　1.3　2週間にわたって、ニコラスはさまざまな2語文や3語文を使いながら、1日に2回、人（大人や友だち）に**あいさつ**をすることができる。

3．州の基準、「個別の家族支援計画」の結果

英　語
　自分の考えや感情、ほしていることなどを表すために、正確に、相手に分かるように話す。（情報源となる）文章から情報を取り出し、語ることができる。

算　数
　身の回りにある、または遊びの中で見られる、一般的な2次元の形（例えば、丸・三角・長方形・四角）を、理解・命名・作製・表現する。
　身の回りにある、または遊びの中で見られる、位置に関する言葉（例えば、上、下、内側、外側、前、後ろ、間、次、右左が逆、裏表）を用いようとする。

図 A4.2　ニコラス・マーシーのために記入された「介入ガイド」　　　次ページへ続く

図 A4.2　続き

科　学
　身近なものの部分と全体を理解する。
　身近な道具の用途について理解する。
　合っているか間違っているかを説明するよう、自分の言葉を用いる。

社会性
　その日はどんな日か答える（例えば、学校の日、家にいる日、スイミングの日、外に出る日）。
　時間に関する言葉を用いる（例えば、次、前、後、今、後）。
　家族の出来事を作る。
　社会的に認められるやり方でほしいもの（ものやサービス）を得る。
　必要なときに身近な大人に助けを求める。

4．多様な学習機会，機能的で般化できる目標，タイムリーで適切に与えられるフィードバックや結果操作

学習機会を与える先行子	子どもがとりそうな行動：標的としているもの（＋）、標的としていないもの（－）	フィードバックと結果操作
1.1 要求のモデルを示す（例えば「ジュース、ちょうだい」）。	物事を教えたり、あいさつしたり、要求を行うために、2・3語文で表出を行う（＋）	何をしているのかコメントを返す（＋） ニコラスのあいさつに対して、友だちも返事を返す（＋） 要求に答える（＋）
1.2 ニコラスに今何をしているのか、何をして遊んでいるのかをたずねる。	単語で答える（－）	2・3語文のモデルを提供する（－） 友だちへのあいさつのモデルを示す（－）
1.3 言葉を用いた促しを行う（例えば「セリーナにおはようって言ってみたら？」）。		ものをほしそうにしている場合、ニコラスが要求をするよう、待ってみたり、促しを行う（－）

5．活動の修正や工夫、または具体的介入方法

2語文・3語文のモデルを与えてくれる、お気に入りの友だちを入れる。

機会利用型指導法、マンドモデル法、時間遅延法などの指導方法を試みる。

ニコラスが要求したくなるように、見えるけれども届かない場所にものを置いたり、少しずつものを渡したりする（非支持的な介入方略の使用）。

6．データ収集の手続き

誰が（データ収集の責任を負う人物）	どこで（活動している場所、地域）	いつ（頻度、日数）	どのように（収集方法）
教師	おやつ、外遊び、自由遊び	月曜日、水曜日、金曜日	記録を取る
言語聴覚士	お集まり、小集団	隔月	言葉のサンプルを取る

7．決定ルール

もし、子どもに十分な成長が＿＿＿2週＿＿＿間（チームがデータを見直すために適した期間を記入する）で確認されない場合には、チームは以下のことを行う（あてはまる項目すべてにチェック）。

＿＿＿＿＿＿＿　目標の変更

＿＿○＿＿　先行子、フィードバックや結果操作の変更

＿＿＿＿＿＿＿　活動の修正・工夫、具体的な介入方法の変更

＿＿○＿＿　学習機会を提供する頻度の変更

＿＿＿＿＿＿＿　学習機会の場所の変更

＿＿＿＿＿＿＿　その他（自由記述）＿＿＿＿＿＿＿＿＿＿＿＿＿＿＿＿＿＿＿＿＿＿＿

リキュラムの中で成果を得たか」を説明するよう求められている。図A4.2に、ニコラスの「さまざまな2〜3語文を用いる」という目標に関する介入のガイドの例を示した。特に、彼が住む州の基準と、彼の目標とをどのように合わせていくかに関して説明している。最後の部分では、ニコラスの発達が促されるよう、個別的介入・継続的な評価の手続き・決定事項について検討を行っている。

埋め込みのスケジュール

　日々の生活の中に多様な学習機会を取り入れるために、埋め込みのスケジュールを作成する必要がある。埋め込みのスケジュールを用いることで、チームは、「何を、どのように、どこで教えるのか」を一目で理解することが可能になる。通常、埋め込みのスケジュールは介入のガイドの後に作成される。ここで記載される情報には、それぞれの学習機会において適切と考えられる先行子やフィードバック・結果操作が含まれることになる。なお、それらは既に作成している介入のガイドにより、その内容が決められている。

　ところで、埋め込みのスケジュールの作成・使用が繰り返される中で、既に第4章で述べたような基本的なレイアウトに対してさまざまなバリエーションが開発されてきた。図A4.3からA4.8に、計6種類の埋め込みのスケジュールを載せている。図A4.3は家族でサービスを受けている子どもに対する埋め込みのスケジュールである。この書式では、いくつかの異なるルーチン活動に対して、いつ学習機会を埋め込んでいくことができるかに焦点を当てている。言い換えれば、それぞれの枠の中に記載された×の印は、どのルーチンに学習機会が埋め込まれているかを図示している。この作業を通してチームは、どのルーチン活動を用いれば子どもの目標に対する最善の利益になるか、を保護者と話し合うことが求められる（Bricker, 2002）。この事例で出てくるマックスの標的とする目標は、「2語文の表出」と「意図的にまたは計画的にものを操作すること」である。この例では、家族は着替え、食事、遊び、お出かけ、入浴などのルーチンを、学習機会を提供できる時間や活動として位置づけている。

図 A4.4 は図 A4.3 とほぼ同じ埋め込みのスケジュールだが、これは子ども一人ではなく集団に対して適用している点で異なる。この埋め込みのスケジュールでは、センターベースのプログラムに通っている、パトリス、セリーナ、ティアナ、そしてアリソンのそれぞれに対して、どのクラスの活動の中に学習機会を埋め込むかを記載している。子どもたちはそれぞれ多様な目標をもっている。図 A4.4 のような書式によって、チームはそれぞれの子どもの目標に対して、最適な学習機会となり得るクラス活動を選択することができる。またこの書式を通して、チームは活動を行う前に、それぞれの子どもに対する目標を確認することができる。つまり、リマインダーとしての役割を果たすことができるのである。

図 A4.5、A4.6、A4.7 の 3 つは、集団の中の子どもたちに関して、共通すること、または違うことをはっきりと理解するために使用されているものである。特に図 A4.5 を見れば、微細運動、認知、社会的コミュニケーション、社会性などの発達領域に関する、サマンサ、デシャウン、ポールらの目標がうまく表されていることに気付くだろう。この種類のスケジュールを通して、チームは「子ども間で重なっている（同じ）目標」や「それぞれの活動で子どもが練習するよう促されている行動（スキル）」を把握することが可能になる。同様に図 A4.6 では、個別の支援計画に記載された長期目標と活動領域とのつながりや関連を把握し易いよう、サマンサ、デシャウン、ポールらの目標をうまく記載している。この図の枠内には、州の基準や指針が記載されている。これは、それぞれ個々の目標を扱っていくことが、「どのように通常のカリキュラムへのアクセスやそこでの発達保障につながるか」を説明するためのものである。例えば、サマンサの「人に伝えたりあいさつするために言葉や文を用いる」という目標は、「会話の文脈から新しい言葉の意味を理解する」という州の基準・指針と関連がある。図 A4.7 では、多様な子ども（すなわち、サマンサやデシャウン）がもつ個々の目標が、クラスルームの異なる場所（例えば、ままごとコーナー、絵本コーナー、工作コーナー）でどのように扱う（すなわち、埋め込む）ことができるかを説明している。

図 A4.8 に、サマンサ、デシャウン、ポールに対する最後の種類の埋め込みのスケジュールを載せた。このスケジュールは、2 つの重要な事柄を促

埋め込みのスケジュール

子どもの名前：マックス

チームメンバー：保護者、早期介入の専門家、言語聴覚士

データを集める期日：10月の1ヶ月間

家庭でのルーチン	目標 マックスは何かものがほしいときや、そのために人と交渉する際に、2語文を用いる	目標 マックスは意図的にもしくは計画的にものの操作を行う
着替え	×	
食事		×
遊びの時間	×	×
お出かけ	×	
入浴		×

図 A4.3　マックスに対して記入された「埋め込みのスケジュール」

集団に対する埋め込みのスケジュール

子どもの名前：<u>パトリス、セリーナ、ティアナ、アリソン</u>

チームメンバー：<u>クラスのスタッフ、作業療法士</u>

データを集める期日：<u>学校の年（必要に応じて変更あり）</u>

子どもの名前と目標	毎日のクラス活動					
	登園	お集まり	自由遊び	おやつ	美術・探索	外遊び
子どもの名前：<u>パトリス</u> 1. 友だちにあいさつする	×			×		
2. トイレの使用	×			×		
3. ルーチンの指示に従う		×	×		×	×
4. 協力して遊ぶ			×			×
子どもの名前：<u>セリーナ</u> 1. さまざまなものを操作する	×		×		×	
2. さまざまな1語文・2語文を話す			×	×	×	
3. 一つのものを、何かに見立てる		×	×			×
子どもの名前：<u>ティアナ</u> 1. 好き嫌いを伝える		×		×		
2. 好きなものを分類する			×		×	
3. 自分で食べるためにスプーンを使う				×		
子どもの名前：<u>アリソン</u> 1. 補装具を使って歩く	×				×	×
2. 要求の言葉を使う		×	×	×		

図 A4.4　クラス活動における学習機会を説明した、パトリス、セリーナ、ティアナ、アリソンらの集団に対する「埋め込みのスケジュール」

集団に対する埋め込みのスケジュール

子どもの名前：サマンサ、デシャウン、ポール

チームメンバー：クラスのスタッフ、言語聴覚士、保護者のボランティア

データを集める期日：最初の学期（9月から11月）

発達領域	サマンサの目標	デシャウンの目標	ポールの目標
微細運動		もの・おもちゃなどを扱うために両手を用いる。	両方の手に握った、小さいものを開いて離す。
認知	文字を認識する。		好きなものを分類する。
社会的コミュニケーション	人に教えたり、指示したり、あいさつするために、単語や文を用いる。	説明したり、教えたり、もしくはあいさつするときに、Lの音を正しく発音する。	
社会性	好き嫌いを伝える。	全体での一斉活動の中に参加する。	人が話している方向を向いて見る。

図A4.5 発達領域ごとに示されたサマンサ、デシャウン、ポールら集団に対する「埋め込みのスケジュール」

集団に対する埋め込みのスケジュール

子どもの名前：サマンサ、デシャウン、ポール

チームメンバー：クラスのスタッフ、言語聴覚士、保護者のボランティア

データを集める期日：最初の学期（9月から11月）

活動領域	サマンサの目標 人に知らしたり、指示したり、あいさつする際に、単語や文を用いる	デシャウンの目標 ものやおもちゃを操作するために両手を用いる	ポールの目標 両手から小さいものを離す
文　字	会話の文脈で、絵本についている絵を見て、もしくは具体的なものを使っている中で、新しい言葉の意味を理解する。		
算　数		意味のある文脈で数量または数字を書く。	
科　学	身の回りの世界を感じ取ることができるよう、疑問・質問・調査・コミュニケーションなどの科学的スキルを身につける。	ものや道具などの性質を学ぶ。またはそれらをどのように動かせるかを学ぶ。	ものや道具などの性質を学ぶ。またはそれらをどのように動かせるかを学ぶ。

図 A4.6　活動領域と目標との関連について示した、サマンサ、デシャウン、ポールら集団に対する「埋め込みのスケジュール」

集団に対する埋め込みのスケジュール

子どもの名前：サマンサ、デシャウン

チームメンバー：言語聴覚士、作業療法士

データを集める期日：月曜日と木曜日

クラスコーナー	サマンサの目標 人に知らしたり、指示したり、あいさつする際に、単語や文を用いる	デシャウンの目標 ものやおもちゃを操作するために両手を用いる
ままごとコーナー	ままごとコーナーで遊んでいることについて、他者（大人や友だち）に伝えることができる、またはコーナーに入ったときに友だちにあいさつできる。	片手でポットを持つことができる。または片方の手でかき混ぜることができる。自分またはお人形のボタンやチャックを閉めることができる。
絵本コーナー	何を読んでいるのかを他者（大人や友だち）に伝えることができる、または本にできた人がどんなことをしたりしゃべっていたかを他者に伝えることができる。	片手で本を持つ練習ができる、またはもう片方の手でページをめくることができる。
美術・探索コーナー	自分の作品を先生に見るように指示したり、ほしいものがあるときに取ってくれるよう指示することができる。	イーゼルで色を塗ることができる。友だちと筆を使っている間、片手で色塗りができる。机の上で、ある入れ物から別の入れ物へ、水を注ぐことができる。

図 A4.7　さまざまなクラスコーナーで目標がどのように扱われるかを示した、サマンサ、デシャウンらの集団に対する「埋め込みのスケジュール」

集団に対する埋め込みのスケジュール

子どもの名前：サマンサ、デシャウン、ポール

チームメンバー：クラスの担任、言語聴覚士、保護者のボランティア

データを集める期日：最初の学期（9月から11月）

評価する大人	目標 人に知らしたり、指示したり、あいさつする際に、単語や文を用いる	目標 ものやおもちゃを操作するために両手を用いる それぞれの手から小さいものを離す
クラスの担任	**サマンサに対して** 「伝える」ことに関する事例の記録 （　　　　　　　　　　） 「指示する」ことに関する事例の記録 （　　　　　　　　　　） 「あいさつ」に関する事例の記録 （　　　　　　　　　　）	**デシャウンに対して** 両手で操作したものやおもちゃについて、〇をつけてください。 本、ブロック、クルマ、チャック、スプーンやボール、小さい人形、ボタン、粘土 その他（　　　　　　　） **ポールに対して** 片手から離したものを記入してください （　　　　　　　　　　）
言語聴覚士	**デシャウンに対して** どのくらい明瞭な発声が聞かれましたか？ 少しも　少し　だいたい　すべて **ポールに対して** 集団活動のときに聞かれた発声について記入してください （　　　　　　　　　　）	片手で本を持つ練習ができる、またはもう片方の手でページをめくることができる。
保護者のボランティア		**デシャウンに対して** 操作したものやおもちゃに〇をつけてください。 本、コップ、粘土、ブロック、筆記物、チャック

図A4.8 目標に対する成長を評価するための、サマンサ、デシャウン、ポールらの集団に対する「埋め込みのスケジュール」

すよう意図して作成したものである。つまり、チームメンバーに個々の子どもの目標を思い出させることと、彼らが日々のさまざまな活動で関わる際に子どもの成長を評価すること、の2つである。ここに記載した例では、担任、言語聴覚士、保護者らのボランティアらが「多くの目標の中からどの目標を評価し、もしくはどのようにデータを集めるか」を、確実に行うために埋め込みのスケジュールが用いられる。埋め込みのスケジュール（activity schedules もしくは activity matrixes と呼ばれることもある）の更なるバージョンや手法については、いくつかの文献に書かれてあるので参照されたい（例えば、Grisham-Brown, Pretti-Frontczak, Hemmeter, & Ridgley, 2002; Hemmeter & Grisham-Brown, 1997; Raver, 2003）。

活動計画

　活動計画の主な目的は、設定活動に学習機会を設けることである。チームは活動を計画する段階でたくさんのアイデアを出すことができる。しかし、活動の中で子どもの目標を扱うとなれば、そう容易にはいかない。活動計画を用いることで、子どもにとって楽しく魅力的な、しかし同時に多様な学習機会を提供できる活動を"再び作りだす"ことができる。活動計画は個々の子どもに対しても、集団に対しても作成することができる。介入の対象が1名の子どもであるようなホームベースサービスを行うチームの場合には、図A4.9に記載した床遊びやブランケットタイムの活動計画を特に見てほしい。

　活動計画は、ホームベースサービスの提供者に訪問の焦点や目的をはっきりとさせるのみならず、養育者に日々のルーチン活動で介入を与えるのを促すという点でも、有益である。図 A4.10 は、センターベースのサービスを受けている子どものための活動計画である。子ども集団に対して保育を行う場合、チームは「どのように同じ活動の中で、個々の子どものニーズを扱っていくか（関連させながら取り組むか）」について考えなければならない。それぞれの子どもたちは同じ活動の中で、どのような行動の違いを見せるだろうか？　どの程度の違いならば一緒に参加させることができるだろうか？
　お手玉投げに関する活動計画では、単一の活動で扱うことのできる、多種多

活動計画

1．活動の名前

フロアタイム、毛布遊び

2．素材・道具

大きな毛布、またそれを広げられる広い場所（室内）

動かしたときに音や光が出る、おもちゃの箱

小さな毛布

軽めのおやつ（チェリオスやクラッカー）、乳児用の容器に入った飲み物

3．環境の配置

オープンスペースに大きい毛布を、また毛布とは違う場所におもちゃを並べる。大人は届くが、子どもは届かない場所におやつと小さい毛布を置く。

4．ステップの連続性

初期

　子どもの注意を引いたら、共同注意を維持しながら、自分で遊びたいおもちゃを選択させ、それを毛布のところまで持ってこさせる。子どもが自分の名前を呼ばれ、大きな毛布のところまで来たら、おもちゃの一つで遊ばせる。

中期

　子どもは一人で毛布の周りを動き回る、または先生の指示に応じて激しく動いたり、違うおもちゃで遊ぶ。小さい毛布の中に各おもちゃを隠し、それを子どもに探させる。その際先生はなじみのある曲やリズムを歌ったりしてもよい（例えば、「漕ぐよ漕ぐあなたのボート」、「あたま、かた、ひざ、ぽん」、「ケーキを叩け」）。その後、子どもたちに遊びを一旦やめて、何か食べたり飲んだりするように提案する。活動の間、先生は子どもたちのお腹の空き具合などを確認し、またそれにしっかり応じてあげる。

後期

　子どもたちに、片付けの時間なので、大きな箱におもちゃを一つ置いてくるように促す。子どもたちにおもちゃを手渡して、箱にいれたら「バイバイ」と言ったりしてもよい。毛布をたたむので、毛布から離れて歩くように子どもたちに伝える。

図 A4.9　フロアタイム、毛布遊び活動に関する「活動計画」　　　　　次ページへ続く

図 A4.9　続き

5．埋め込まれた学習機会

微細運動スキルの学習／練習
　片手からもう一方の手にものを移動させる。
　どちらかの手で、指で引っ掻くような動作を行い、豆サイズのものを握る。
　どちらかの手で、片手で持てるくらいのものを、それより大きいものに向かって落とす。
　それぞれの手で、手首や腕を回転させることで、ものをひっくり返す。
　ものを動かすために、どちらかの手を使う。

粗大運動スキルの学習／練習
　手と足を交互に動かすことで、前に進む。
　バランスのよい姿勢を取る。

適応スキルの学習／練習
　柔らかい食べ物やサクサクした食べ物を噛む。
　大人に支えてもらいながら、コップから飲み物を飲む。

認知スキルの学習／練習
　人やものの追従注視を行う。
　２つ順番に隠したもののうち、後ろにあるものを見つける。
　いつもの場所にないものを探し続けようとする。
　機械的なおもちゃを正しく動かす。
　ゲームを続けようと、その一部を再現する。
　よくある粗大な動きを模倣する。
　よく使う言葉を模倣する。
　違うものを手にしても、前のものを忘れずに認識している。
　ものを取るために、邪魔なものをどける、またはのりこえていく。
　いくつかのものに対して、簡単な動作を行う。
　親しい大人と童謡を話す。

社会的コミュニケーション活動の学習／練習
　人の視線を追従し、共同注意を行う。
　簡単な質問に声や動作で答える。
　子音と母音を組み合わせて発声する。
　文脈的な手がかりのもと、一つの指示に従って行為する。
　叙述言語（タクト）を用いる。

ソーシャルスキルの学習／練習
　親しい大人の声に適切に反応する。
　親しい大人と簡単なやり取り遊びを始める。
　空腹、のどの渇き、休息など、体の訴えを満たそうとする。

6．計画のバリエーション

1．毛布の上で一緒におもちゃで遊んだり歌を歌えるように友だちを誘う。
2．毛布やおもちゃを外に置く。
3．本を入れてみたり、絵本読みの時間をもうける。

7．語彙

色（例えば、赤、青、緑、黄）
形容詞（例えば、大きい、太い、明るい、まぶしい）
動詞（例えば、叩く、弾く、引く）
歌やリズムで用いる言葉（例えば、漕ぐ、ボート、焼く、ケーキ、人、頭、肩、ひざ、つまさき）
その他の単語（例えば、つける、けす、もっと、私に）

8．友だちとの相互作用の機会

友だちまたは兄弟はおもちゃを隠し、対象児にそれを探させるよう促す。
友だちまたは兄弟は対象児に、おもちゃでどのように遊ぶかを見せる。
友だちまたは兄弟はおもちゃを交換し、彼らが行う行為が何と言うかを話す（叩く、弾く、引く）。

9．養育者の参加

養育者は活動を促すことができる。
養育者は活動の間に見られた語彙やスキルに関するリストを作成できる。
養育者は他の大人（例えば、早期介入の専門家や療法士）が活動を促している間に、データを集めることができる。

活動計画

1．活動の名前

お手玉投げ

2．素材・道具

両側に縄の取っ手がついた、一つの大きな丸いプラスティックのバケツ
約10個の手のひらサイズのお手玉（異なる色・生地のもの）
一つの大きなタンバリン
粘着テープ
ホワイトボードとペン
ゲームで使う道具などの写真（バケツ、お手玉）

3．環境の配置

6～10人くらいが入る大きなカーペットがある場所を選ぶ。子どもたちはバケツの周りを囲んで座る。
邪魔にならないように、おもちゃや道具などが入っている戸棚を隠す。
中にテープでタンバリンをつけたバケツを準備する。
子どもたちの名前や、「中に」「近く」などの文字を書いたホワイトボードを準備する。

4．ステップの連続性

初期
　子どもたちに、お手玉投げゲームをやりたいかどうかをたずね、活動を始める。その際、友だちを見つけて、与えられたラベル付きの写真と同じものを探させる。例えば、クローゼットから一片の写真を与える。またはプラスティックのバッグについたもう一片の写真を与える（その中にお手玉が入っている）。子どもたちが戻ってきたら、グループの真ん中にバケツを置き、お手玉を出すように伝える。子どもたちはほしい色を指定する。

中期
　子どもたちは、順番にバケツの中にお手玉を投げる。バケツの「中」もしくは「近く」に投げられた数を、教師と子どもたちはボードに記録していく。もし子どもの投げたお手玉がバケツの近くに落ちたら、「いいよ、もういっかいがんばれ、次ははいるよ！」などと言って、教師と他児はその子に対してもう1回がんばるよう促す。それぞれがバケツの中に3回入るまで、遊びを続ける。

図 A4.10　お手玉投げ活動に関する「活動計画」

後期
　遊びが終わりになる2, 3分前に、子どもたちに注意を促し、おもちゃや道具をどかすのをてづだう。活動を終えるにあたって、ボードに書かれてあるそれぞれの子どもが投げた数を見直す。そして、バケツの「中」もしくは「近く」に投げた数を数えるために、子どもを近くに来させる。見直した後、子どもたちは道具などを片付け、次の活動に移動する。

5．埋め込まれた学習機会

微細運動スキルの学習／練習
　友だちにお手玉を手渡す。

認知スキルの学習／練習
　お手玉を数える。
　ゲームに参加している友だちを数える。
　バケツの中または近くに落ちたお手玉の数を数える。
　片付けのときに、好きなお手玉を分類する。
　お手玉を配る中で、1対1対応を行う。
　お手玉を投げ終わった後に、ボードに集計することで名前を認識する。
　空間概念の理解を示す（中、近く）。
　友だちにやることの説明を行う。

粗大運動スキルの学習／練習
　バケツに向かってお手玉を投げる。
　ものを拾うために室内を歩きまわる。

社会的コミュニケーション活動の学習／練習
　友だちがお手玉を投げた後に、促しの言葉をかける。
　新しい友だちがゲームに一緒に参加できるように、あいさつしたり招いたりする。
　お手玉を要求する。
　友だちの順番になったときに、その相手の名前を言う。
　ゲームについて質問を行う。

6．計画のバリエーション

1. まず「動物のトリック」に遊びの名前を変更する。そして、ぬいぐるみの動物を使って、以下の中から一つもしくはそれ以上のことをしながら、バケツに動物を投げこませる：a) 目を閉じる、もしくは目隠しをする、b) バケツを背にして立つ、c) 肘または他の身体の部分で動物を落とす。

次ページへ続く

図 A4.10　続き

> 2．バケツの上に動物の顔や口を置き、「クマさんに食べ物あげよう」とコールする。子どもたちはクマの口にプラスティックの果物や野菜を投げていく
> 3．外で遊ぶことができるように、フラフープを木につるして、立ったままお手玉を投げる。
> 4．フラフープに向かって投げたお手玉の距離を測ることができるよう、テープのメジャーや色のついたテープを使う。大人又は子どもたちはテープを使って距離を測ることができ、子どもたちはそのテープに自分の名前を書くこともできる
> 5．安全なプラスティックの容器を子どもに与え、それでお手玉を受取らせる。子どもたちはペアになってキャッチングゲームを遊ぶ。
>
> **7．語彙**
>
> 色（赤、オレンジ、青、黄、緑）
> 動物の名前（カエルのお手玉）
> 空間を表す言葉（中、外、近く、そば、前）
> 他の子どもの名前
> 数（1から10まで）
> 応援の言葉（大丈夫だよ、いいよ、もう1回）
> 代名詞（私、彼、彼女、私たち、私に）
>
> **8．友だちとの相互作用の機会**
>
> ゲームの準備のために、子ども同士ペアになって準備する（バケツやお手玉）。
> 他児にお手玉を投げたり、他児の好みをたずねる。
> ゲームが終わったときに、他児にものを返す。
> ゲームの間、他児を応援する言葉をかける。
>
> **9．養育者の参加**
>
> 養育者はお手玉を作ったり、準備することができる。
> 養育者は子どもたちと一緒に活動を促すことができる。
> 養育者はさまざまな動物の顔のボードを作ることができる。
> 養育者は活動に対して新しいバリエーションを提案してくれる。
> 養育者は子どもの発声、計数のスキル、他児とのやりとりなどに関するデータを集めることができる。

様なスキルについて説明している。

　活動計画の例では、どのように活動の全てのステップ（初期、中期、後期）に多様な学習機会を埋め込むか、について説明を行っている。さらに、チームがどのように「子どものコミュニケーションスキルを扱い」、「他児とのやりとりを保障し」、もしくは「養育者を関与させていくか」について、説明を行った。

REFERENCES

Bricker, D. (Series Ed.). (2002). *Assessment, Evaluation, and Programming System for Infants and Children* (2nd ed., Vols. 1-4). Baltimore: Paul H. Brookes Publishing Co.

Grisham-Brown, J., Pretti-Frontczak, K., Hemmeter, M.L., & Ridgley, R. (2002). Teaching IEP goals and Objectives in the context of classroom routines and activities. *Young Exceptional Children, 6*(1), 18-27.

Hemmeter, M.L., & Grisham-Brown, J. (1997). Developing children's language skills in inclusive early childhood classrooms. *Dimensions of Early Childhood, 25*, 6-13.

Ravel, S. (2003). Keeping track: Using routine-based instruction and monitoring. *Young Exceptional Children, 6*(3), 12-20.

第5章

ABIの実践

効果的な ABI の実施に向けては、以下のプロセスを行うことが重要になる。1）包括的かつ継続的なアセスメントの実施、2）子ども主導の活動・ルーチン活動・設定活動で多様な学習機会を作りだすこと、3）機能的で般化する目標をねらうこと、4）子どもの成長を計画的に評価すること、である。この章ではそうした取り組みについて述べていくが、その際 ABI 実践を説明するために3つのサービスモデルにおける事例を用意した。3つのサービスモデルとは、ホームベースのサービス、センターベースのサービス、巡回型のサービスである。

包括的・継続的なアセスメントの実施

第3章で述べたように、カリキュラム準拠型の評価尺度を用いることで、チームは幼児に関する包括的かつ継続的な情報を集めることができる。Assessment, Evaluation, and Programming System for Infant and Children, Second Edition（AEPS; Bricker, 2002）のようなカリキュラム準拠型尺度から得られた結果は、子どもの長所・興味・現在有しているスキルに関する情報をチームに示してくれる。それらの情報をまとめたものは、**現在のパフォーマンスレベル**（*a present level of performance*）と呼ばれる。これは、時間経過に伴う成長を比較するためのベースラインと同じく、子どものニーズを明確にする上で必要不可欠なものである。推奨される実践（reccomended practice）では、現在のパフォーマンスレベルのまとめは、以下のような事項を含むよう指摘している。

☐ 長所または現在有しているスキルに焦点を当てていること
☐ 日々の活動へのアクセスや参加に影響を与える行動特性を明らかにすること
☐ 客観的で専門的ではない用語を用いること
☐ 多様な観点を含むこと
☐ さまざまな状況に対する子どもの行動の具体例を提供すること

第5章　ABIの実践　　125

　包括的・継続的なアセスメントで収集すべき情報として、家族がもつ資源やそのニーズ（優先事項や関心など）に関する事項が挙げられる。目標設定や介入を行う際には、家族から得られた情報を利用すべきである。インタビュー・観察・調査など、家族から情報を集めるさまざまな手段がある。家族から情報を集め、それらをまとめるにあたっては AEPS Family Report（Bricker, 2002）、Choosing Outcomes and accommodation for children（COACH; Giangreco, Cloninger, & Iverson, 1998）、Developmental observation checklist system（DOCS; Hresko, Miguel, Sherbenou, & Burton, 1994）などが役に立つ。

　情報の中には「子どもの発達に対する養育者の関心事やニーズ」「子どもとのやりとりに関する保護者の意見」「家族に影響を与えている史的出来事」もしくは「子どもに対する家族の希望や夢」などが含まれる。家族の資源、優先事項、関心について情報を集めることは、適切なサービスを展開させる上で非常に重要である。ただし、そのような情報は慎重かつ丁寧に集めるべきである。さらにチームは、サービスの向上という目的のもと、家族から確実に情報を集めなければならない。家族のニーズに気を配らなかったり、保護者の意見や解釈を受け入れない場合、いくらチームがそれを共有しても家族に利益はもたらされない。

多様な学習機会を作り出す

　第4章で述べたように、学習機会は、目標としたスキルの練習・獲得を促す先行条件が、もしくは子どもの動機づけを促す先行条件が与えられたときに生じる。例えば「もっとのサインを行う」という目標が設定されていたとする。その際には「子どもにほしいかどうかをたずねる」「もっとのサインを行うモデルを示す」「ものを見せない、もしくは子どもの届かないところにものを置く」「もっとのサインを形成するために手をとって直接補助してあげる」など、さまざまな先行条件を子どもの学習のために用意することができる。この例では、先行条件が子どもにもっとのサインを練習・形成させる場合に、もしくは子どもの動機づけを促進させる場合に、学習機会が生み出されることになる。

さらに、子どもに行動を続けさせる先行条件、もしくは子どもの意図や興味を維持させうる先行条件が与えられる場合にも、学習機会は生み出させる。先行条件を提示して子どもの行動や注意を変えたり広げようと（つまり介入しようと）思ったとしても、もともと子どもがもっている意図や興味まで変える必要はない。また、子どもがしていること（もしくはしたいと思っていること）から、注意を逸らすのを求めるべきではない。もっとのサインを学習している子どもの例で言えば、以下のような場合にはいくら先行条件を整えても、学習機会は生み出されないだろう。1）大人のモデルを子どもが見ていない、もしくはその場に子どもがいない場合、2）大人が隠したものに興味を示さなくなってしまった場合、3）大人からの援助をあまり必要としない、もしくは大人とのやり取りを求めない場合、である。

　適切な先行条件を選択することは、簡単なことであると思うかもしれないが、本当はきわめて複雑で難しいことである。まず1つ目に、チームは日常生活に存在する多数の先行条件を理解する必要がある。この本の範疇を超えてしまうが、さまざまな先行条件について定義したり、解説している書物が多く存在する（例えば Barnett, Bell, & Carey, 1999; McWilliam, 1996,; Noonan & McCormick, 1993; Sandall & Schwartz, 2002）。2つ目に、目標に関する学習機会を生み出すように先行条件を選択する必要があるため、チームは子どもの目標を知らなければならない。3番目に、子どもたちが自身の興味や動機づけをもとに、目標に向かって練習・実践できそうな場合、チームは多様な活動にわたって多様な先行条件を整える必要がある。

　先行条件の選択に加え、チームは子どもに与えるフィードバックや結果操作の選択にも注意しなければならない。先行条件と同様、フィードバックや結果操作の種類にも幅がある（例えば、ほめる、子どものほうを向く、シールなどのごほうび、ほしいおもちゃを与える、難しいことを終わらせてあげる、食べ物や飲み物をあげる）。フィードバックや結果操作には、大人（例えば、教師、養育者、療法士）の反応、友だちやきょうだいの反応、また子どもの行動後に生じる環境物・出来事・写真・サイン・言葉、などがある。それらが効果的になるよう、フィードバックや結果操作は適切なタイミングで、かつ十分に行われるべきである（すなわち、子どもの行動に直接関連するもの、

もしくは子どもが行った活動・行動の結果として論理的・必然的につながるもの)。子どもの行動とその直後に提示される結果操作との関係性(例えば、ちょうだいのサインをしたら、お菓子をもらえた)を学習できるよう、適切なタイミングで、かつ十分にフィードバックが行われる必要がある。

機能的で般化する目標をねらう

　ABIを実施する際に、機能的で般化する目標をねらうことは非常に重要なことである。目標に対して、多様な学習機会を作り出し、それを活動に埋め込んでいくことは、ABIアプローチの中核を担うものである。子ども主導の活動・ルーチン活動・設定活動の中で、機能的で般化できる目標をねらおうとする場合には、介入者や養育者はそれほど難しさを感じないだろう。例えば「ものを操作すること」「さまざまな地面を歩くこと」「身辺的なニーズの処理を行うこと」「ものやおもちゃで遊ぶこと」「ほしいものを要求すること」「親しい大人や友だちとやりとりすること」などの目標は、家庭でのルーチン(例えば、食事、着替え、テレビの視聴、ドライブ、お風呂)、センターベースプログラムの活動(例えば、お集まり、自由遊び、外遊びの時間)、地域における活動(祖父の家を訪れる、買い物、公園に行く)などで"実際"に扱うことができる。

　逆に、機能的でなく般化しない目標を設定し、それを目指そうとする場合、介入者や養育者は高く構造化された不自然な状況を用いらざるを得なくなる。例えば、「1インチのさいころを積むこと」「平均台の上を歩くこと」「おもちゃの電話の数字を押すこと」「写真やフラッシュカードの名前を言うこと」などの目標は、学習機会を作り出し、活動に埋め込むことができる活動の数や種類といった点で制限がある。つまり、日常生活では平均台やおもちゃの電話、もしくはフラッシュカードを使うことは少なく、1インチのさいころを積み重ねさせる用意もできないのである。同様に、「1つの特定のゲームで、特定の1名と遊ぶ」といった、限定的なスキルを目標としてしまった場合には、「親しい大人と社会的なゲームを始める」などの、さらに広汎なスキルを練習する機会に制限を与えてしまう。子どものニーズを包含した目標

を、また機能的で般化できる目標を選択することが求められる。しかし同時に、数多くの目標の全てを適切に扱うことも求められているのである。

子どもの成長に関する系統的なチェック

　子どもの成長を系統的に評価するための方法はたくさんある。ただし、すべての子ども、すべての目標、すべてのプログラムに対して使用できるユニバーサルなデータ収集システムというものは存在しない。「いつどのようにデータを収集するか」を導くデシジョンベースモデル（decision-based model）があれば、チームは効果的にデータ収集を行えるかもしれない。デシジョンベースモデルは以下の点で非常に役に立つものである（例えば McAfee & Leong, 1997）。つまり、1）循環的な評価プロセスの特性を強調している、2）データ収集のための目的や理由を重要視している、3）オンゴーイングデータ（毎日もしくは週ごとの子どもの進歩に関するデータ）とインパクトデータ（学期もしくは年間の子どもの進歩に関するデータ）を集めるようチームに求めている。

　チームは評価後の各決定（今後の介入の方向性に関する）を適切なものにするよう、さまざまな方法を用いてデータを集めるべきである。子どものパフォーマンスデータを集めることで、チームは以下の事項を知ることができる。

☐ 目標に対してどんな成長があったのか
☐ どのような先行条件や結果操作がその変化を生み出したのか
☐ どのような配慮・工夫・支援方法を用いたのか
☐ どのくらい学習機会が与えられたのか
☐ どこで学習機会が生じたのか

　子どもの成長やカリキュラム内での発達に関するデータを広く集めることで、チームはプログラムレベルでの決定ができるようになる。また、介入実施とそれに対する説明責任とのつながりを強化することもできる。この本の

範疇を超えてしまうが、子どもに関する毎日／週のデータ、3ヶ月ごとのデータ、年間のデータ、そして必要な場合には家族や他のプログラムに関する情報収集を扱う多くの書物がある。例えば、Alberto and Troutman（2003）、McLean, Wolery, and Bailey（2004）は、子どもの全般的な発達や通常カリキュラム内での発達に関するインパクトデータを収集する方法と、子どものパフォーマンスに関するオンゴーイングデータを収集する方法について、詳細な事例を提供している。以下では、その中でも特に使い勝手のいいデータ収集方法に触れていく。

データ収集の方法

ABIを実施する際、子どもの全般的な成長を評価することに加えて、目標に関する子どものパフォーマンスデータを集める必要がある。子どものパフォーマンスデータは、3つの方法を用いて集めることができる。1）記述説明（例えば、継続的な記録、逸話的記録、メモ）、2）永久的な記録（例えば、図、実例の記述、写真）、3）計算や集計（例えば、サンプリングの手続き、評価尺度、プローブ）。どの方法を用いる場合でも、チームは以下の事項に注意を払う必要がある。

☐ データ収集の手続きは、目標とするスキルに関して前もって決められている評価基準とつながるものである。もし、決められた基準に「子どもは異なる動きを行う両手で異なる3つのものを操作するだろう」と記載されていたとする。その際には、「ものの数や種類に関する情報」「どのようにそれらを子どもが操作したのかが分かる情報」を集めるべきである。
☐ データ収集の手続きは、どのような支援状況・支援者・子どもに対しても、柔軟に実施できるものである。
☐ データ収集の手続きは、妥当性と信頼性のあるデータを生み出す。
☐ データ収集に関する責任は、チームメンバーで共有される（例えば、直接関連サービスを提供する人、コンサルタント、養育者）。
☐ データ収集の手続きは、利用可能な資源内で共用されるものである（例えば、時間、スキル、物品）。

通常、子どもの全般的な発達やカリキュラム内での成長に関するデータは、3ヵ月毎に実施されるカリキュラム準拠型評価を通して集められる。これらのデータは子ども集団に対して行われるものと同様、個々の子どもに対する介入効果を評価するのに役に立つ。さらに、年度の初めや終わりで行われる標準化された平均参照型評価やカリキュラム準拠型評価を通して、子ども集団への一般的な効果を評価することができ、また説明責任を果たすための情報を得ることができる。

この章で述べられてきた4つの取り組み、つまり、1）包括的・継続的なアセスメントの実施、2）多様な学習環境を作り出すこと、3）機能的で般化する目標をねらうこと、4）子どもの成長のチェックは、適切なABIの実施に向けて、必要不可欠なものである。以下の節では、ABIアプローチを行っている3つのサービス提供モデル（ホームベース、センターベース、巡回サービス）の事例を通して、これらの取り組みを説明していく。

ABIアプローチの実践

この節では、ABI実践について説明していく。初めの事例では「コミュニケーション」に関する目標を扱っている、ホームベースのサービスを受けている乳児について述べる。2つ目の事例では「遊びスキル」「わかりやすいコミュニケーション」「微細な運動操作スキル」の発達を促すよう計画された、センターベースのサービスを受けている幼児期の子どもを見ていく。3つ目では巡回サービス提供モデルに対して、ABIを実施した事例を見ていく。この事例では、幼稚園児がヘッドスタートプログラムに参加しており、「ものを操作する（微細運動）」という目標を扱うために、早期幼児介入者が毎週園を訪問している。

ヒュング：ホームベースのサービス

ヒュングは早期介入サービス受給対象の21ヶ月の男の子である。ヒュングは毎週早期介入の専門家の家庭訪問を、また週に30分間の言語聴覚士の家庭訪問を受けている。彼の現在のパフォーマンスレベルに関する情報は、

母親と父親(ハーフュングとグージン)、早期介入の専門家(ダラ)、言語聴覚士(ワインフレッド)を通して集められた。アセスメントでの観察はヒュングとのやりとりを基本にしており、また AEPS (Briker, 2002) に基づいた。食事、遊び時間、お風呂の時間など毎日のルーチン活動でヒュングを観察した。またヒュングの母親が記述した AEPS 家族記録からも情報が集められた。最終的に、チームはヒュングの現在の個別の家族支援計画(IFSP)の検討を行った。以下の情報は、活動参加に対する現在のヒュングの興味や能力についての要約である。

アセスメントの要約

　ヒュングは午後お昼寝から起きて、ベビーベッドから立ち上がり、母親や父親が来てくれるまで泣く。母親か父親が部屋に来たときは、抱き上げてほしいことを示すように腕を挙げている。両親が彼のおしめを変えている間、彼は"イ""イ""イ"といったような声を出す。ヒュングは横にある持ち手を握りながら階段を昇り降りし、次の階段に移動する前には、階段の同じ段のところに両足を置く。

　ヒュングは音がなるおもちゃを動かすために4本の指を用いる。彼はSee'n Say(ルーレット上に動物の絵が書かれている。子どもが棒を引っ張るとルーレットが回り、しばらくすると止まる。すると、止まったところに書かれてある動物の鳴き声がなりだす)の横についている棒を引っ張りながら、おもちゃで遊ぶことができる。両手を使って、彼はレゴのような大きなブロックをつなげることができる。ヒュングはブロックを他のブロックの上に積み上げ、それらを一列に置くことができる。彼は歩きながら押して進むおもちゃでも遊ぶ。その際、立ったままで押すことができ、また障害物があってもその周囲でおもちゃを巧みに操作しながら進むことができる。また彼は、おもちゃの上に座って、障壁の周りを足で動かしながら進むこともできる。遊んでいる間、彼は母音を発声する。また彼は、ほしいものを指差しているときや、おもちゃで遊んでいるときにも声を出す。

　彼が何かものを扱う際、大人の助けが必要な場合、母親や他の大人にそれを持っていく。例えば、彼はアルファベッドのレコードの箱を開けてもらう

ためにそれを母親のところに持っていく。すると母親は何をしてほしいのかを彼にたずねるだろう。ヒュングは開けてもらうために箱の蓋を指差す。彼の母親は「開けて」の言葉をサインで示し、ヒュングがそのサインを繰り返すことで母親は箱を開ける。ヒュングはレコードを取り出し、また一つずつそれを箱に戻す。本を読む際、彼は大きな本の中でそれぞれのページをめくることができ、また本を正しい方向に読み始める。クレヨンが与えられれば、彼は3本指でそれを握り、紙になぐり書きをする。ヒュングはまだ活動をやりたいときには、もっとのサインを頻繁に使用する。

　ヒュングはプラスティックや布のボールを使って、5歳の兄とよく遊ぶ。ヒュングはボールを投げ、それをまた取ってくるために、ちらばっている障害物・おもちゃ・枕などがある方へぶらぶら歩いていく。彼は、小さいボールなら一握りでつかみ、また大きいボールなら両手でつかんで、兄のほうへ投げ返すことができる。小さいボールを投げるときには上投げで投げ、大きいボールを投げるときは下投げで投げる。彼は兄に向かってボールを蹴ることができる。ヒュングの母親や兄は、彼が坂を昇ったり降りたりすることができ、斜面で遊ぶことができると報告している。彼ははしごを上る際には助けを必要とする。母親や言語聴覚士は、ヒュングが友だちの近くで遊んだり、または友だちからおもちゃを受取るなど、友だちに関心があることを報告している。

　彼がジェスチャーやその後与えられる指示に答える形で、対概念(すなわち、上がる／下がる、開ける／閉まる、いっぱい／からっぽ、大きい／小さい)の理解を示していることを、母親は報告している。例えば、彼はたずねられたときに大きいもしくは小さいボールを正しく指し示すことができるだろう。彼は時々、抱っこしてもらいたいときに母親に「上げて」のサインを使ったり、床に降ろしてもらいたいときに「下ろして」のサインを使うだろう。

　ヒュングは食事をするとき、食べ物をすくったり突くための曲がったスプーンを用いる。彼はもっと食べ物がほしいとき、「もっと」のサインを使用する。彼はふたと水口のついた乳児用のコップであれば、大人の援助なしで飲むことができる。また、ふたのないコップの場合には、大人の補助を受けながら飲むことができる。彼は食べている間、言葉を発する(例えば"イ""イ"

"イ"や"アウ""アウ""アウ"など)。彼はその食べ物を好んでいることを伝えるために、そのような表現を用いているように思われる。高い椅子から降りたいことを伝えるときにも、彼は同様の発声を行う。ヒュングは何か飲み物がほしいときには、冷蔵庫のところに行き、自分のコップを持って、ミルクやジュースのサインを使用するだろう。

　ヒュングの母親と言語聴覚士は"ダ""エウ""ハイ""アュ"など他の発声を用いることを報告している。彼らは、彼がもっと、やった、やめて、ママのサインを使うことを報告している。ヒュングはバイバイと手を振り、あいさつとして"ハイ"と言う。"ママはどこ？"とたずねたときに彼は母親のほうを見るだろうし、"おにいちゃんはどこ？"とたずねられれば兄のほうを見るだろう。彼はボールや本、カードといったようなものの中から、母親が要求するものを探し出すことができる。

　お風呂に入る前には、ヒュングは靴、靴下、ゴム付き（腰のところに）のパンツを脱ぐことができる。彼は大きく口が開いていて頭からかぶれる類のシャツを脱ぐことができる。浴槽の中では、彼は声を出して、いくつかのジェスチャーを行う。彼は水がほしかったり止めてほしいことを示す際に、蛇口を指差す。彼の母親はヒュングが兄の行動を真似しようとすることを報告している。彼はお風呂の時間が終わると、「**終わった**」のサインを示す。

標的とする目標

　ヒュングについての現在のパフォーマンスレベルでまとめられたアセスメント情報をもとに、チームは目標を明らかにしていくが、その一つに「家族や友だちが理解できる言葉やサインで要求を行うこと」が重要な事項として挙げられた。チームは家族の目標と合致させていく過程で、それらの目標を方向付けるために測定可能な長期目標や関連する短期目標を書き出す。チームは、長期目標や関連する短期目標が意味のあるものになるように、そしてチームメンバー全員に理解されるために、改訂版 Goals and Objectives Rating Instrument（GORI; Notari-Syverson & Shuster, 1995）を用いる。ヒュングの目標は、「５つの形容詞・５つの動詞・２つの代名詞・15個のものや出来事の名称・３つの固有名詞を含む、30の単語を、２週間以上にわたって、発声またはサインとして表出すること」である。その後、チームは目標とするスキルの獲得や使用を確実に促進させるよう、次の段階に進む。

個別的介入

　多様な学習機会を作り出し埋め込んでいくために、第４章で述べられた３つの取り組み（すなわち、介入のガイド、埋め込みのスケジュール、活動計画）が行われる。ヒュングのチームは彼の現在のパフォーマンスレベルを再検討し、ニーズを明確にし、どのような個別的な介入を行うかについて検討する。彼らは、長期目標や関連する短期目標を選択し、特定の先行条件と結果操作を挙げ、そして必要とされる配慮や工夫、支援方法を決めていくことで、IFSP の各目標に対する介入のガイドを作成していく。図5.1 に「30の単語を表出したり、サインを行う」という目標に関する介入のガイドを示した。

　ヒュングはホームベースのサービスを受けているため、チームは家庭のルーチン活動について検討する。そしてそれは学習機会を埋め込んでいく主要な文脈として捉えられる。また AEPS 家庭記録を用いて、チームは家族から以下の情報を収集する。1) 毎日のルーチン活動、2) 各ルーチン活動の時間や頻度、3) 各ルーチンで展開される事象の連続、4) ヒュングのルーチンへの参加、5) そのルーチンが学習機会を埋め込む活動として使用できるかどうか、である。チームは、起床、朝食、遊びの時間、昼食、そしてお

風呂を学習機会を埋め込むための可能性のあるルーチンとして同定する。早期介入の専門家と言語聴覚士は、毎週の訪問の間にさらなる学習機会を作り出す。その際、彼らは選択されたルーチンに対してどんな先行条件を用意し、またいつ学習機会を埋め込むのかについて、判断・決定を行うための埋め込みのスケジュールを作成する。チームは介入ガイドに記載されている先行条件を家庭のルーチン（優先順位のついた）に組み込ませるため、埋め込みのスケジュール（図5.2）を作成する。最後に、チームは、家庭訪問の際に早期介入の専門家や言語聴覚士が扱う、また希望する場合には家族も扱う、いくつかの活動を設定していく。図5.3は「宝探し」という活動のための活動計画を示したものである。

データ収集

ヒュングの目標を評価するデータ収集システムを作成するため、チームは介入ガイドを再検討する。介入ガイド再検討の後、チームはデータ収集に関するいくつかの決定を行う。

☐ チームはヒュングが用いた言葉やサインの数や種類を日ごとに、ノートに記録する（すなわち、起床、朝食、遊びの時間、昼食、お風呂の間）。
☐ ダラ（早期介入の専門家）は毎週の家庭訪問の際に、ヒュングが使用した言葉やサインの数や種類を記録する。また2週間ごとに、すべてのデータを見直し、使用された言葉やサインの総数や種類をまとめる。
☐ ワインフレッド（言語聴覚士）は毎週30分間の言語療法で、録音テープを使って月に1回言葉のサンプルを集める。
☐ チームメンバー全員は介入方法や学習機会を埋め込む場所の変更に関する決定を行うため、毎月データを見直す。

チームはどのように1）チームの全員がアクセスしやすくまた使いやすい、2）最小限の努力で書き続けられる、3）状況についての情報やパフォーマンスの情報を含んだ、データ収集システムを作成するかについても議論を行う。その形式を作り出すため、チームはヒュングが日常レベルでしゃべ

ったり使用する可能性のある単語やサインを、できるだけ思いつくままに話し合う。いつその言葉やサインが見られたのか、簡単に印をつけることができるよう、チームは言葉やサインをアルファベット順にする。さらにチームは、ヒュングが言葉やサインもしくは言葉を添えたサインのどれを使ったのか、またどのように彼がそれを使っているのか（例えば、描写、動作、命名）についてのデータが必要である、そのため形式はこの情報を記録する手段も含めるようにする。データが収集されたら、チームは調査結果をまとめ、介入の決定を行うために定期的に集まる。図5.4 はチームによって用いられた記入済みのデータ収集のフォームである。

セリーナ：センターベースのサービス

　第3章の補足資料で述べたように、セリーナ・ジョンソンは全般的な発達遅滞の診断のもと幼児期特殊教育サービスの適用が認められていた4歳の女の子である。セリーナは週に3日近所の幼稚園プログラムに通っていて、そこでは彼女は作業療法と言語療法を含む幼児期特殊教育サービスを受けている。セリーナの現在のパフォーマンスレベルに関する情報は、彼女の保護者（マルシアとドン）、幼児期特殊教育の教師（グウィン）、クラス補助の先生（タシャーナ）、作業療法士（デニース）、言語聴覚士（デブラ）によって集められた。アセスメントの観察はセリーナとの毎日のやりとりを基本として、AEPS（Bricker, 2002）を通して行われた。以下の情報は、各活動に対するセリーナの興味や能力についての要約である。

アセスメントの要約

　セリーナの毎日は、その日に着る服の選択と、その後の入浴で始まる。母親に服のボタンを押し出してもらうことで、彼女はパジャマのボタンを取り外すことができる。彼女が両腕を上げると、母親はパジャマの上の部分を頭から引き出す。バスタブの中では、彼女はシャワーラックについているおもちゃの袋を指差す。彼女は水を入れたり注いだりするための入れ物を、手を伸ばして取ることを好んでいる。まもなく、彼女は水をすくって体や髪にかけるために、片方の手で小さなハンドサイズの入れ物を使う。数分その遊び

介入ガイド

1．基本情報

子どもの名前：ヒュング

チームメンバー：両親、早期介入の専門家、言語聴覚士

介入開始日：2003年9月　　介入終了日：2004年8月

2．長期目標、短期目標、プログラムステップ

長期目標1.0
　　ヒュングは2週間の間に、5つの形容詞、5つの動詞、2つの代名詞、15個のものや出来事の名称、固有名詞を含む30の単語を言ったりサインで表したりすることができる。

短期目標
　1.1　ヒュングは2週間の間に5つの異なった形容詞（大きい、小さい、熱い、赤いなど）を言ったりサインで表したりすることができる。
　1.2　ヒュングは2週間の間に5つの異なった動詞（空ける、行く、食べる、座るなど）を言ったりサインで表したりすることができる。
　1.3　ヒュングは2週間の間に2つの異なった代名詞（私に（me）、私のもの（mine）、それ（it）、my（私の）、私は（I）、あなた（you）、これ（this）など）を言ったりサインで表したりすることができる。
　1.4　ヒュングは2週間の間に15個の異なったものや出来事の名称（ボール、カップ、帽子、泡など）を言ったりサインで表したりすることができる。
　1.5　ヒュングは2週間の間に3つの異なった適切な名前（ママ（Mom）、パパ（Dad）、ヒュングなど）を言ったりサインで表したりすることができる。

3．州の基準，「個別の家族支援計画」の結果

個別の家族支援計画の記載内容：私たちは、家族や友人が、彼が何を望みまたは必要としているのかを理解することができるために、ヒュングに言語やサインを使ってほしい。

図5.1　ヒュングのために記入された「介入ガイド」　　　　次ページへ続く

図5.1 続き

4. 多様な学習機会、機能的で般化できる目標、タイムリーで適切に与えられるフィードバックや結果操作		
学習機会を与える先行子	子どもがとりそうな行動：標的としているもの（＋）、標的としていないもの（－）	フィードバックと結果操作
1.1 1語の形容詞の単語もしくはサインによる反応を必要とする、ものや人または出来事に関する質問をする（例えば、「あなたは大きいブロックがほしいですか？　それとも小さいブロックがほしいですか？」など）。 もの、人、または出来事を説明するために単語やサインのモデルを示す（例えば、色、形、大きさ、量など）。 ヒュングに1語で言える単語もしくはサインを使って、ものや人または出来事を説明するように促す（例えば、「ヒュング、青といってごらん」など）。	ヒュングは形容詞を言ったりサインで表す（例えば、大きい、小さい、熱い、赤いなど）（＋） ヒュングは母音を発音する（－） ヒュングはものや人、または出来事を指差しする（－） ヒュングは質問やモデル、または促しに反応しない（－）	言葉による確認またはうなずき（＋） ものを受け取る（＋） 活動を続ける（＋） 発音や、単語やサインのモデルを模倣する（－） 単語やサインのモデルを示す（－） 何秒間か待ち、再び質問するか、または再び言葉やサインのモデルを示す（－）
1.2 ある行動を行う、ものやおもちゃまたは人を提示する（例えば、ボールを弾ませる／転がす、ライトを光らせる、きょうだいが走る／進む、ぬいぐるみのくまが座る、など）。 1語の動詞の単語もしくはサインのモデルを示す、またはものや人や出来事の行動を名づける（例えば、開ける、行く、座る、食べる、など）。 ヒュングに動詞を言ったり、サインで表すように促す（例えば、「ヒュング、言ってごらん／サインを示してごらん」など）。	ヒュングは動詞を言ったり、サインで示す（例えば、開ける、上る、行く、食べる、走る、蹴る、座る、など）（＋） ヒュングは母音を発音する（－） ヒュングはものまたは人を指差したり、見たりする（－） ヒュングはモデルにも促しにも反応しない（－）	うなずく（＋） ものを受け取る（＋） 活動を続ける（＋） 発音や、単語やサインのモデルを模倣する（－） 何秒間か待ち、ある行動をしている人に関連するものや、近くにあるおもちゃを動かす（－） ヒュングに動詞を言ったり、サインで示すことを促す（－）

学習機会を与える先行子	子どもがとりそうな行動：標的としているもの（＋）、標的としていないもの（−）	フィードバックと結果操作
1.3 返答として1語の代名詞で言うもしくはサインを必要とするものについてたずねる（例えば、「これは誰の本ですか？」など）。 1語の代名詞を言ったり、サインで表す。 ヒュングに、代名詞を言ったり、サインであらわすよう促す（例えば、「ヒュング、言ってごらん／サインを示してごらん」など）。	ヒュングは代名詞を言ったりサインであらわす（例えば、私の、私のもの、それ、私、あなた、これ、など）（＋） ヒュングは母音を発音する（−） ヒュングは質問やモデル、または促しに反応しない（−）	うなずく（＋） ものを受け取る（＋） 活動を続ける（＋） 発音や、単語やサインのモデルを模倣する（−） 何秒間か待ち、再び質問するか、または再び言葉やサインのモデルを示す（−）
1.4 ヒュングに1語の代名詞でものまたは出来事に命名することを求める質問をする（例えば、「あなたは何を持っていますか？」など）。 ものや出来事の名前を言う、またはサインで示す。 ヒュングに、ものや出来事の名前を言うまたはサインで示すように促す。	ヒュングはものや出来事の名前を言う、またはサインであらわす（＋） ヒュングは母音を発音する（−） ヒュングはものや出来事を見たりまたは指差す（−） ヒュングは質問やモデル、または促しに反応しない（−）	うなずく（＋） ものを受け取る（＋） 活動や出来事を続ける（＋） 発音や、単語やサインのモデルを模倣する（−） 彼が指差すまたは見るものや出来事の名前を示すために単語やサインのモデルを示す（−） 何秒間か待ち、再び質問をたずねるかまたは、再び言葉やサインのモデルを示す（−）
1.5 固有名詞を言うまたは歌うことが求められるもの、人、出来事について質問をする（例えば、「あなたは誰と遊んでいますか？」など）。 1つの代名詞を名前を言うかサインで示す。 ヒュングに代名詞を言うまたはサインで示すことを促す（例えば、母、父、ヒュング、兄など）。	ヒュングは代名詞を言うまたはサインで示す（兄、母、父、ヒュングなど）（＋） ヒュングは母音を発音する（−） ヒュングは人を見るまたは指差す（−） ヒュングは質問やモデル、または促しに反応しない（−）	うなずき（＋） ものを受け取る（＋） 活動を続ける（＋） 発音や、単語やサインのモデルを模倣する（−） 彼が指差す、または見る人の名前を示すために単語やサインのモデルを示す（−） 何秒間か待ち、再び質問するか、または再び言葉やサインのモデルを示す（−）

次ページへ続く

図5.1 続き

5．活動の修正や工夫、または具体的介入方法

共同注視を確実にし、その際すぐに、単語／サインと発音とを一対にする。
ヒュングが反応できるように、言い直したりプロンプトする前に、少なくとも5秒間待つ。
機会利用型指導法、マンドモデル法、時間遅延法といったMilieu language方略を使う。
「見えるけれども届かない」、「1つずつ（piece by piece）」といった、非支持的な方法を使う。

6．データ収集の手続き

誰が（データ収集の責任を負う人物）	どこで（活動している場所、地域）	いつ（頻度、日数）	どのように（収集方法）
両親	家（起床、朝食、遊びの時間、昼食、お風呂）	毎日（1日のうち3つの活動）	ヒュングが使った単語やサインの数やタイプを記録する。
早期介入の専門家	家庭巡回時の計画された活動時間	週1回	ヒュングが使った単語やサインの数やタイプを記録する。
言語聴覚士	家で、30分間のスピーチセラピー	月1回	テープレコーダーを使って言語のサンプルを収集する。

7．決定ルール

もし、子どもに十分な成長が ___1ヶ月___ 間（チームがデータを見直すために適切な期間を記入する）で確認されない場合には、チームは以下のことを行う（あてはまる項目すべてにチェック）。

_____ 目標の設定

_____ 先行子、フィードバックや結果操作の変更

___○___ 活動の修正・工夫、具体的な介入方法の変更

_____ 学習機会を提供する頻度の変更

___○___ 学習機会の場所の変更

_____ その他（自由記述）_____
　　　　　　　　　　　　　　　_____

埋め込みのスケジュール

名前：ヒュンダ　　　チームメンバー：両親、早期介入の専門家、言語聴覚士　　　日付：10月～11月

家庭でのルーチン	ねらいとするスキル				
	5つの形容詞を言うまたはサインで示す（例えば、大きい、小さい、熱い、赤いなど）。	5つの動詞を言うまたはサインで示す（例えば、食べる、上げる、行く、座るなど）。	2つの代名詞を言うまたはサインで示す（例えば、わたしの、わたしのもの、それ、わたしは、あなた、これなど）。	15個のものや出来事の名称を言うまたはサインで示す（例えば、ボール、カップ、帽子、泡など）。	3つの固有名詞を言うまたはサインで示す（例えば、ママ (mom)、母、パパ (dad)、父、ヒュンダなど）。
起床	「靴、ズボン、靴下の色は何？」とたずねる。	ヒュンダが朝のルーチンで行う行動を言葉で表現する。	「Good morning to you!」を歌う。	寝室やトイレにあるあふれたものを言葉で表す。	モデルを示すために、固有名詞であいさつをする。
朝食	朝食について説明する（例えば、熱い、冷たい、やわらかい、ぱりぱりなど）。	テーブルの上のありふれた道具の活用方法を言葉で表現する。			モデルを示すために、部屋に入ってくる、固有名詞のある人とあいさつする。
遊びの時間	ヒュンダがものので遊ぶ様子を説明する。	子どもとおもちゃの動きを言葉で表現する（例えば、「車が上がります、下ります」など）。	話す順番を表す代名詞を用いる（例えば、私の番、あなたの番など）。	おもちゃや本の中の絵を言葉で表す。	モデルを示すために、かかわりのある家族の写真を示す。
お風呂の時間	お風呂の時間中に使うものの手触りを説明する（例えば、「タオルはやわらかいね」など）。	水の動きを言葉で表現する（例えば、注ぐ、入れる、びっくり、あふれるなど）。		お風呂の中で遊ぶ時間、あふれたおもちゃを言葉で表す。	
早期介入の専門家や言語聴覚士が週に1回訪れたとき	ヒュンダがおもちゃを使っている様子を表現する（例えば、出す、入れる、乗せる、覆う、上げる、下げる）。		話す順番を表す代名詞を用いる（例えば、私の番、あなたの番など）。		モデルを示すために、固有名詞でおいさつをする。

図5.2　ヒュンダのために記述された [埋め込みのスケジュール]

活動計画

1．活動の名前

宝探し

2．素材・道具

砂を入れた大きなコンテナ
なじみのあるものの写真／カードが入ったかご
サラダのトング
宝箱または、ほかのふたのある箱
（上記のカードに）該当するもの（カップ、スプーン、車、ボール、プラスチック人形、恐竜、ブロック、皿など）

3．環境の配置

砂の入ったコンテナは、ヒュングがうまく使えるように、コンテナの周囲を調整する必要がある。そのコンテナはまた、ヒュングが無理をしなくても届く高さである必要がある。

4．ステップの連続性

初期

　宝箱（または、ふたのある箱）がヒュングに提示される。彼にふたの開閉を促す。ヒュングに好きなおもちゃやものを集めさせ、箱の中に入れさせる。箱の中にあるそれぞれのおもちゃやものについて名前を示し、特徴を述べ、質問をする。箱のおもちゃを取り、そのおもちゃやものをコンテナの砂の中にうめる。

中期

　ヒュングはかごの中から絵カードを1枚ひく。そして、砂のなかにある一致するものを
探すよう促される。
　ヒュングは砂の中からものを取り出すためにサラダのトングを使うことができる。
　ヒュングは宝箱（または、ふたのある箱）の中のものとカードの両方を置く。
　ヒュングはすべてのものが見つかるまで、ものと絵カードをあわせ続ける。

後期

　見つけたおもちゃ／ものと、見つからなかったもののカードを、宝箱の中で再確認する。おもちゃやものをきれいにして元に戻す。

5．埋め込まれた学習機会

微細運動スキルの学習／練習
　　砂の中を探し、ものを見つける。
　　さまざまなものをつかむ。
　　宝箱へものを移す。
　　トングを使ってつかむことで、握力と、目と手の協応を高める。

図5.3　ヒュングのために記入された「活動計画」

認知スキルの学習／練習
　ものの名称とその形容について言葉やサインを繰り返す。
　ものを数える。
　絵に合致したものを置くことによって、1対1対応を証明する。
　宝箱の中にものを置くことによって、空間認知を理解する。
　絵とものを正しく合わせる。

社会的コミュニケーション活動の学習／練習
　標的となる言葉とサインを繰り返す（形容詞、動詞、代名詞、固有名詞）。
　砂の中から見つけられたものの絵に言葉やサインを使って命名する。
　順番を伝えるために、家族の代名詞（ママなど）を使う。
　聞く人、話す人の役割になる。

6．計画のバリエーション

コンテナの中に置かれるであろうものを変える。

隠すものの素材を変える（例えば、砂を豆や切り刻んだ紙に変えるなど）。

特別な認知的概念に注目するため、特定の用途や性質のものをコンテナの中に置く（台所にあるものとして、スプーン、ボウル、カップ、ポット入れ、へらなど；黄色のものとして、バナナ、ひよこ、あひる、チーズなど）。

7．語彙

形容詞（例えば、大きい、小さい、高い、赤い、熱い、冷たい、もっと、古い、新しいなど）
動詞（例えば、〜の中、〜の外、〜の上、〜のむこう、やめる、行くなど）
代名詞（例えば、me、mine、it、my、I、you　thisなど）
ものまたは出来事の名称（例えば、カップ、スプーン、くるま、ボール、プラスチック人形、恐竜、ブロック、皿、など）
固有名詞（例えば、ママ（mom）、パパ（dad）、ヒュング、兄、ダラ（早期介入の専門家）、ワインフレッド（言語聴覚士））

8．友だちとの相互作用の機会

兄はヒュングが好きなものを選んだり、それらの名前を示したり、砂の中に隠したりすることを補助する。親は、固有の名称を使うことを確実なものにするために、活動する前にヒュングと一緒に言葉やサインを復習した。近所の子どもたちもまた、参加するために招待された。

9．養育者の参加

両親は活動を促進したり、ヒュングが使っている言葉やサインを記録したりすることができる。
ヒュングの家族は宝探しを応用し、家族にとって意味のある品物をえらび、砂の中からそれらを探し出すことができた。

データ収集フォーム

				チームメンバー：両親、早期介入の専門家、言語聴覚士
子どもの名前：ヒュング				
記入日：2003年11月22日				

アルファベット順リスト	言葉	サイン	言葉もしくはサイン	発音のまとめ				
				形容詞	動詞	代名詞	名称	固有名詞
Ap-ba		卌						5
Ball	卌		I				6	
Big	I		II	3				
Bug		II					2	
Cat	IIII						4	
Cup	卌						5	
Dad	III		II					5
Down	卌				5			
Eat		卌			5			
Go	III		III		6			
Green	I	II		3				
Hat	I	II					3	
He	I					1		
Hot	II		卌	7				
I	I	卌				6		
It	III					3		
Itsy		II		2				
Jae Hyung	I							1
Jae-sun	I	III						4
Me	卌 IIII	II	卌			16		
Mine	I	III				4		
Mom	卌	III						8
More	卌 卌				10			
New				0				
No	卌	卌			10			
Pan	I						1	
Pat	II		II				4	
Red	I	III		4				
Run	卌				5			
Sit	卌 II	III			10			
Stop		卌			5			
Teddy	II			2				
Um-mah	I	III						4
Up	卌				5			
Yell				0				
You		III				3		

図5.4　ヒュングの「データ収集フォーム」

を行ったあと、彼女は母親が示した体の部分に石鹸をこすり付ける。その際、彼女は再度水をすくって流しすすぎ落としをする。

　母親が乾かしてあげた後、彼女はドレッサーのところで母親と合流し、シャツとズボンのセットを選び出す。セリーナは自分の好みの色であるピンクを見つける（例えば、私はピンクが好きとして、/I/ /win/ /pin/ と言う）。彼女は赤、黄色、緑色のシャツとズボンの組み合わせを合わせることができる。彼女は、お風呂に入ったり、服を着るルーチンに対して、一貫して従うことができる。セリーナは位置の概念を含んだ新しい指示に従う練習を始めている（例えば、中、上、後ろ、上げる、下げる）。例えば、母親か父親が彼女のシャツを示した際、彼女はそれを見つけて指差したりものの名前を模倣する、もしくはパジャマを後ろのドアのフックにかけるように言われた際には彼女はその要求に従う。たずねられた際、セリーナは他の人に、ものや人の位置を伝えることができる。

　セリーナは、質問に答えたりコメントを言うこと、また理解することに困難を示す。特に、セリーナは一貫して、発声が難しい言葉の最初の子音（例えば、/ch/ や /j/）を、発声しやすい子音（例えば /p/ や /d/）に置換してしまう。例えば、彼女は cat のときに /ta/、go のときに /do/、food のときに /poo/、grape のときに /da/ と言う。特にセリーナは /k/ や /w/ もしくは /l/ を /t/ に、/g/ や /j/ を /d/ に、/f/ を /p/ に、/v/ を /b/ に、/th/ を /f/ に置換してしまう。セリーナは語尾の子音である /p/、/b/、/t/、/d/、/k/、/g/ を一貫して抜いてしまう（すなわち音を産出できない）ために理解することも困難である。言い換えれば、彼女は、これらの特定の音で終わる言葉や、音節で終えているこれらの音のある２音節の言葉、そして２音節で終えている言葉の、最後の子音を抜かしてしまう。例えば、彼女は tub を /tuh/（最後の子音を抜かす）、bottom を /bah-um/（２音節の言葉の子音の欠如）、want を /wan/（最後の２音節の言葉に対し、最後の子音を抜かす）と言ってしまう。

　服を着た後、セリーナは一人で台所のほうに歩いていく。彼女は、母親のそばにある腰掛に立って、朝食の準備をお手伝いすることを好んでいる。母親は彼女に食べ物（例えば異なる種類のシリアル、果物、パン、トーストの

ワッフル、パンケーキ）の選択をお願いする。セリーナは自分で選びたい食べ物を指差す。彼女は提示された食べ物の名前を模倣する、しかし再度、言葉が特定の子音で終わるときや、言葉の最初のほうで子音を変えてしまうときには、大人に理解されることが難しくなる。例えば、セリーナは fruit を /poo/、milk を /mil/、toast を /tos/、grape jelly を /da/ もしくは /dehwy/、pop-tart を /pah/ もしくは /tah/ と言う。

　またセリーナは、シリアルをボウルの中に入れたり、バターを混ぜたり、トースターにワッフルやポップタートを入れるなどして、朝食の準備を手伝う。セリーナはバナナやキウイ、スイカといった柔らかい果物を切るのにプラスティックのナイフを使い始めるようになった。ただし、果物をむくのには大人の援助を必要とする。セリーナはいつも新しいものに変わる前、数日間は同じ食べ物を食べるが、週を通してみると色々な食べ物を食べている。彼女はスプーンやフォークを握ることはできるが、すくったり、刺すのには大人からの援助を必要とする。その際、彼女は口に食べ物を持っていき、ほとんどこぼすことなくスプーンやフォークから食べ物を取ることができる。彼女はまた援助なしでコップから飲むこともできる。彼女は大きな皿から自分の皿に食べ物をすくうための大きな取り分けスプーンを使い始めている。セリーナはおかわりがほしい場合には食べ物のほうに近づいたり指差したりするし、大人に促されれば（例えば、「何がほしいのセリーナ？」）言葉で食べ物を要求することならできる。

　朝食が済むと、セリーナはペットのマーレイに小さなボールや犬のおもちゃを投げる。彼女は餌をあげたり、水をやったり、散歩に行かせるのを援助するなどして、マーレイのお世話を始める。彼女は流しに犬のボウルを置き、水皿を満たすよう蛇口レバーを持ち上げる。彼女はドックフードの缶を開けるために電動缶切り機のボタンを押し、犬の散歩の時間になると押入れから紐を持ってくる。彼女は犬の散歩の用意ができたことを示すために、父親が仕事から帰ってきたときには頻繁に父親に紐を持っていくことがある。もし外が雨のときは、彼女は自分のジャケットを持ってきて、それを着せてもらいチャックを閉めてもらうために父親を待つ。彼女はマーレイの近くにいるときに一番おしゃべりであることを母親と父親が報告している。彼女は、

Nice Marleyとして/Ni//Mawy/、Good Marleyとして/Du//do-ie/、Let's goとして/Weh//do/、Come on, Marleyとして/tum//on//Mawy/、/Go get itとして/Do//deh//i/、Marley's foodとして/Mawy//poo/など、いくつかの2、3語文を模倣する。

幼稚園では、セリーナはお絵かきやごっこ遊びエリアでよく遊ぶ。彼女は簡単な形を書いたり塗るなどを行い始めている（例えば、円、交差する水平や垂直の線）。彼女は、手を使って（すなわち道具の周りを4本の指が包み込む）、いくつかの筆記用具（例えば、クレヨン、マーカー、鉛筆、絵筆）を握ることができる。書いたものに名前をつけるように頼むと、自分の名前の文字を援助なしで書き出す。

彼女は幼稚園ではルーチンの指示に従うことができる。彼女は音楽とともに歌を歌ったり、お集まりの間に歌にあわせて踊ることもできる（例えば、動物になりきる、促されて友だちと手を振る）。もし選択肢が与えられれば、音楽の時間にはタンバリンを振るのを選ぶ。ごっこ遊びでは、手に人形をはめて、1人か2人の友だちと一緒に、ジェスチャーや動物の鳴き声を行いながら、ステージで人形を動かし、ダンスをさせたり他の人形とお話しをしたりする。またセリーナは他の友だちと自分の人形を交換したり、彼らが人形同士仲直りするようなゲームに一緒についていったりもする。セリーナはよく大きな犬の人形を選ぶが、もっと小さい子犬の人形と交換するときもある。家庭では、セリーナが兄とおもちゃを共有できることを母親が報告している。

室内から外へ活動が移るとき、セリーナは教師や他児と一緒に床にあるラミネートされた足型を数える。彼女は集団と一緒に1から10まで正しい順番で数え始めている。外では、セリーナは他の子どもが走ったり、ジャンプしたり、ボールで遊んでいるのを眺めている。彼女はよく大人にブランコを押すようにせがむ（例えばMe swing?としてMe/pin?、Want upとして/Wan//uh/）。彼女は三輪車にのって、クラクションを鳴らすだろう。また他の友だちにタクシーの三輪車に一緒に乗ってほしいことや、ペダルを漕いでほしいことなどをジェスチャーで伝えるだろう。

本を読んでいるときにセリーナが大きさや形、色に関連する概念を理解していることを、家庭と学校の両方が指摘している。彼女は「丸はどこ？」

「青いボールはどこ？」「大きな椅子はどこ？」といった質問に対して、ものを指差したり取ったりすることで応答する。ものを指差したり取ったりした後、彼女は目標としている概念の言葉を模倣するが、最後の子音を表出できないため、しばしば理解するのに困難を示す。彼女は家にある家族の写真アルバムやフレームに入れられた家族の写真の名前を、他人に話すことができる。時々、彼女は人や出来事について、いくつかの情報を思い出すこともできる（例えば、My party として /My//pah-y/、My cat として /My//ha/、Nana's cat として /Nana//ta/、Marley's bed として /Mawy//beh/）。学校では、彼女は数人の子どもの名前を覚えた。子どもたちをお集まりから別の活動に移すため教師が子どもの写真を個別に示すとき、彼女は友だちが返事をするのをよく聞いている。

標的とした目標

　包括的なアセスメント情報や現在のパフォーマンスレベルの結果（すなわち、アセスメントの要約）に基づき、チームは介入で狙うべき、いくつかの優先的な長期目標や関連する短期目標を選択する。セリーナの目標は、「さまざまなものの操作」、「さまざまな単語もしくは２語文を話すこと」、「あるものを別のもので見立てること」を含む（どのように優先的な長期目標が選択されるかの記述は第３章の補足資料を参照）。チームは長期目標や関連する短期目標が確実に機能的で般化するよう、GORI（Notai-Syverson & Shuster, 1995）の改訂版を用いる。その際、日々の活動が目標の学習や使用を確実に促進させるためのステップをチームは設定する。

個別的介入

　第４章で述べた３つのフォーム（すなわち、介入のガイド、埋め込みのスケジュール、活動計画）はチームが多様な学習機会を作り出し、そしてそれを埋め込むのを促すよう使用される。セリーナのチームは現在のパフォーマンスレベルや目標について再検討し、そしてどのように個別的な介入を実施していくかについて考えていく。彼らは、個別の支援計画（IEP）における優先的な長期目標のための介入のガイドを作成するが、そこには必要とされ

る配慮や工夫、また提供できる支援方法などと同じように、特定の先行条件や結果操作が網羅されている。図5.5に、**さまざまな単語や2語文を言い、他者に理解してもらう**、という目標に関する介入のガイドを示した。

　セリーナは地域の幼稚園でサービスを受けているため、チームは彼女が参加する可能性のあるクラス活動について検討していく（例えば、登園、自由遊び、おやつの時間）。その際、毎日のクラス活動ごとに、どの先行条件を提供し、いつ学習機会を埋め込むのかを明確にさせていくための埋め込みのスケジュールを作成する。図5.6に、セリーナやクラスにいる他の2名の子どもに関する埋め込みのスケジュールを示した。チームは子ども集団を扱う際効率的に実施できるよう、多様な子どもたち（すなわち、セリーナ、ティアナ、パトリス）に対する埋め込みのスケジュールを作成する。最後に、チームはセリーナや他の子どもたちの目標を扱う、週ごとの設定活動をいくつか作成する。クラスの活動に組み込むことができる活動計画を図5.7に示した。

データ収集

　目標に対するセリーナのパフォーマンスを評価するデータ収集システムを作成するため、チームは介入ガイドを再度検討する。介入ガイドを検討した後、チームはいくつかの決定を行う。

☐ 両親は月に数回（例えば、さまざまな家庭におけるルーチン、親戚の家、公園、ダンスクラス）、セリーナが使用した単語や2語文の数を、また「語尾に子音のある言葉」を保護者が理解できたかどうかを記録する。

☐ グウィン（幼児期特殊教育の教師）、デニース（作業療法士）、タシャーナ（クラスの補助）は、セリーナが使用した単語や2語文の数、発声の種類（要求言語、叙述言語、あいさつ）、また標的とする子音を含む言葉を彼らが理解できたかどうかを記録する。各メンバーは、3つのクラス活動の間にデータを集める。グウィンは毎月の家庭訪問の際にもデータを収集する。毎月、グウィンとタシャーナは言葉の総計と他者が理解できた言葉の割合に関する集計を行う。

介入ガイド

1．基本情報

子どもの名前：セリーナ・ジョンソン

チームメンバー：両親、幼児期特殊教育教師、クラスの補助教員、言語聴覚士、作業療法士

介入開始日：2003年9月　　　介入終了日：2004年9月

2．長期目標、短期目標、プログラムステップ

長期目標 1.0
　１語か２語のさまざまな言葉を使って、セリーナは毎日の活動の中で、もの、人、道具を**要求し**、他の人に**伝え**、他の人に**あいさつする**ようになる。別々の２人の大人が、２週間の間、１日３回、彼女が何を言っているのかを理解しようとする。（訳注：太字は原文ママ）

　　長期目標 1.0 と短期目標において、セリーナが要求し、伝え、あいさつするときに言葉を発するとは、他の大人によっても置換なしで語尾の子音あるいは語頭の子音を産生して聞こえるということを意味する。目標となる語尾の子音は、p,b,t,d,k であり、語頭の子音は k,l,g,f,v,ch,j,th である。

短期目標
1.1　１語か２語のさまざまな言葉を用いて、セリーナは毎日の活動の中で、他者（大人や同級生）にものや人、道具を要求する。別々の２人の大人が、２週間の間、１日３回、彼女が何を言っているかを理解しようとする。例えば、セリーナは「上」「おもちゃをちょうだい」「もっと食べたい」といった言葉やフレーズを言うだろう。

1.2　１語か２語のさまざまな言葉を用いて、セリーナは毎日の活動について、他者（大人や同級生）に伝える。別々の２人の大人が、２週間の間、１日３回、彼女が何を言っているかを理解しようとする。例えば、セリーナは「猫」「ミルク」「大きい本」などといった言葉やフレーズを言うだろう。

1.3　１語か２語のさまざまな言葉を用いて、セリーナは他者（大人や同級生）にあいさつするようになる。別々の２人の大人が、２週間の間、１日３回、彼女が何を言っているかを理解しようとする。例えば、セリーナは「ハーイ」「こんにちはメアリー」「こんにちはベス」「こんにちはケイト」または「おはよう」と言うだろう。

図5.5　セリーナ・ジョンソンのために記入された「介入ガイド」

3．州の基準、「個別の家族支援計画」の結果

英　語
　考え、感情、ニーズを表現するためにはっきりとわかりやすく話す。
　文語的表現を言い換えて言う。
　経験、興味のある分野、写真、手紙、言葉、レゴ、または図について質問する。

算　数
　環境と遊びの場面における共通する二次元の形を一致させ、名前をつけ、作り出し、そして言葉で述べる（例えば、円、三角形、長方形、四角形）。

　環境や遊びの場面におけるものの位置に関係する言葉を説明し、使い始める（例えば、高い、低い、上、下、頂点、底辺、内側、外側、前に、後ろに、間に、次に、右上に、逆さまになど）。

科　学
　以前の経験に基づき、次に何が起こるのかを予測する。
　写真や討論、劇化などといったさまざまな方法を通して他者に意見や発見を伝える。
　正しくても、間違っていても、説明をするために彼女自身の言葉を使う。

社会性
　機能によって日を分類する（例えば、学校のある日、家にいる日、スイミングの日、郊外見学の日など）。

　時間をひとまとまりに捉える言葉を使いはじめる（例えば、日中、夜など）。

　クラスの毎日のスケジュールに関係のあるような、次の、以前の、まもなく、後で、今、後ほど、などといった、時間に関する言葉を使う。

　家族に関する話を共有する。

　家、建物、道、超高層ビルといった、人造建築物を補助者とともに再確認し、名称をつけて区分する。

　社会的に好ましい方法で、彼女の望むもの（ものやサービス）を得る。

次ページへ続く

図5.5 続き

4. 多様な学習機会、機能的で般化できる目標、タイムリーで適切に与えられるフィードバックや結果操作		
学習機会を与える先行子	子どもがとりそうな行動：標的としているもの（＋）、標的としていないもの（－）	フィードバックと結果操作
1.1 語頭にk,l,g,f,v,ch,j,thといった子音、あるいは、語尾にp,b,t,d,kといった子音を含む、彼女のほしがるもの、人、道具を彼女の目には見えるが手のとどかないところに置く。 セリーナに語頭にk,l,g,f,v,ch,j,thといった子音、あるいは、語尾にp,b,t,d,kといった子音を伴う1語か2語の言葉が反応として要求される質問をする（例えば、「Do you have pets？」または外で遊んでいるときに、「What do you want to do？」とたずねるなど）。	語頭の子音がk,l,g,f,v,ch,j,thあるいは、語尾の子音がp,b,t,d,kで産生・発声する必要のある人、もの、材料を要求するために1語か2語の言葉を使う（＋） 習得をねらっている語頭の子音もしくは語尾の子音の替わりとなるもの以外で、もの、人、または道具を要求するために、1語か2語の言葉を使う（－） ほしいもの、人、道具を指差す、または見る（－） 言葉を使わないで質問に応答する（例えば、手を振る、ものをとるために行くなど）（－）	要求されたものを与えるまたは、要求に応じる（＋） セリーナが言ったことを肯定し、繰り返す（＋） 習得をねらっている語尾の子音を含めて、1語か2語の言葉での応答のモデルを示す（－） 応答を期待して待って見る、または、待って質問を繰り返す（－）
1.2 他の人に伝えるよう、セリーナに求める（例えば、「あなたは誰と一緒に座りたいの？」、「昼食には何を食べたい？」など）。 語頭もしくは語尾の習得をねらいとした子音を含む1語か2語の言葉のモデルを示す（例えば、"Food"、"Dog"、"Come on"、"Lets go"など）。	語頭の子音がk,l,g,f,v,ch,j,thあるいは、語尾の子音がp,b,t,d,kで産生・発声する必要のある言葉を他者に伝えるために1語か2語の言葉を使う（＋） 習得をねらっている語頭の子音もしくは語尾の子音の替わりとなるもの以外で、他者に伝えるために、1語か2語の言葉を使う（－） 言葉を使わないで質問に応答する（例えば、指差しによってなど）（－）	後に続く質問をたずねる（＋） セリーナの言ったことについて意見を述べる（＋） セリーナの言った1語あるいは2語の言葉を正確にモデルとして示す（－） セリーナにあなたの質問に答えるように言い、応答のモデルを示す（－）

学習機会を与える先行子	子どもがとりそうな行動：標的としているもの（＋）、標的としていないもの（－）	フィードバックと結果操作
1.3 同級生や大人が「こんにちは」と言う。 同級生や大人が「すばらしい日ですね」と言う。 同級生や大人が手を振る。 大人がセリーナに「あなたは友だちに何と言いますか？」とたずねる。 お集まりの時間におはようの歌や、ほかのあいさつの歌を歌う。	語頭の子音が k,l,g,f,v,ch,j,th あるいは、語尾の子音が p,b,t,d,k で産生・発声する必要のある言葉で、他者とあいさつをするために1語か2語の言葉を使う（＋） 習得をねらっている語頭の子音もしくは語尾の子音の替わりとなるもの以外で、他者とあいさつをするために、1語か2語の言葉を使う（－） 人の方を見るが応答しない（－） 人に手を振ったり、笑いかける（－） 歌の歌詞を言わないけれども、グループと一緒にとどまる（－）	同級生または大人が笑う（＋） セリーナが言ったことを肯定し、繰り返す（例えば、「今朝、トムに会えてとてもよかったね。」など）（＋） 1語か2語でのあいさつの言葉のモデルを正しく示す（－） セリーナに1語か2語でのあいさつをするように言う（－） 他のあいさつの歌を歌い、セリーナが一緒に歌うことを励ます（－）

5．活動の修正や工夫、または具体的介入方法

共同注視を確実にし、セリーナが語尾の子音を獲得できるように集中訓練試行を行う。

偶発的な指導、マンドモデル、時間遅延法を含む milieu strategies を用いる。

新規性（語頭子音または語尾子音の獲得のために新しく、面白いものを提示する）と、忘却（語頭子音または語尾子音の獲得のためにどのように言葉をいうのかを忘れる）を含む直接的でない手段を使う。

図5.5 続き

6．データ収集の手続き

誰が（データ収集の責任を負う人物）	どこで（活動している場所、地域）	いつ（頻度、日数）	どのように（収集方法）
幼児期特殊教育教師 作業療法士 クラスの補助教員	毎日のクラス活動と月ごとの家庭訪問	月曜日と水曜日に3回	セリーナが言ったこと（ことばによる描写の記述）、そして彼女の発した言葉の機能を書きとめ、ねらいとしている子音のうちどれが分かりやすいかを記す（数える／照合する）。
言語聴覚士	お集まりの時間（サークルタイム）	月ごと	発音、発音の長さ、機能、明瞭さを記録するために言葉のサンプルを書きとめる（ことばによる描写の記述）。
両親	家、親戚の家、公園、ダンスクラス	月に3〜4回	セリーナが言ったことを書きとめ（ことばによる描写の記述）、彼女が分かりやすいかどうか記す（数える／照合する）。

7．決定ルール

もし、子どもに十分な成長が＿＿1ヶ月＿＿間（チームがデータを見直すために適切な期間を記入する）で確認されない場合には、チームは以下のことを行う（あてはまる項目すべてにチェック）。

＿＿＿＿＿＿＿ 目標の設定
＿＿＿＿＿＿＿ 先行子、フィードバックや結果操作の変更
＿＿＿＿＿＿＿ 活動の修正・工夫、具体的な介入方法の変更
＿＿＿○＿＿＿ 学習機会を提供する頻度の変更
＿＿＿○＿＿＿ 学習機会の場所の変更
＿＿＿＿＿＿＿ その他（自由記述）＿＿

集団版埋め込みのスケジュール

子どもの名前：セリーナ、ティアナ、パトリス
チームメンバー：クラスのスタッフとセラピスト
データを集める期日：第一四半期（9月から11月）

子どもの名前と目標	毎日のクラス活動					
	登園	自由遊び	サークル活動（お集まり）	おやつ	センター（コーナー保育）
子どもの名前：<u>セリーナ</u> 1. ものを操作する。	セリーナにコートのジッパーを開けさせる。	セリーナがブロック、パズル、美術用素材で遊ぶよう促す。		用意された食べ物を食べるためにスプーンとフォークを与え、また広げたり、切るためのナイフを与える。	お絵かきコーナーには鉛筆、やはさみ、科学コーナーにはピンセットやスライドのある顕微鏡など、操作して使うものを置く。
2. 要求する、知らせる、あいさつするための1語か2語の言葉を使う。	「おはよう」のモデルを示す。 セリーナが同級生にあいさつするよう促す。		おはようの歌を歌う。 セリーナに歌をリクエストするように求める。 セリーナに、彼女がはいている靴は何色かとクラスのみんなにたずねるように言う（ねらいとして、black、pink、gray を含む）。	セリーナにお昼ご飯に何を食べたいかたずねる。 ねらいとする子音が語尾にある、おやつ／食べ物に関する言葉を命名する（milk、nut、fruit、last）。	違うコーナーに入る際に友だちにあいさつをするときのモデルを示す。 セリーナに何をしたいかたずねる。 セリーナに彼女が遊びたい場所はどこか、または、ほしいおもちゃは何かたずねる。

図5.6　セリーナと彼女のクラスにいる2人のクラスメイトのために記入した「集団版埋め込みのスケジュール」

次ページへ続く

図5.6 続き

子どもの名前と目標	毎日のクラス活動				
	登園	自由遊び	サークル活動（お集まり）	おやつ	センター（コーナー保育）
3. 何かをほかのものに見立てて使う。		食べ物として、あるいは人形の車のタイヤとして、どんなふうにさまざまな大きさのブロックを使うかについてのモデルを示す。			ディスカバリーテーブル（訳注：アメリカの保育所によくある砂や水を入れて遊べるシンク状の机）において、ショベルカーとして小さなちりとり、または、おたまを使う。アートコーナーで絵筆として棒を使う。
子どもの名前：ティアナ 1. 好きなものと嫌いなものを表現する。			ティアナが選ぶための歌の選択肢を与える。		ティアナに彼女が好きな活動と、嫌いな活動はどちらかをたずねる。
2. ものを分類する。		ティアナにすべての本と人形を整理するように頼む。		ティアナがすべてのカップをテーブルに置き、別のテーブルにすべてのお菓子を置くことを促す。	
3. 自分で食べるためにスプーンを使う。				スプーンを用いる食べ物を与える。	
子どもの名前：パトリス 1. トイレを使う。	パトリスにトイレに行く必要があるかどうかたずねる。			パトリスにトイレに行く必要があるかどうかたずねる。	
2. 毎日決まっている指示に従う。	パトリスにコートをハンガーにかけること、そしてランチを食べにいくことを気づかせる。	パトリスにブロックを片付けるように頼む。		パトリスに1つ持っていって、友だちに渡すよう促す。	

活動計画

1．活動の名前

アクションブック

2．素材・道具

8.5インチ×11インチの模造紙
はさみ、穴あけパンチ、クリップ、マーカー、スティックのり、綿棒、プラスチックのふた
雑誌やぬり絵の本からあらかじめ、そこに登場する人物などの絵を大雑把に切っておく
スモック、スポンジ、タオル
完成したアクションブックのいくつかの例

3．環境の配置

子どもたちが、材料をとるために、座ったり立ったりするための、平らな床が必要とされる。もし可能であれば流しの近くに、そして、そのほかのアートの材料は、活動の進捗に伴ってしだいに活動の中に組み入れられる。名札がつけられたコンテナの中にある材料は、子どもがそれらを見分け、使い、片付けることを容易にする。コート掛けにスモックを掛けるときには、子どもが自分でスモックを掛けたり、とったりできるために低いものになっている。

4．ステップの連続性

初期

　子どもたちに、好きな本、映画、テレビの登場人物についてたずねる。彼らがさまざまな登場人物を答えたあとで、彼らにあなたの一番好きな登場人物を伝え、その登場人物についてあなたが作った、完成されたアクションブックを見せる。子どもたちがつくった、完成したアクションブックは、例として、また創造性を励ます上でも役に立つ。1つか2つ、アクションブックの話を読み、終わった時に、子どもたちにこのアクションブックがどのように作られているかをたずねる。子どもたちの推測につれて、ホワイトボードに彼ら自身がアクションブックを作るのに必要となるであろう材料を書き出す。一度、リストが完成したら、子どもたちに必要なものを探し出す手助けをし、スモックを着て、自分自身のアクションブックを作るためにテーブルにつくことを指示する。

図5.7　セリーナのために記入された「活動計画」　　　　　　　　　次ページへ続く

図 5.7 続き

中期
　子どもたちには、彼らのアクションブックの為に、紙の色を選ばせる。そして、彼らの思い描くアクションブックの大きさに紙を切る。次に、子どもたちは雑誌や古いぬり絵からいくつかの登場人物を選び、ページにのりで貼る。子どもたちは、登場人物にあわせて、ページの上に、他のものを選んで貼ることができる。子どもたちに、登場人物が何をしているのかをたずね、そのページに文章やせりふを書かせる。そして、子どもたちはファイリングするために、ページの中央の横に、3個の穴を開ける。

後期
　子どもたちは、材料を名札のついた箱にしまい、スポンジでテーブルをふく。そして、子どもたちはスモッグをぬぐ。子どもたちはアクションブックを持ってサークル（お集まりをするところ）の場所にいく。子どもに、他の子どもや大人にアクションブックを読むことを促す。

5．埋め込まれた学習機会

微細運動スキルの学習／練習
　ものを取り扱うために手を使う。
　切るためにはさみを使う。
　書くための道具を持つ、使う。
　文字を写す、書く。

認知スキルの学習／練習
　色、形、大きさ、量と質の概念の理解を説明する。
　指示に従う。
　問題の解決策を述べる。
　理解できる出来事、テーマ、あらすじを考え、実行する。
　ものを数える。

ソーシャルスキルの学習／練習
　望ましい活動を自発的に始める。
　小集団活動に参加する（そこにとどまる、見る、指示に従う）。
　活動を自分からはじめ、やりとげる。

社会的コミュニケーション活動の学習／練習
　アクションブックを作るための材料を要求する。
　どんなキャラクターが何をしているかというような、アクションブックについての
　説明を他者にする。
　活動に参加している仲間にあいさつする。

6．計画のバリエーション

1．子どもたちは家族の写真を使ってファミリーブックを作る。
2．子どもたちは写真にスタンプやインクパッドを使う。
3．子どもたちはステッカーを使う。
4．子どもたちは好きな動物についてのアクションブックを作る。

7．語彙

代名詞（例えば、he, she, mine, my, them, him など）

"ing"を使った進行形の提示（例えば、flying, climbing, driving, fixing, running, jumping など）

名前（例えば、登場人物など）

名詞（例えば、穴あけパンチ、マーカー、紙、本、のり、綿棒、ふた、チョークなど）

形容詞（例えば、色：ピンク、黒、灰色　大きさ：小さい、大きい、長い、短い、太った　量：多い、少ない　質：熱い、やわらかい、軽い、重い、乾いた、湿った、静かな、早い、汚いなど）

場所を表す言葉（例えば、後ろ、前、最後、底、（ものごとの）最初など）

8．友だちとの相互作用の機会

子ども達は必要な材料を集めるために2人1組で作業する。
子ども達は他の人のアクションブックのための写真やものを見つける手助けをする。
子ども達は材料を分け合う（例えば、雑誌、のりなど）。
子ども達は他の人が作り終えたアクションブックを読む。
子ども達は場所を片付け、材料を元に戻すために、2人1組で作業する。

9．養育者の参加

養育者は子ども達の好きなキャラクターにあわせて、雑誌やものを与える。
養育者は子ども達やそのグループと一緒に活動を導く手伝いをする。
養育者は新しい変化を提案する。
養育者は標的スキル（例えば、彼らの使う言葉など）のデータを観察し、収集する。

□ デブラ（言語聴覚士）は毎月クラスを訪問する際に、言語のサンプルを集める。
□ どのくらい学習機会が提供され、どこに学習機会が埋め込まれるかについて、変更する際の決定を行うため、チームメンバー全員は毎月データを再検討する。

チームは「チームの全員が使うことができ、かつ使いやすい」「最小限の作業で済む」「その時々の状況がわかりやすい（情報やパフォーマンスの情報を含む）」データ収集システムの作成についても議論を行う。保護者が使用したデータ収集のフォームを図5.8に、クラスに関わるメンバーが使用したデータ収集フォームについて図5.9に示した。2つのフォームを用いて発音を書き出すことで、または書き出した結果、それが目標に記載される基準に基づいて周囲が理解できるかを判断することで、セリーナの発声をすべてのチームメンバーに理解させる。データを集めた後、チームメンバーはセリーナの成長について議論するため、そして介入の実施に関する諸決定を行うために、ミーティングを行う。

デシャウン：巡回サービス

デシャウンはヘッドスタートサービスを受けることが認められていた5歳の男の子である。障害のある幼児として幼児期特殊教育のサービス適用の資格も有している。デシャウンは週に4日、地域のヘッドスタートプログラムに通っていて、毎週、幼児期特殊教育巡回教員の訪問を受けている。彼の現在のパフォーマンスレベルに関する情報は、母親（シャウナ）や祖母（テレサ）、ヘッドスタートの教師（マーリン）、作業療法士（アミー）、幼児期特殊教育の巡回教員（ニコール）による包括的なアセスメントを通して収集された。アセスメントの観察はヘッドスタートプログラム内での、デシャウンと他者との相互作用をベースにし、またその際AEPS（Bricke, 2002）を用いた。以下の情報は、通常カリキュラム内での活動参加における、デシャウンの興味や能力についてまとめたものである。

データ収集フォーム

子どもの名前：セリーナ　　　　　家族のルーチン：公園へ行く
記録された週：2003 年 11 月 3 日

セリーナが使う1つか2つの言葉（どのように聞こえるか書く）	彼女は、指導目標にしている語を正しく発音したか？	
Ni Mawy（Nice Marley）	Yes	（No）
Du doie（Good doggie）	Yes	（No）
Tum on Mawy（Come on, Marly）	Yes	（No）
Do!（Go!）	Yes	（No）
Wan（Want）	Yes	（No）
Want uh（Want up）　父は"Want"のモデルを示した	Yes	（No）

子どもの名前：セリーナ　　　　　家族のルーチン：ダンスクラス
記録された週：2003 年 11 月 10 日

セリーナが使う1つか2つの言葉（どのように聞こえるか書く）	彼女は、指導目標にしている語を正しく発音したか？	
Want pin（Want pink）	Yes	（No）
Pin（Pink）	Yes	（No）
I want pink　父は"Pink"のモデルを示した	（Yes）	No
Wan turn（Want turn）	Yes	（No）
My turn	（Yes）	No

図5.8　セリーナの親が記入した「データ収集フォーム」

データ収集フォーム

子どもの名前：セリーナ　　　　　　　　Date：2003年10月24日
データ収集者：幼児期特殊教育教師

活　動	発　声	要　求	伝える	あいさつ	わかりやすさ
活動名：朝の会 開始時間：10：00 終了時間：10：05	Up, please.	○			No
	Good morning.			○	Yes
	Hi, Beth.			○	Yes
	Wheels on the bus.		○		No
	Monday, Tuesda….		○		No
	My turn		○		No
	I help		○		Yes
	Today?	○			Yes
活動名：おやつ 開始時間：11：15 終了時間：11：25	More juice, please.	○			No
	Grape jelly.		○		No
	Cats like milk.		○		No
	More, please.	○			Yes
	Mine?	○			No
	Hungry		○		No
活動名：お集まり 開始時間：11：30 終了時間：11：40	Give me toy.	○			No
	Hi, Kate.			○	Yes
	Big book		○		Yes
	Let's go.		○		Yes
	Want help?		○		Yes
	Mine		○		Yes
	My hat		○		No

図5.9　セリーナの教師が記入した「データ収集フォーム」

アセスメントの要約

　朝、デシャウンは、「ぼくシリアルが食べたい、おねがい」といったように、3語から4語文を用いてほしいものを母親に伝える。母親は彼が発音するのが難しい言葉を、特に言葉の /l/ という音を、正しく繰り返す。例えば、彼が "More/mik/,please" と言うと、彼の母親は "Would you like more *milk*?" と繰り返す。彼は工夫されたフォークやスプーン、吸盤のついたボウルや皿を使って食事を行う。彼は食べ物を突いたりすくったりして、それを少しだけこぼしながらも口元に持っていくことができる。彼は口にコップを持っていき、こぼすことなく机に戻すなどして、コップから飲んでいる。食事の後、彼は流しに自分の食器を置き、椅子を机に戻す。

　デシャウンは、その日の天気にあった洋服を選び（例えば、寒いときには長いズボン、厚いときには短いもの）、自分で着替えるなどして、学校の準備を行うことができる。例えば、彼は長いズボンを両足にかけて、それを腰のところまで上げることができる。彼はプルオーバーの衣類や前の開いた衣類を着ることができる。彼は、洋服のファスナーをしたりボタンをはめたり、また靴を履くときには、大人の援助が必要となる。彼はトイレのルーチンを行うことができる（ズボンをおろす、終わった後にトイレの紙を使う、ズボンを上げる、トイレの水を流す、手を洗う）。デシャウンは母親や祖母からの最低限の援助のもと、鼻をきれいにするためティッシュを使ったり、歯を磨くことができる。デシャウンはヘッドスタートに到着すると、他の生徒と一緒にバスから降りるが、集団の中に一緒にいるためには大人の配慮が必要である。彼は自分の場所にコートや本のバックを置くことができるが、洋服のチャックを開けるのには援助が必要である。自由遊びの中では、1対1の状況や小集団で（すなわち4人よりも友だちが少ないとき）、デシャウンはその文脈に関連のある話を始めたり、他の友だちがしゃべる話題に応答している。彼は3語から4語文を用いて、会話のやりとりや話題にあった話し合いを行う。デシャウンは、遊びに交ざってもいいか友だちにたずねたり（例えば Can I play として Can I/Pay/?）、通常であれば友だちの質問に単語で答えたり（例えば Yes）、友だちに要求したり（例えば I want the red cat）、友だちの要求に答えるなどできる（例えば、No, I am playing として No, I am /Paying/）。

　お集まりの時間、クラスのみんなが大人と一緒に歌を歌ったり、本を読んだり、その日のことについての話に参加しているとき、デシャウンは限られた時間であれば（通常5分以内）大集団の中にいることができる。彼は視覚的・言語的な援助があれば（例えば、「座って」という指示に加えて、Mayer-Johnson Picture Communication Symbol の「座る」のカードがあれば）、集団のなかにいることができる（すなわち、集団のそばで歩き回ったり、1人か2人の他児の近くに座る）。彼はその活動で焦点が当たっているものや人（例えば、読まれている本、歌を歌っている人）に注目し始めている。デシャウンは何回も聞いたことがあったり、繰り返されるフレーズが含まれている歌を歌う（例えば"Five little Monkeys"、"Old MacDonald"）。

　デシャウンは1対1もしくは少人数の状況であれば、人にあいさつしたり、教えたり、また大人や他児からものを要求することができる。彼は、例えばパズルを取り出し・作り上げ・片付けるなど、年齢相応の活動を始めたりそれを終えることができる。彼はピースを合わせておもちゃを組み立てることができる（例えば、レゴのピースをまとめていく）。デシャウンはレストランや食料品店など、自分が理解できる出来事やテーマの計画・見立てを行うことができる。

　大人が設定した活動や大人が付き添っている状況であれば、デシャウンは色をマッチングさせたり、色に関連する指示に従ったり、色の名前を命名したりするなどしながら、ブロック遊び・本読み・お絵かき等で「色や形、大きさなどの理解」を示すことができる。おやつの時間には彼は他の友だちに道具を配るなどして、数の1対1対応を行う。彼はごっこ遊びの場所で、おもちゃやものの分類を行うことができる（例えば、家庭用品と食べ物を一緒におく）。

　遊び場では、デシャウンは地面から地面に向かって（例えば芝生からセメントへ）両足をそろえて前にジャンプすることができる。彼はボールを使ったゲームを行う（例えば相手の友だちにボールをバウンドさせ投げて、投げられたらボールを受け取り、蹴ったり上投げで投げる）。

標的とした目標

　包括的なアセスメント情報や現在のパフォーマンスレベルの結果（すなわちアセスメントの要約）に基づき、チームは介入で狙う優先的な目標を選択する。デシャウンの長期目標には、「さまざまな小さなものを操作する」「あいさつや人に何かを知らせるとき、もしくは要求するときに /l/ の正しい音を表出する」「集団の場に居続け、話をしている人の方を見て、集団の指示に従うことを通して集団活動に参加する」が含まれる。チームは長期目標や関連する短期目標が機能的で般化するものになるよう、GORI の改訂版（Notari-Syverson & Shuster, 1995）を使用する。チームはその際、毎日の学習が目標の学習や使用を促すよう段階を設定する。

個別的介入

　多様な学習機会を作り出し埋め込んでいくのを促すため、第4章で述べた3つのフォーム（すなわち、介入のガイド、埋め込みのスケジュール、活動計画）が用いられる。デシャウンのチームは現在のパフォーマンスレベルと目標とする子どものサービスプランの目標を見直し、どのように個別的介入を行っていくか検討を行う。彼らは長期目標や関連する短期目標のための介入のガイドを作成するが、そこには必要とされる配慮や工夫、また実施できる支援方法と同様、特定の先行条件や結果操作が網羅されている。**両手でものを操作する**、という長期目標に関する介入のガイドを図5.10に示した。

　デシャウンはヘッドスタートの幼稚園で巡回教員からサービスを受けているので、チームは彼が参加しそうなクラス活動（例えば、登園、自由遊び、小集団、おやつ）について考えていく。その際巡回教員は、ヘッドスタートの先生が日中の間に学習機会を埋め込むための時間を見つけていくための支援を行う。作業療法士は実施可能な介入方法とともに、適切な先行条件や必要とされる工夫や配慮の提案を行う。デシャウンに関して、6つのクラス活動ごとに記載される目標を、容易に思い出させるための埋め込みのスケジュールを図5.11に示した。最後にチームは、デシャウンの長期目標を扱う、それぞれの週で計画された活動を作っていく。図5.12 に、毎週の訪問の間に、巡回教員がクラスのルーチン活動の中に組み入れることのできる活動計画を

介入ガイド

1．基本情報

子どもの名前：デシャウン

チームメンバー：母（シャウナ）、祖母（テレサ）、ヘッドスタート教師（マーリン）、幼児期
　　　　　　　　特殊教育教員（ニコール）、作業療法士（アミー）

介入開始日：2003年9月　　　介入終了日：2004年9月

2．長期目標、短期目標、プログラムステップ

長期目標 1.0
　デシャウンは、毎日の活動の中で、同時に両方の手を使うことを必要とするさまざまな、もの、おもちゃ、または道具を操作する。彼は2週間の間に、1日に1度は3つの異なったものやおもちゃまたは道具を操作する。例えば、デシャウンは靴紐を結び、服のボタンをかけ、糸を通し、ジッパーをあげ、または、曲がったはさみを使って形を切り抜くことができる。

短期目標
　1.1　デシャウンは、毎日の活動の中で、一方の手を、もの、おもちゃ、または道具をとりあつかう、または動かすために使っている間に、もう1つの手を、もの、おもちゃ、または道具を持つ、または安定させるために使うといった、2つの手を使ったいくつかの課題を実行する。彼は2週間の間、日ごとに3つの、両手を使った異なる課題を実行する。例えば、デシャウンは1枚の紙を押さえながらクレヨンで描く、紙を持ちながら半分に切る、ボウルを持ちながら食べ物または液体をスプーンですくう、ナイフで食べ物を切る、ジッパーをあげる、または本のページをめくる、などである。

3．州の基準，「個別の家族支援計画」の結果

英　語
　模型の文字や型なぞりのプリントを使って、援助を受けながら、自分の名前の言葉や、他の意味のある言葉を写す。
　書くことによる文字情報の伝達をはじめる。
　模型の文字といくつかの実際の文字を使って、よくなじみのある言葉をなぐり書きする。
　上から下へ、形式として水平な列で書いて遊ぶ。

算　数
　意味のある文脈において、数の表現（例えば、なぐり書きをする、逆転など）、または、数字を書く。
　それぞれに同数のものが入った、もののセットをつくる。
　日々の日課や遊びという文脈の中で、さらに大きなセットを作るため、そのセットを2

図5.10　デシャウンのために記入した「介入ガイド」

つに増やす(例えば、それぞれに3粒ずつ入っているレーズンの袋を2つあわせる:それぞれ3つのブロックから構成されている集合体を2つ組み合わせる、など)。

遊び場面という環境において見られる、同じ形または文字を見つけ出す(例えば、同じ大きさの2つの四角形、2つの「止まれ」のサインなど)。

科　学

もの、道具、道具の特性と、それらがどのように動くのかを学ぶ。

たくさんの異なった知覚経験を与える材料を操作する(例えば、砂、水、やわらかい泡など)。

異なるさまざまな方法でものを動かす(例えば、押す、引く、蹴る、転がすなど)。

目的を果たす、または課題を成し遂げる、または問題を解決するために、なじみのあるものを操作する(例えば、人形劇のチケットを作るためにはさみを使うなど)。

簡単な器具を使った道具を操作して探検する(例えば、磁石、虫眼鏡など)。

他の子と一緒に簡単な科学調査に参加する(例えば、砂箱の底まで掘る、材料が沈むか浮かぶかを確かめる、など)。

社会性

写真、グラフの増加、減少を通じて、個人や他の子と共有した結果をまとめる。

4．多様な学習機会、機能的で般化できる目標、タイムリーで適切に与えられるフィードバックや結果操作

学習機会を与える先行子	子どもがとりそうな行動：標的としているもの(＋)、標的としていないもの(－)	フィードバックと結果操作
1.0 デシャウンに、異なった動きを実行している間に、両手の使用を必要とするものを与える(例えば、曲がった線の描かれた絵とはさみなど)。	デシャウンに、異なった動きを実行している間に、同時に両手の使用を必要とするものを与える(＋)	彼がしていることについてコメントする(＋) 大人からの笑顔(＋)
異なった動きを実行している間に、両手を使ってどのようにものを操るのかをモデルで示す(例えば、糸を通す、ジッパーをあげる、形を切り抜くなど)。	デシャウンは、片方の手で持ったり、安定させたり、もう一方の手で動かして、ものを操る(－)	2～3秒待ち、デシャウンにもう一度挑戦するよう促す(－)
デシャウンに異なった動きを実行している間に、両手を使うことが求められる課題を成し遂げるように言う(例えば、「デシャウン、靴紐を結んでください」など)。	デシャウンは、もの、モデル、要求に反応しない(－)	もの、モデル、要求をデシャウンに再び示す(－)

次ページへ続く

図5.10 続き

学習機会を与える先行子	子どもがとりそうな行動：標的としているもの（＋）、標的としていないもの（－）	フィードバックと結果操作
1.1 デシャウンに、片方の手は持ったり安定させるために使うことが求められ、もう一方の手で操ることが求められるものを与える（例えば、ボウルとスプーン、本、貝型のパスタ、くつひもなど）。 大人は、片方の手は持ったり安定させるために使うことを求められ、もう一方の手は操ることが求められるものを、どのように扱うのかについてモデルを示す（例えば、コップにジュースを注ぐ、紙を押さえて線を描くなど）。 デシャウンに、片方の手は持ったり安定させることが求められ、もう一方の手は操ることが求められる課題を成し遂げるように言う（例えば、「デシャウン、コートのジッパーをあげましょう」など）。	デシャウンは、片方の手は持ったり安定させるために使うことが求められ、もう一方の手で操ることが求められるものを操作する（＋） デシャウンは、もの、モデル、要求に反応しない（－）	彼がしていることについてコメントする（＋） 大人からの笑顔（＋） 2～3秒待ち、デシャウンにもう一度挑戦するよう促す（－） もの、モデル、要求をデシャウンに再び示す（－）

5．活動の修正や工夫、または具体的介入方法

デシャウンの微細運動を高め、コントロールすることを助けるおもちゃや道具を提供する（例えば、ビー玉、洗濯ばさみ、穴あけパンチ、粘土、にんにくつぶし、のし棒、クッキーカッター、プラスチック製のピザスライサーなど）。

手を洗いたいときにすぐ使えるように、準備室や、流しの近くに、せっけんのスプレーボトルを置く。

広げたり力をかけたりすることが難しい食材を使って、おやつを作る（例えば、ピーナッツバターサンドウィッチなど）。

新しいおもちゃ、材料、ものだけによる援助という直接的な手段をつかう。

1つずつ（piece by piece）や時間遅延法といった、直接的でない方法を使う。

6．データ収集の手続き

誰が（データ収集の責任を負う人物）	どこで（活動している場所、地域）	いつ（頻度、日数）	どのように（収集方法）
ヘッドスタート教師（マーリン）	登園、自由遊び、外遊び	週2回（月曜日と水曜日）	プローブ（probe）－デシャウンはどのおもちゃ、もの、道具を操ることができるかを確認するために、活動の前、中間、終わりにつける
作業療法士（アミー）	おやつ	週1回（火曜日）	調査
幼児期特殊教育の巡回教員（ニコール）	コーナー保育または自由遊び	週1回（水曜日）	調査
保護者ボランティア	コーナー保育	週1回（木曜日）	調査

7．決定ルール

もし、子どもに十分な成長が＿＿1ヶ月＿＿間（チームがデータを見直すために適切な期間を記入する）で確認されない場合には、チームは以下のことを行う（あてはまる項目すべてにチェック）。

___○___　目標の設定

_____　先行子、フィードバックや結果操作の変更

___○___　活動の修正・工夫、具体的な介入方法の変更

_____　学習機会を提供する頻度の変更

_____　学習機会の場所の変更

_____　その他（自由記述）＿＿＿＿＿＿＿＿＿＿＿＿＿＿＿＿＿＿＿＿＿＿＿＿

　　　　　＿＿＿＿＿＿＿＿＿＿＿＿＿＿＿＿＿＿＿＿＿＿＿＿＿＿＿＿＿＿＿＿＿＿

埋め込みのスケジュール

子どもの名前：デシャウン　　　　　　　　　日付：第一四半期
チームメンバー：母、ヘッドスタートの教師、幼児期特殊教育教員、作業療法士

日々のクラスの活動	ねらいとするスキル		
	もの、おもちゃ、材料を扱う	あいさつをする、伝える、要求するときに「I」の発音を正しく使う	大きな集団活動に参加する（その場にとどまる、見る、指示に答える）
登園	デシャウンはジッパーを下ろし、コートを脱ぐ。デシャウンは本が入っているかばんのジッパーを下ろし、ノートや他のものを取り出す。	デシャウンはクラスメイトや大人にあいさつをする（例えば、Lynn, Larry, Lisa など）。彼は、クラスの予定のために用いている視覚的なアイコンをわかる（例えば、図書館、ランチルームなど）。	デシャウンは、当園時にグループと一緒にとどまり、登園時の文脈特有のルールに従う（例えば、仲間と手をつないで、通園バスからクラスまで歩くなど）。
自由遊び	デシャウンは本、ブロック、レゴ、おもちゃの車、小さな人形を扱う。	デシャウンは、準備室で洗濯遊びをする際に、服を分類する。	デシャウンは大人の介入を受けながら、クラスの仲間と一緒に共同的なゲームに加わる（例えば、Candyland（編注：ボードゲーム））、Chutes and Ladders（編注：パズル）など）。
お集まり	デシャウンは物語にふさわしい、もの、おもちゃ、道具を操作するため、両手を使う。	デシャウンは物語や歌の"I"の発音を含む言葉のモデルを聞き、正しく繰り返す（例えば、「木の上のトカゲ（Lizards on a Log）」など）。	デシャウンは最近の出来事や話からの情報を思い出し、質問に答える。
おやつ	デシャウンはクラスのコンテナから食器を取り出す。デシャウンは席の配置につかせるために使う名前カードを書き写す。デシャウンはボウルを持ち、食べ物や、液状のものをスプーンですくう。	デシャウンは、おやつを受け取るとき「私は○○がほしい」と言う。デシャウンは、おやつの好き嫌いを仲間に伝える。	デシャウンはおやつの周ずっと、グループの中にいる。デシャウンはおやつをとらないときは、適切な場所に食器を片付ける。
コーナー保育	デシャウンはイーゼルで絵を描く際に、一方の手で絵の具を持ち、もう片方の手で塗り続ける。デシャウンは、ディスカバリーテーブルで、ある容器から別の容器へ異なる物体をそそぐ。	デシャウンは算数コーナーでレモンを数える。そしてそれらを再びコンテナの中に置く。彼は「レモン1個、レモン2個、レモン3個…」と数えなければならない。	デシャウンは初めから終わりまで、大人の計画した活動に参加する。

図5.11　デシャウンのために記入された「埋め込みのスケジュール」

活動計画

1．活動の名前

ブロック、坂道、小さな乗り物

2．素材・道具

さまざまな大きさや形のやわらかい発泡ブロック
小さな乗り物の写真ラベル
坂道のための長くてやわらかい発泡ボード
さまざまな種類の小さな乗り物（例えば、車、トラック、バス、バン、自転車など）
さまざまな道路標識

3．環境の配置

ブロックコーナーのカーペットの上に長方形の子どもサイズのテーブルを置く。
子どもたちに、やわらかい発泡ブロックでテーブルの上に道や車庫を作るよう促す。
子どもたちは、坂道を作るために、長くてつるつるしたボードをテーブルに対して立てかけることができる。

4．ステップの連続性

初期

子どもたちに、さまざまな種類の乗り物が入っているバスケットを見せることからこの活動を紹介する。
子どもたちがしたいなら、乗り物を分類するように促し、彼らに一方の手でバケツをつかみ、他方の手で乗り物を取り出させる。
子どもたちに、ブロックと道路標識を見せ、彼らに道や車の車庫を作るためにこれらの材料をどのようにつかったらよいかたずねる。

中期

子どもたちに、ブロックコーナーの机の上で、ブロックとボードを使わせる。
子どもたちは道、坂道、車庫を作る。
彼らは道に乗り物を置き、乗り物を動かす。
彼らはまた、道の上のさまざまな場所に道路標識を置く。

後期

掃除の合図が鳴って、活動が終わるまで、5分間与える。
子どもたちに、写真のラベルにあったバケツの中に、乗り物を返すように言う。
子どもたちにブロックを棚に置き、長いボードを保管場所に運ぶように指示する。
子どもたちに活動の間にしたことを思いださせ、述べたことを記録する。

図5.12　デシャウンのために記入された「活動計画」　　　　　　　　次ページへ続く

図5.12　続き

```
┌─────────────────────────────────────────────────────────────────────┐
│　５．埋め込まれた学習機会                                              │
│                                                                     │
│                                                                     │
│  微細運動スキルの学習／練習                                            │
│　　　異なった感覚の経験を与えるために、さまざまな乗り物を操作する。       │
│　　　車庫または建物を作るためにブロックをつみかさねる。                  │
│　　　長いボードに車を列にして置く。                                    │
│　　　ふたのあるバケツを両手を使って開ける。                             │
│                                                                     │
│  認知スキルの学習／練習                                               │
│　　　カテゴリー別に乗り物をグループに分ける（例えば、色、大きさ、輸送方法など）。│
│　　　乗り物を数える。                                                 │
│　　　ゲームをしている仲間を数える。                                    │
│　　　片付けるときに、似た乗り物で分類する。                             │
│　　　乗り物を配ることで、１対１の対応を説明する。                        │
│　　　空間概念の理解を説明する（例えば、中に、となりに、など）。            │
│　　　仲間の指示を説明する（情報を思い出す）。                           │
│                                                                     │
│  社会的コミュニケーション活動の学習／練習                               │
│　　　分類の記述にしたがって乗り物を分類する。                           │
│　　　会話のやりとり（turn-taking）をつかう（乗り物についての質問をする）。  │
│　　　仲間に乗り物の色の好みについてたずねる。                           │
│　　　順番が来たことを伝えるのに、仲間の名前をよぶ。                      │
│                                                                     │
│  ソーシャルスキルの学習／練習                                          │
│　　　乗り物を仲間に渡す。                                              │
│　　　ほしい乗り物の順番をまつ。                                        │
│　　　ゲームに加わり、ゲームをするよう、新しい仲間にあいさつをし、招く。    │
│　　　掃除の手伝いをする。                                              │
│                                                                     │
│                                                                     │
│　６．計画のバリエーション                                              │
│                                                                     │
│                                                                     │
│　１．大きな車を加える。                                                │
│　２．人のいる Fisher-Price 社製のガソリンスタンドのような小道具を加える。  │
│　３．テーブルの上に大きな紙を貼り、子ども達に道を描かせる。              │
│　４．砂箱の外側に材料を置く。                                          │
│　５．乗り物に対応する帽子を与える（例えば、消防士の帽子、警察の帽子、運転士の帽子など）。│
│                                                                     │
└─────────────────────────────────────────────────────────────────────┘
```

7．語彙

色（例えば、青、黄、赤、黒、緑、オレンジ、ラベンダー、ライム、金、紫など）
大きさ（例えば、大きい、小さい、長い、短い、広い、狭い、高い、大きい、小さいなど）
乗り物の名前（例えば、飛行機、ブルドーザー、飛行船、三輪車、自転車、車、ボート、ヘリコプター、郵便車、パトカー、バイク、消防車、ジェット機など）
スピード（例えば、速い、遅いなど）
位置（例えば、上に、下に、周りに、中に、外に、隣に、次に、上に、下に、より下に、など）
標識の名前（例えば、止まれ、道を譲れ、曲がる、踏み切り、スクールバス停、一方通行、Uターン禁止など）

8．友だちとの相互作用の機会

2人の子どもが持って運ぶことを必要とする、長いボードを使用する。
活動の中で、仲間の行動に子どもの注意を向ける。
仲間の個々の行動を真似するように促す。
子どもたちがボードとブロックを使って、床に広げ、一緒に道路を計画することを励ます。

9．養育者の参加

両親は異なった種類のブロックを与える。
はたらく車を仕事で使っている親の職場を訪れる（例えば、郵便車、消防車、パトカー、ダンプカー、スクールバスなど）。

示した。

データ収集

　長期目標に関するデシャウンのパフォーマンスをチェックするためのデータ収集システムを作り出すために、チームは介入のガイドを再検討する。その後、チームは以下のような決定を行っていく。

- マーリン（ヘッドスタートの教師）は週に２回、３つの活動の前、中、もしくは終わりにおいてデシャウンが操作したものやおもちゃの記録を行う。またマーリンはデシャウンが家庭でどのように過ごしているのかを見るために、毎月母親や祖母に会って、それぞれの月で操作したものやおもちゃの総計をまとめる。
- アミー（作業療法士）は週に１度、おやつの時間の前、中、終わりでデシャウンが操作したものを記録する。
- ニコール（巡回教員）は週に１度、お集まりや自由遊び時間の前、中、終わりにデシャウンが操作したものやおもちゃを記録する。
- 保護者のボランティアは、週に１度お集まりの前、中、終わりにデシャウンが操作したものやおもちゃを記録する
- 全チームメンバーは毎月データを検討し、長期目標をどのようにねらい、配慮や工夫、支援方法をどのように提供するかについて、変更の決定を行う。

　チームは１）チームの全員がアクセスしやすくまた使いやすい、２）最小限の努力で書き続けられる、３）状況についての情報やパフォーマンスの情報を含んだ、データ収集システムの作成についても議論を行う。そして、そのようなフォームを作成するため、デシャウンがクラス活動に参加したときに使用するかもしれないものについて、意見を出し合う。彼らは設定活動やルーチン活動（例えばおやつの時間）の中にあるものについて議論を行う。作業療法士は、操作するのが難しいもの（長期目標に相当）から操作するのが簡単なもの（短期目標に相当）に関するリストを、チームが整理していく

データ収集フォーム

子どもの名前：デシャウン　　　　データ収集日：2003年10月8日
データの記録者：母、祖母、ヘッドスタートの教師、幼児期特殊教育教員、作業療法士

標的行動の例	活　動	デシャウンのパフォーマンス
くつひもを結ぶ	登園	×
ボタンをとめる	整理整頓	×
ひもをほどき、ジッパーを下げる	整理整頓	×
曲線に沿って形を切る	工作	×
片方の手で紙を一枚押さえ、もう一方の手でクレヨン・絵筆・鉛筆・マーカーを用いて絵を描く	自由遊び	△
片方の手でお皿を持ち、もう一方の手で食べ物や飲み物をスプーンですくう	おやつ／昼食	○
片方の手で容器も持ち、もう一方の手で何かを注ぐ（たとえば、片方の手でグラスを持ち、もう一方の手でジュースを注ぐ、片方の手でコップを持ち、もう一方の手で水を注ぐ、あるいは、片方の手でバケツを持ち、もう一方の手で豆を入れる、など）	探求（Discovery）	○
片方の手で容器を持ち、もう一方の手でものを分ける（たとえば、片方の手で容器を持ち、もう一方の手でナプキンや食器を配る、など）	おやつ／科学	△
片方の手でマーカーを持ち、もう一方の手でキャップをする、あるいは、片方の手でレゴブロックを持ち、もう片方の手でレゴブロックをつなぐ	工作	○
ナイフを用いて食べ物を広げる（たとえば、パンにバターをぬる、など）	おやつ／昼食	△
ジッパーをあげる	トイレ	△
ブロックを積む	自由遊び	○
本のページをめくる	コーナー保育	○

パフォーマンス欄へ記入する記号
　○ ＝ 補助なしでものを操作する
　△ ＝ 身体的な補助があってものを操作する
　× ＝ 大人からの補助があってもものを操作しようとするようすがみられない

図5.13　デシャウンのチームが記入した「データ収集フォーム」

のを援助していく。彼が独力・補助つきで操作できたもの、またはまだ操作できなかったものを記述することで、フォームは埋められていく。デシャウンの長期目標であるものの操作に関するデータを収集するために、チームが用いるデータ収集フォームを図5.13に示した。その際、チームはデシャウンの成長を検討したりその後の介入決定を行っていくため、定期的にミーティングを行う。

要　約

　ABIアプローチ実施に関する以下の4つの取り組みが、この章で検討された。1）包括的で進行するアセスメントの実施、2）機能的で般化する長期目標をねらう、3）子ども主導の活動、ルーチン活動、設定活動に与えられる先行条件や結果操作の選択、4）介入効果に関する評価。また、一般的な3つのサービス提供モデル（ホームベース・センターベース・巡回サービス）におけるABIアプローチの実践を説明した3事例をここでは提供した。

REFERENCES

Alberto, P.A., & Troutman, A.C. (2003). *Applied behavior analysis for teachers* (6th ed.). Upper Saddle River, NJ: Merrill/Prentice-Hall.

Barnett, D., Bell, S., & Carey, K. (1999). *Designing preschool interventions: A practitioner's guide.* New York: The Guilford Press.

Bricker, D. (Series Ed.). (2002). *Assessment, Evaluation, and Programming System for Infants and Children* (2nd ed., Vols. 1-4). Baltimore: Paul H. Brookes Publishing Co.

Bricker, D. (Series Ed.). (2002). *Assessment, Evaluation, and Programming System for Infants and Children: Family Report* (2nd ed.) Baltimore: Paul H. Brookes Publishing Co.

Giangreco, M.F., Cloninger, C.J., & Iverson, V.S. (1998). *Choosing outcomes and accommodations for children: A guide to educational planning for students with disabilities.* Baltimore: Paul H. Brookes Publishing Co.

Hresko, W.P., Miguel, S.A., Sherbenou, R.J., & Burton, S.D. (1994). *Developmental observation checklist system: A systems approach to assessing very young children.* Austin, TX: PRO-ED.

McAfee, R., & Leong, D. (1997). *Assessing and guiding young children's development and learning.* Boston: Allyn & Bacon.

McLean, M., Wolery, M., & Bailey, D. (2004). *Assessing infants and preschoolers with special needs* (2nd ed.). Columbus, OH: Charles E. Merrill.

McWilliam, R.A. (1996). *Rethinking pull-out services in early intervention; A professional resource.* Baltimore: Paul H. Brookes Publishing Co.

Notari-Syverson, A., & Shuster, S. (1995). Putting real life skills into IEP/IFSPs for infants and young children. *Teaching Exceptional Children, 27*(2), 29-32.

Noonan, M., & McCormick, L. (1993). *Early intervention in natural environments: Methods and procedures.* Pacific Grove, CA: Brookes/Cole.

Sandall, S.R., & Schwartz, I.S. (with Joseph, G.E., Chou, H.-Y., Horn, E.M., Lieber, J., Odom S.L. & Wolery, R.). (2002). *Building blocks for teaching preschoolers with special needs.* Baltimore: Paul H. Brookes Publishing Co.

第6章

ABIとチーム

本書の至るところで述べてきたことであるが、障害があるか、そのリスクのある多くの子どもたちにとっての適切な発達は、専門家、パラプロフェショナル、養育者の貢献と参加を必要とする。これらの人々を"子どものチーム"とする。本章では、ABI を効果的に実践するための方法として、アセスメント、目標設定、介入、そして評価のプロセスにおいてチームの共同作業に必要なことを述べる。

チームとは

　早期介入／幼児期特殊教育／幼児教育の領域において、チームの構成は、州、プログラム、機関や子どもたちによって多様である。あるプログラムでは、特殊教育の教員、養育者、作業療法士、言語療法士で構成され、他では、ヘッドスタートの教師、巡回教師、養育者で構成されるチームかもしれない。チーム構成が流動的なのは、以下の理由による。それは、地域／州の要望、職員の数、地域資源、プログラムの配置、プログラム／機関の理念、個々の子どもたちのニーズ、である。私たちはチーム構成が流動的なことを理解しつつも、理想的には、3 職種の人々から構成されるべきと考える。それは、直接にサービスを提供する者、コンサルタント、そして養育者である。

　直接にサービスを提供する者は、子どもや家族に対して、日単位／週単位で直接的に介入する者である。つまり、幼児教育の教員（例えば、ヘッドスタート、公私立学校）、保育士、家庭訪問教師、パラプロフェショナル／アシスタント、早期介入者／幼児教育の介入者を指す。直接にサービスを提供する者は、子どもの発達、子どもと家庭、通常教育、特殊教育について、それぞれの領域において専門的な訓練を受けている。加えて、直接にサービスを提供する者は、専門以外の訓練も受けること、とりわけ障害のある幼児とその家族の支援において、資格を有することを求められる（ Bricker & Widerstrom, 1996; Malone, Straka, & Logan, 2000; Stayton & Bruder, 1999）。

　チームを構成する第 2 の職種は、コンサルタントである。コンサルタントは療育を行うための訓練を受けており、高い専門性をもち、資格を所有している。コンサルタントは、作業療法士、理学療法士、医師、看護師、コミュ

ニケーション・スペシャリスト（ドクターヘリの飛行に係る調整・管理と医療情報の収集・伝達などを行う者）、学校心理学士、ソーシャルワーカー、メンタルヘルスの専門職者、栄養学士、視覚の専門職者、聴覚の専門職者、自閉症の専門職者、運動の専門職者、巡回教師、ファミリー・セラピストが含まれる（PL105-17）。障害者教育法（IDEA）において、チームで子どもと家族のニーズに取り組む場合、それぞれの見地から専門的見解と展望を含むべきであると明示された（Huefner, 2000; Yell, Drasgow, & Ford, 2000）。つまり、早期介入／幼児期特殊教育／幼児教育を受けている多くの子どもたちとその家族は、多様な専門職者からの複数の支援を必要としていることを文書で示したのである（Bauer, Joseph, & Zwicker, 1998; Bricker & Veltman, 1990; Guralnick, 1997; Olson, Murphy, & Olson, 1998）。人のニーズは複雑であるため、しっかりと準備された方策が必要になる。それは、問題に対するさまざまな人の多角的な解釈と、実践を効果的に実行するための手続きによる。このプロセスは、コンサルタントとの積極的な連携と協働を通して、最大限に保証される。

　チームを構成する第３の職種は、養育者である。これは、両親、祖父母、他の親族、里親、そして、いくつかのケースでは友人が含まれる。養育者をチームに加えることは、ABI の成功に不可欠である。なぜなら、重要なスキルの選択、日々の活動に埋め込まれた学習機会、幼児と物的・社会的環境との交互作用により促される学習、といったアプローチの基本的概念に関わることは、アセスメント、目標設定、介入、評価のプロセスにおいて養育者の意見を取り入れなければ成立しないからである。養育者の全面的な参加がなければ、専門家は、家族の価値観や優先事項を特定すること、幼児のニーズに対応すること、さらには幼児が学習機会を効果的にもてるようにするために、日々の活動や交互作用を変えていくことが難しくなる（Jung, 2003）。

　チームはこれらの３つの職種で構成するのが望ましい。しかし、これは、バランスがよく、効果的に機能するチームを作るうえでの第一段階に過ぎない。残念ながら、一般的なアプローチ、特に ABI のアプローチにおいて、機能的なチーム作りに関する実証的な情報はほとんど得られていない。それゆえ、チーム作りと ABI の実施に関する知識の大部分は、個々のメンバー

の個人的な経験に基づいてきた。

　チームメンバーは、それぞれの役割を果たすために必要なスキルをもつことがきわめて重要である。しかし、チームメンバーは、スキルと同程度、子どもがどのようにして学んでいるのか、子どもの学習を促進する最善の方法は何かについて考えを共有することも大切である。機械的にアプローチを行ったことのある者ならば、意欲のない教師の態度は子どもたちにほとんど何の変化ももたらさないことを認識している。その逆も言えることで、あらゆるアプローチは、チームメンバーの参加と意欲がなければ効果的にはならない（Friend & Cook, 2003; Walther-Thomas, Korinek, & Mclaughlin, 1999）。子どもの発達を最大限高めるためには、成功の見込みが高いアプローチを用いること、そして、そのアプローチを心から意欲をもって実行し、効果を望むことがベストであると考えられる。

　チームが ABI を用いるなら、とりわけ交流による学びの視点を知らなければならない。つまり、チームメンバーは、学習が子どもと環境との相互作用の機能や環境からのフィードバックを受けて起こっていることを認識しておく必要がある（Sameroff & Fiese, 2000; Warren, Yoder, & Leew, 2002）。子どもたちの変化と成長の基本は、社会的、物的環境との間で起こる日々の相互作用である。これらのやりとりあるいは交流が起こるかどうかは、チームの取り組みによる。チームメンバーは次のことを理解しておかなければならない。子ども、もしくは大人の行動は独立したものではなく、互いのやりとりが積み重ねられることによって行動の変化が起こるということである。

　重要なことは、アプローチを選択することに熱心になるだけでなく、チームのメンバーがお互いに子どもを育て、尊重しあう態度をもつことである。機関／プログラムは、多くの場合、両親がいる家庭、規律のある家庭を対象としているが、ときおり、離婚家庭や、障害、もしくはそのリスクのある子どもたちのニーズに対応する（Johnson, Ruiz, Lamontagne, & George, 1998; Park & Turnbull, 2003）。子どもたちの障害の種類や有しているニーズは整理して示される。それは、身体、コミュニケーション、心理学、医学、栄養学の専門職者の意見を求めることを目的としている。子どもの家族も同様に幅広いサービスを必要としている。司法、教育、セラピューイック、もしくは、

表6.1　チームガイドライン

関連するシステム	ガイドライン
アセスメント	・包括的なカリキュラム準拠の尺度を使用すること。その尺度は発達における重要な領域のすべてを記述し、すべてのチームメンバーの参加を推奨するものであること。 ・アセスメントのプロセスにおいて、すべてのチームメンバーが情報の収集、要約、解釈に関与することを保証すること。 ・家族の資源、優先事項、関心を明らかにするアセスメントの手続きを選択すること。
目標設定	・すべてのチームメンバーが到達目標の選択と優先順位の決定に関与することを許可し奨励すること。 ・複数の発達の領域における優先するゴールを選択し、すべてのチームメンバーによって取り組まれること。例えば、両手でものを操作することを到達目標に選択したとする。それは、直接にサービスを提供する者、コンサルタント、養育者によって取り組まれ、子どもの能力はおもちゃ遊び、着替えと食事の自立によって促進されるようにする。 ・評価指標を使用して見直す、もしくは別の尺度を使い、到達目標がすべてのチームメンバーに理解しやすく、子どもにとって機能的であるようにする。
介　　入	・第4章で論じた3つの様式（介入のガイド、スケジュールの埋め込み、活動計画）をチームメンバーの間で介入に取り組む方法として使用する。 ・養育者を計画と介入に参加させる（活動のデザイン、選択、教材の準備、学習機会の提供）。養育者の優先事項が日々の活動に組み込まれることを保証する。 ・限られた時間を個々の子どもの指導計画に使うために、チームメンバーが効果的なミーティングスキルをもつことを奨励する。 ・管理者に他のチームメンバーとの十分な計画時間が必要であることを印象付ける。
評　　価	・データ収集の責任をすべてのメンバーで分担する。 ・データ収集の方法と手続きを選択し、それらをすべてのチームメンバーが理解し、使用できる。膨大な訓練と時間を要する複雑な手続きは避ける。 ・データのまとめと解釈を共有し決定するための時間を計画する。

一日一日の生存のための支えを必要としているかもしれない。チームは子どもと家族の多くのニーズ、そして彼らが利用できるサービスを明示することが求められる。家族が彼らを支えるサービスを最大限利用できるようにしておくことによって、チームメンバーが相互協力していることも伝わる。子どもを育てることへの尊重と協働の態度を示すことは、チームを効果的に機能させるための土台である。

加えて、チームは、専門家と同等に養育者の意見を尊重する態度をとるべきである。チームメンバーとして養育者も含むのは、形式上ではなく、本当の意味で同等のパートナーシップをもつためである。養育者がチームにもたらす情報と視点は、子どもの長所、興味、芽生えつつあるスキルについて、正確な子ども像を作るために必要である。さらに、養育者の参加がなければ、家族の価値観や優先事項の決定は、推測に基づいてしまいかねない。

ABIを実施するチームは、アセスメント、目標設定、介入、評価のシステムをガイドラインに沿って実践する必要がある。第3章で示した通り、ABIは包括的なアプローチであるため、関連するシステムの中で、概念化、実践化されることで成功する。後述するように、直接にサービスを提供する者、コンサルタント、そして養育者の役割は、関連するシステムにおいてABIを実行するうえで現れる。

ABIの手順：チームの取り組み

ABIの実施を成功に導くには、すべてのチームメンバーが、アセスメント、目標設定、介入、評価の手順をともに行うことが求められる。表6.1に4つの手順別にチームのなすべきことについて、ガイドラインと提案を示した。

チームの原理

チームが協働するためのモデルは、その必要性ゆえに関心が高まってきている。それらのモデルは、専門家と養育者がそれぞれに取り組んでいることをいかにして調整するかを基本的なテーマとしている（Brichker-Widorstrom1996; Briggs, 1997; Friend&Cuck, 2003; Snell & Janney, 2000）。モデルの使用を決めたら、次の段階は効果的な使用に向けて一つ一つ準備をすすめることである。以下、ABIの実施において、チームを導くための6つの原理に関する議論を紹介する。

原理1

チームメンバーはアプローチを理解し、責任をもって実践する必要がある。

前節で、アプローチの選択に適切な態度と意欲の重要性を指摘した。チームメンバーはABIの実施に必要な役割を自主的に果たすべきである。アプローチ、そしてチームの協働に懐疑的な人は、ABIの実施を成功に導くために必要なスキルを得ることはできない。

原理2

チームメンバーは、包括的かつ継続的に幼児の観察に努めなければならない。ABIを成功させるための基本は、子どもたちの行動のレパートリーを観察し、どのような状況で子どもが反応しているのかを見定めることである。チームメンバーは純粋に観察のみを行う。子どもたちの反応を強制したり、子どもたちの行動を指示したりすべきではない。例えば、チームは、子どもを放任したり、環境設定を考慮したりすることよりも、日常の子どもの遊び、友人や仲間との関わり、ルーチン活動を観察すべきである。観察を有効かつ有用にするためには、観察によって生まれた客観的な気づきに着目することである。チームは、次のことに注意を払うべきである。それは、目標とする子どもの行動と、それらの行動が普段の活動の間でどのように行われているのかを記録し、分析することである。最後に、チームメンバーは、観察可能な行動（例えば、ルイスは母親が部屋から出た後、10分間泣いていた）と推測（例えば、ルイスは母親が部屋から出るのが悲しかったため泣いた）とは区別すべきである。判断は、子どもの観察可能な行動を基にすべきであり、大人の推測を含むべきではない。

原理3

チームメンバーは、子どもの自主性にまかせ、対応する必要がある（Warren, 2000; Warren et al, 2002）。チームメンバーは、子どもの一日を組織するために、活動や療育のセッションを計画する役割を担う。それらの計画は、ABIに必要な基礎構造を保証するために必要である。しかし、その構造は、子どもの活動を支配するために使われるべきではなく、子どもに目標を練習するための機会を提供し、効果のある介入を日常活動に組み込むことを保証するためのものである。

原理4

　チームメンバーは、介入によって望まれる効果を生むために、自由遊び、ルーチン、設定活動を作り上げる必要がある。子どもの先行事象と結果操作を丁寧に検討することを通して、チームメンバーは、子どもたちの興味と参加が保持される活動を考え、選択することに熟達するようになる。例えば、養育者が、子どもの手の届く範囲に特別なアイテム（例えば、クレヨン）を置き、ターゲットである微細運動を子どもに練習させるよう励ましたり、仲間との関わりが促されるような活動を継続するために注意や言葉かけを行ったりすることが挙げられる。チームメンバーは、子どもの先行事象と結果操作が適切で、介入の成果と判断できるかどうかを論議すべきである。この段階の協働と一貫性は、第4、5章で論議し、例証したように、しばしば共同で計画を立てる時間や、介入の手引きの開発を要する。

原理5

　チームは、到達目標に向けて練習するための十分な機会を子どもたちに提供する必要がある。私たちが観察したセンターベースやホームベースの中でのプログラムでは、以下のことが示唆された。それは、養育者、直接にサービスを提供する者、コンサルタントが、到達目標の練習と達成のための多くの学習機会に対して、一貫した理解や利用をしていないことであった。多くの活動は、子どもの特定のニーズを満たすために設定されていることが明白であり、その他のニーズを満たしうるような機会は無視されていた。再確認しておくが、子どもを注意深く観察することは、子どもの興味や環境からの学習機会を適切に導くものである。その環境は、子どもの一日を通して、子どもの興味をとらえ、次々と有用な学習機会を増大させる。さらに、チームアプローチは、日課を通して提供される適切な機会を保証しなければならない（Jang, 2003）。

原理6

　チームは、子どもの発達を系統的に評価し、活動の種類をバランスよく構成する必要がある。介入は、日々の出来事と活動を総合して行うものであり、

それが子どもの発達に機能する。チームメンバーは、到達目標に対する子どもたちの発達を適切に評価する方略を工夫、使用する必要がある（Raver, 2003）。簡素な方略で信頼性のある結果を生むものを低コストで考案することが求められる。ABIの適切な利用は、子どもと家族にとっての成果を評価することなしには完結しない。チームメンバーは、子どもの行動を評価するシステムの考案、そして、データ収集の責任の共有をともにすべきである。チームは子どもたちの行動を記述するための最も効率的で効果的な方法を考えなければならない。第5章で論議したように、記述には3つの主要な方法がある。それは、記述説明、永久的な記録、計算や集計である。それぞれに利点と欠点が存在する。3つのデータ収集の方法は、マクリーンらによって、長年議論されている。

ABIの選択と利用

　ABIを選択し、利用することにおいてチームメンバーを支えることは、アプローチの始まりから終わりまで続くことである。私たちはABI実施の事前訓練や現任訓練に関する情報を提供し、何千という専門家と養育者を支えてきた。この膨大な経験から、私たちはアプローチの新たなユーザーが考慮してほしいと思う3段階の支援と訓練を精選した。それらは、1）アプローチの基礎を理解すること、2）アプローチを自主的に実施すること、3）アプローチを洗練すること、である。加えて、チームメンバーを支えるために必要な教材を提供し、ABIの利用と効果を理解できるようにした。表6.2はこれらの教材をまとめたもので、印刷物、ウェブサイト、ビデオテープ、専門家の情報が含まれる。プリティ・フロントザック、バー、マシー、カーター（2003）は、ABIに関して、より広範な教材／資源をまとめたものを提供している。ABIの使用を考えているチームは、これらの教材／資源をまとめるべきであり、どれが最も有用な援助なのか決定したものを踏まえて訓練の段階を調べるとよい。

チームに対する支援と訓練の段階

　ABIの選択を考える際には、まずチームメンバーがアプローチの基礎的なプロセスと実施について、理解を深める必要がある。ABIの基礎的な理解を得るのは、以下の方法による。それは、アプローチに関連する本書もしくは別の文献を読みこむこと、アプローチを説明しているビデオテープを見ること、アプローチを実施しているプログラムを訪問すること、アプローチの基本を含む初歩的なワークショップに参加すること、そして、アプローチの専門家であるコンサルタントから情報を得ること、である。再度、表6.2を見て、ABIの理解のためのリソースとプリティ・フロントザックら（2003）の広範なレビューを参考に、チームにとってどの方略が最も有用かを決めるとよい。チームは合わせて、どのリソースが利用可能かを考える必要がある。多くのプログラムは、個々のコンサルタントへ報酬を支払うことはできなくても、地域のワークショップへ参加することはできるだろう。

表6.2 ABIを利用するチームに有用なサポート教材の概要

種　類	例
印刷物	・ Bricker,D. (Series Ed.). (2002). *Assessment, Evaluation, and,Programming System for infants and Children* (2nd ed.).Baltimore: Paul H. Brookes Publishing Co. ・ Sandall,S.,& Schwartz,I. (2002). *Building blocks for teaching preschoolers with special needs.* Baltimore: Paul H. Brookes Publishing Co.
ウェブサイト	・ Early Literacy Project (http://www.ced.appstate.edu/projects/earlyliteracyproject/index.htm) ・ Individualizing Inclusion in Child Care (http://www.fpg.unc.edu/~inclusion) ・ Project PLAY – Promoting Positive Outcomes Through an Activity-Based Approach with Young Children with Severe Disabilities (http://fpsrv.dl.kent.edu/play) ・ Project TaCTICS – Therapists as Collaborative Team Members for infant/Toddler Community Services (http://tactics.fsu.edu/)
ビデオ	・ Bricker,D.,Veltman,M., & Munkres,A. (1995). *Activity-based intervention* 〔videotape〕. Baltimore: Paul H. Brookes Publishing Co. ・ Mandell,C. (2000).*Project ENHANCE: Using an activity-based approach to intervention with young children with low incidence disabilities and their families* 〔videotape〕. Bowling Green,OH: Bowling Green State University. ・ Woods Cripe,J.J., & Crabtree,J. (1995). *Family-guided activity-based intervention for infants and toddlers*〔videotape〕. Baltimore: Paul H. Brookes Publishing Co.
専門家の連絡先	ワークショップのスケジュール案内と利用できるコンサルタントの連絡先もしくはウェブサイトは次のとおりである。 Misti Waddell, University of Oregon (waddemis@darkwing.uoregon.edu) (http://www.uoregon.edu/~eip/AEPS/aeps.html) Paul H. Brookes Publishing Company, Brookes On Location (http://www.brookespublishing.com/onlocation/) ABIのモデル実施の地域は次の州である。 　ケンタッキー州 – Jennifer Grisham-Brown (jgleat00@pop.uky.edu)　ケンタッキー州でのプロジェクトプレイモデルの地域 　オハイオ州 – Kristie Pretti-Frontczak (kprettif@kent.edu)　オハイオ州でのプロジェクトプレイモデルの地域 　テキサス州 – Lynn Sullivan (lsullivan@esc11.net)　地区6　ABIチーム

ABI の基礎的な理解を得た後、チームメンバーは、子どもの現在の環境、そして家族ができる範囲で、アプローチをどのように実施していくかを考える。まずは小さなことから始めるのが賢明である。例えば、それぞれの教師や介入者が1人もしくは2人の子どもに絞り、これらの子どもたちの到達目標達成に向けた学習機会を日々の生活に埋め込むことに取り組んだものがある。別のプログラムでは、スタッフがアプローチを有用にするために手始めとしてアセスメントを改善した。例えば、もしプログラムが、目標の選択においてカリキュラム準拠型の尺度を使わない場合、必要に応じて別の指標を使用する。それは、機能的で一般的な目標を立てるために必要な発達的情報を得るためである。そのような経験をしたスタッフは、カリキュラム準拠型の尺度を選択しても、柔軟的に使いこなすだろう（Bagnato, Neisworth, & Munson, 1997 を参照：カリキュラム準拠型の尺度をレビューしている）。

第3段階は、チームとしてのスキルを磨くために、アプローチの実施が可能な範囲を考慮することである。つまり、チームは1つ、2つのプロセスや1人、2人の子どもに注目する視点から、システム全体やすべての子どもと家族という広い視点に移す。私たちは、第2段階のときと同様に、これも、人工的に作られた状況（例えば、ワークショップ）よりも、実際のプログラムの文脈で学ぶことによって最高の効果があると考えている。家庭やセンターでの活動において訓練を重ねることによって、チームメンバーの関心や意欲は、子どもの実生活で生起する問題に取り組み、解決することに向かう。そうして、アプローチを成功に導くことができる。家やセンターにおける経験はまた、チームメンバーが学んだことを般化することにも最大限寄与するものである。そして、最も効果的な方略は、チームとともに働いてくれるコンサルタントをもつことである。リソースが制限されたプログラムは、代わりとなるものを探す必要があるだろう。例えば、地域の専門家に旅費を払えないなら、チームはコンサルタントにメールでのやりとりをお願いして、ビデオテープセッションをすることができる。また、チームメンバーは、それぞれのアプローチの改善において、相互に支え合うことで学ぶことができる。

多くのチームメンバー（養育者や専門家）にとって、ABI の実施は克服しなければならない2つの見方を生起させる。それは、子どもたちの主体性

に合わせて学習機会を日々の活動の中に埋めこむことの難しさに関係している。例えば、ある養育者と介入者は子どもたちの主体性に自然に寄り添うが、一方でそれまで長い間子どもたちの活動を統制することをやってきた別の者は、子どもたちの主体的な行動を待つのを難しく感じるかもしれない。大人と子どもの相互作用をビデオに撮ってみると、子どもたちの活動を過度に支配する傾向にある介入者がわかるだろう。介入者をビデオで撮ったり、もしくは学習機会の豊富なデータを収集したりすることは、教授する機会を逃している介入者に対して、貴重なフィードバックをもたらすだろう。

要　約

　ABI の成功は、直接にサービスを提供する者、コンサルタント、養育者で構成されるチームの協働を求められる。チームは、4つの主要なプロセスであるアセスメント、目標設定、介入、評価を通して協働を可能にする方略を見つけなければならない。本章では、チームを ABI の実践に導くための6つの原理を紹介した。また、チームが ABI を実行に移す上で役立つ3つの段階の訓練とリソースも記した。

REFERENCES

Bagnato, SJ., Neisworth. J.T., & Munson, S.M. (1997). *LlNKing assessment and early intervention: An authentic curriculum-based approach*. Baltimore: Paul H. Brookes Publishing Co.

Bauer, A., Joseph, S., & Zwicker, S. (1998). Supporting collaborative partnerships. In L.J. Johonson, M.J. LaMontagne, P.M. Elgas, & A.M. Bauer (Eds.), *Early childhood education: Blending theory, blending practice* (pp. 63-80). Baltimore: Paul H. Brookes Publishing Co.

Bricker, D., & Veltman, M. (1990). Early intervention programs; Child-focused approaches. In S.J. Meisels & J.P. Shonkoff (Eds.), *Handbook of early childhood intervention* (pp. 373-399). New York: Cambridge University Press.

Bricker. D., & Widerstrom, A. (Eds.). (1996). *Preparing personnel to work with infants and young children and their families: A team approach*. Baltimore: Paul H. Brookes Publishing Co.

Briggs, M. (Vol. Ed.). (1997). A systems model for early intervention teams. In K.G. Butler (Series Ed.), *Building early intervention teams: Working together for chil-*

dren and families (pp. 87-122). Gaithersburg, MD: Aspen Publishers.

Friend, M., & Cook, L. (2003). *Interactions: Collaboration skills for school professional* (4th ed.). Boston: Allyn & Bacon.

Guralnick, M.J. (1997). Second-generation research in the field of early intervention. In M.J. Guralnick (Ed.), *The effectiveness of early intervention* (pp. 3-20). Baltimore: Paul H. Brookes Publishing Co.

Huefner, D. (2000). The risks and opportunities of the IEP requirements under IDEA '97. *Journal of Special Education, 33*, 195-204.

Individuals with Disabilities Education Act Amendments of 1997, PL 105-17, 20 U.S.C. §§ 1400 et seq.

Johnson, L., Ruiz, D., LaMontagne, M., & George, E. (1998). The history of collaboration: Its importance to blending early childhood education and early childhood special education practices. In L.J. Johnson, M.J. LaMontagne, P.M. Elgas, & A.M. Bauer (Eds.), *Early childhood education: Blending theory, blending practice* (pp. 1-17). Baltimore: Paul H. Brookes Publishing Co.

Jung, L. (2003). More is better: Maximizing natural learning opportunities. *Young Exceptional Children, 6*, 21-26.

Malone, D., Straka, E., & Logan, K. (2000). Professional development in early intervention: Creating effective inservice training opportunities. *Infants and Young Children, 12*, 53-62.

McLean, M., Wolery M., & Bailey, D. (2004). *Assessing infants and preschoolers with special needs* (2nd ed,). Columbus, OH: Charles E. Merrill.

Notari-Syverson, A., & Shuster, S. (1995). Putting real life skills into IEP/IFSPs for infants and young children. *Teaching Exceptional Children, 27*(2), 29-32.

Olson, J., Murphy, C., & Olson, P. (1998). Building effective successful teams: An interactive teaming model for inservice education. *Journal of Early Intervention, 21*, 339-349.

Park, J., & Turnbull, A. (2003). Service integration in early intervention: Determining interpersonal and structural factors for its success. *Infants and Young Children, 16*, 48-58.

Pretti-Frontczak, K., Barr, D., Macy, M., & Carter, A. (2003). An annotated bibliography of research and resources related to activity-based intervention, embedded learning opportunities, and routines-based instruction. *Topics in Early Childhood Special Education, 23*, 29-39.

Raver, S. (2003). Keeping track: Using routine-based instruction and monitoring. *Young Exceptional Children, 6*, 12-20.

Sameroff, A., & Fiese, B. (2000). Transactional regulation: The developmental ecology of early intervention. In J. Skonkoff & S. Meisels (Eds.), *Handbook of early childhood intervention* (pp. 135-159). New York: Cambridge University Press.

Snell, M.E., & Janney, R. (2000). *Teachers' guides to inclusive practices: Collaborative teaming*. Baltimore: Paul H. Brookes Publishing Co.

Stayton, V., & Bruder, M. (1999). Early intervention personnel preparation for the new millennium: Early childhood special education. *Infants and Young Children, 12*, 59-69.

Walther-Thomas, C., Korinek, L., & McLaughlin, V. (1999). Collaboration to support

students' success. *Focus on Exceptional Children, 30*(3), 1-18.
Warren, S. (2000). The future of early communication and language intervention. *Topics in Early Childhood Special Education, 20,* 33-37.
Warren, S., Yoder, P., & Leew, S. (2002). Promoting social-communicative development in infants and toddlers. In S.F. Warren & J. Reichle (Series Eds.) & H. Goldstein, L.A. Kaczmarek, & K.M. English (Vol. Eds.), *Communication and language intervention series: Vol 10. Promoting social communication: Children with developmental disabilities from birth to adolescence* (pp. 121-149). Baltimore: Paul H. Brookes Publishing Co.
Yell, M., Drasgow, E., & Ford, L. (2000). The individuals with disabilities education act amendments of 1997: Implications for school-based teams. In C.F. Telzrow, & M. Tankersley (Eds.), *IDEA Amendments of 1997: Practice guidelines for school-based teams* (pp. 1-28). Bethedsa, MD: National Association of School Psychologists.

第7章

ABIを利用するときの課題

ABIは、理論と研究を土台にした分かりやすい原理に基づいている。しかし、他の包括的なアプローチと同じく、このアプローチを利用するにはいくつかの困難がある。なぜなら、人の学習と指導プロセスは複雑だからである。本章では、読者の疑問と関心を見越して、専門家や養育者がABIを用いるとき、もしくはABIの使用を考えるときの重要な課題について論ずる。

20年以上の間、ABIは幼児が発達や学習の目標に達するための支援に利用されてきた。その蓄積から、使用する上での課題が多数確認されている。課題とは、1）子どもの主体性に寄り添うこと、2）子どもをコントロールしにくいと感じること、3）ターゲットスキルを練習する機会を作ること、4）重度の障害のある子どもへのアプローチの適用、5）地域に根ざしたプログラムでこのアプローチを使用すること、6）チームメンバー間での協働の必要性、である。

子どもの主体性に寄り添うこと

子どもたちの関心のある活動を利用することは、ABIの重要な要素である。子どもたちが主体的に始めた行動に寄り添うこと、もしくは子どもの内発的動機による活動を使用することで、子どもたちの高い関心が保てるし、評価や指導の成果が子ども主体になる。さらに、子どもたちの主体性や関心に寄り添うと、子どもからすると楽しみながら学習ができ、大人は子どもがどのように環境とかかわって学んでいるかについて注目することができる。例えば、指導者が子どもに発音のスキル（例えばsが入った音の発音）を練習させたいと思っていて、子どもがスクービー・ドゥー（訳注：アメリカの国民的人気テレビアニメ）が好きな事を知っていたら、指導者は、スクービー・ドゥーの本を取り入れることで、多様な学習機会を作ることができる。スクービー・ドゥーへの子どもの関心を利用すると、子どもは、Sの入った言葉（例えば、Scooby, Snack, Shaggy, stone, stick, start, scary）を発音するような問いや合図に進んで応答するだろう。また、本の中のキャラクターや行動について、仲間と情報を共有することができ、子どもと環境の交互作用において、自然とSの入った言葉を練習する機会が増えることになる。

第7章　ABIを利用するときの課題　　197

　子どもの関心に寄り添うことで1つの課題が生じる。すなわち、認知、社会性、コミュニケーション、適応、運動など特定の発達領域を促進させるのに必要な活動を、子どもが自らではじめるか、またはそれに関心を向けるか、ということである。特に身体、知的、情緒面にニーズがある子どもの場合、現在の行動レパートリーを増大させうる活動にのみ一貫して取り組ませるのを期待することは非現実的である。例えば、明瞭な発音が難しい子どもは、ほしいものを言葉で要求することが生産的でないし、伝わりにくいことだとわかるだろう。歩行が難しい子どもは、たくさん歩かなければならない活動には参加したくないだろう。さらに、他者と関わることに困難のある子どもは、仲間をつくろうとはしないだろうし、協力して遊ぶ活動には参加しないだろう。これらの例からも明らかなように、チームは、子ども自らが成長に必要な活動を始めるのを、ただ眺めて待つことはできないのである。

　ABIを上手く活用するには、子ども主導の活動において、以下の2つがバランスよく組み込まれていることが求められる。それは、1）ルーチン活動や設定活動の中に、多様な学習の機会が埋め込まれていることであり、そして、2）個々の目標に対して、適切な結果操作やフィードバックをタイミングよく子どもに与えることである。この2つのバランスが必要不可欠である。指導者は、個々の子どもに主体的に活動に取り組むことを求める。しかしながら活動はその子だけでなく、すべての子どものニーズを含むように構成すべきである。例えば、子どもたちが、集団遊びで同じ歌を歌いたがることがある。その際、指導者は、子どもの要求に応じて、目標となる歌詞や動作を歌に加えたり、子どもが望む歌に似た要素を含む新しい歌を紹介したり、もしくは、目標とするスキルを練習できる別の活動を歌の合間にちりばめたりすべきである。

　また、目標としたスキルを実践する機会と子ども主導の活動とを十分保障させるために、子どもの活動を注意深く観察することが求められる。例えば、キースは体の機能障害があり、車椅子を使わなければならない。キースの優先的な目標は、車椅子を使用する際に、障害物（例えば、おもちゃ、家具、人々）をよけて動くこと、傾斜を上り下りすること、さまざまな地面（例えば、セメント、カーペット）を走ることである。キースは、車椅子の操作を練習す

るよりも友人とコンピュータゲームをよくしている。したがって、ABI を使用する際、教師はキースが日々の活動で車椅子の運転ができるよう多様な状況を設定する（例えば、コンピュータまで行くのに他の友人の周りを移動すること、遊具の周りを移動すること）。この例は、車椅子を使いこなすというスキルを練習するために、キースの関心（例えば、コンピュータゲームで遊ぶことや、友人と一緒にいること）を利用している。指導者がよく考えて計画することで、達成しにくいように思えるスキルであっても学習機会を埋め込むことができる。これは、子どもたちの選択を尊重し、かつ子どもの主体的な行動を強化することによって達成される。

　子どもの変化は、指導者が子どもたちのニーズを何度も体系的にとらえることで生まれる。さらに ABI において、指導者は日々のルーチンやその他の学習に関連する活動の中で、子どもに複合的で多様な学習機会をもたせるため、養育者を含める責任がある。子どもたちのニーズは、個別の家族支援計画（IFSP）、あるいは、個別の支援計画（IEP）の目標、で考えられるべきである。そうすることで、子どもへの指導を方向付け、管理することができる。養育者や指導者は、子どもたちの教育または療育上の長期目標や短期目標を設定することで、標的とするスキルを習得し、強化し、般化できるように、子ども主導の活動、ルーチン活動、そして設定活動を行うことができる。ABI の実施に IFSP や IEP を手引きとして使用することは、子どもたちの特有の関心や発達のレディネスといった発達的なニーズに対応させるために必要である。

　繰り返すが、ABI は全てを子どもや子どもの関心に委ねる自由放任のアプローチではない。このアプローチは、可能な時には、子どもたちによって始められ、楽しめる活動を用いるように設定されている。しかしながら、子どもが始めた活動を利用することは、設定活動を取り入れることや、ルーチン活動を用いることを妨げるものではないし、子ども主導の活動を変更することを妨げるものでもない。ABI は、子ども主導の活動、ルーチン活動、設定活動のバランスによって、子どものニーズが体系的に扱われることを保証している。

子どもをコントロールしにくいと感じること

　子どもの活動に関して、それまで定型的な指導を行ってきた直接サービス提供者、コンサルタント、養育者は、ABIのような子ども主導のアプローチを初めて取り入れた時、子どもたちのコントロールしにくさを感じることを報告している。そのようなチームのメンバーは、子どもの主体的な行動を促し、その行動に応答するアプローチを用いることに不安を感じているかもしれない。とりわけ障害に関する専門家らは、構造化を重要とし、子どもを大人が用意した課題に取り組ませるための訓練を受けてきた。

　指導者は、子どもたちが活動を変えたり、予期しない行動をしたりする時、子どもをコントロールできていないと感じるかもしれない。しかしながら、もしそういった活動が、子どもたちの長期目標や短期目標に向かっているなら、指導者のコントロールはたいして重要ではない。このアプローチで指導者に求められる役割は、子どもがターゲットスキルに取り組む実践の機会や、子ども主導、ルーチン、設定活動の提供である。すなわちABIでは、チームのメンバーが子どもをコントロールすることよりも、子どもが重要なスキルを学習できるように促す方法を提供しているのである。

　専門家の中には、子どもの主体性に寄り添うことは、結果的に子どもが生産的ではない活動に専念したり、関心や活動への参加が長続きしなかったりすることを招くのではないかと懸念するものもいる。多くの専門家は、集中力の持続時間が短く、活動を転々として学習が難しい子どもに出会っている。ABIはそうした子どもにも適しているのだろうか？　このアプローチは、子どもが注意を集中出来ないことや、持続出来ないことを促したり、強化したりするのではないか？　もし、チームのメンバーが子どもの主体性に沿って、子ども自らが始めた活動を促したら、子どもが状況を変えたり活動を変更したりして、新しいスキルを学ぶことや行動のレパートリーを広げることができなくなるのではないか？　私たちはABIの使用、とりわけ子どもの主体性に寄り添うことや関心に応じることが、必ずしも指導者のコントロールを低下させるわけでないと考えている。ABIは、子どもたちが非生産的で不適切な行動をすることを認めることではない。それどころかこのアプローチ

は、子どもの学習や機能的で般化するスキルを強化すると確信している。以下、指導者がどのようにして子どもの非生産的な行動を生産的なものに変えたか、例を挙げて説明する。

ベイリー

　ベイリーは、中度の発達遅滞のある2歳の女児である。次々に行動して、数分以上同じ活動をして過ごすことはめったにない。ベイリーは数分の間に、絵本を見ては投げ捨て、おもちゃをとっては投げ捨て、そして兄弟から別のおもちゃをひったくるという行動をしていた。ベイリーの行動は、子ども主導ではあるが、ABIではこのような行動の継続は認めない。ABIでは、指導者や養育者が、子どもの行動の全てをコントロールしないわけではない。

　ベイリーのような子どもにABIを取りいれる場合、最初のステップは、チームが継続的な観察を通してベイリーの行動パターンを記録することだろう。こうした観察は、以下のような理由で重要である。第1に、ベイリーの動機と関心について理解すること　第2に、指導者がベイリーに求めるスキルが現在の発達段階と合致するか確認するため、ベイリーの発達を測定すること、第3に、ベイリーが到達目標とするスキルを獲得できるように、系統立てた計画のもとで、ベイリーと活動の相互作用を作り出すことである。このように探索的な観察を通して、チームはベイリーの主体的行動を利用する術を学び、適切で継続的な方法を見出すことができる。ABIは、ベイリーがさまざまな行動を始めるのを認めると同時に、指導者／養育者がその行動を生産的な行動に変えて指導することを認めるのである。

　繰り返しになるが、ABIは、子どもの主体的な活動が生産的でないときでも、子どもに沿うことを指導者や養育者に求めているわけではない。"**生産的な結果**"は、子どものIFSP/IEPの長期目標や短期目標が機能的かどうかを見直すことからわかる。ABIを適切に使用することの基本は、機能的な目標を設定することである。意味のある目標は、適切な先行子と活動の選択、また子どもが変化していく様子を見ることにつながる。子ども主導、ルーチン、設定活動は、子どもの長期目標や短期目標の獲得を目的とするものである。もし、ベイリーの目標がおもちゃで遊ぶことや他者とのやりとりに

第7章　ABIを利用するときの課題

よって達成されるなら、指導者は目標に取り組むための活動を準備するか、それに合う子ども主導の活動を支援するだろう。養育者は、ベイリーの好む教材やおもちゃでの遊びが持続するようにさまざまな方法を用いるであろう。例えば、もし、ベイリーが寝室から本（例えば、Pat the Bunny:〈訳注：さまざまな素材でできたベストセラー絵本〉あるいは仕掛け絵本）を取る時、大人がベイリー自身で選択するよう見守ることが、本の選択を促すかもしれない。それによって、彼女が関心をもち主体性をもちながら、長時間活動を続ける可能性が増加する。

　このように子どもをコントロールすることを考える際、指導者、できればチームの別のメンバーによって計画を改善する必要がある（Grisham-Brown & Pretti-Frontczak, 2003）。それがないままだと、指導者は、適切な指導のターゲットや方法を選択し、正確な成果を得ることに苦心するかもしれない。さらに、子ども主導、ルーチン、設定活動で見出されている学習機会の利用や調整ができないかもしれない。ABIの根本的な枠組みと組織化された方略には、計画の改善と継続が必要である。それについては、第3章と第4章で検討している。

スキルを練習する機会を作り出す

　子どもにどのくらい、どのような種類の学習機会を提示すべきか、これは他のアプローチと同様、ABIを用いるときの重要な課題である。長期目標と短期目標を学ぶために複数の機会が用意されることは、障害のある幼児にとって、特に重要だと思われる。そして、障害の程度は、子どもがターゲットとするスキルを学ぶために必要な練習の量と関連するだろう。残念ながら、学習機会をどのくらいの頻度で提示すべきか、学習の文脈をどのくらい変化させるべきか、どのようなタイプの学習機会を提示すべきか、ということについては、確固たる結論を述べられるような成果はほとんどない。これらの重要な問いに対して妥当な結論を見出すことは、研究課題の一部になるべきである。しかしながら、客観的に明らかになるまでは、実践者は、自分たちの経験から見出された指標に頼らなければならない。学習機会はどのくら

いの頻度で提示されるべきか？　その答えは、子どもの特性、ターゲットスキルの性質、利用できる資源などの要因に関係していると思われる。そうはいっても、重要なスキルを練習するために多くの学習機会を提供することは、新しいスキルの獲得や現在のスキルを強め、般化することを促すために必要であるように思われる。一般的に、指導者と養育者は、次の例のように多くの学習機会をつくり、提供するように取り組む。

キャメロン

　キャメロンは、発達遅滞のある5歳の男児である。チームは、キャメロンのIEPの目標に取り組むための計画を立てている。そのプロセスの中で、チームのメンバーはそれぞれ、キャメロンのターゲットスキル、興味、そして学校生活において生じうる行為を考える。このケースでは、チームはキャメロンが名前を書くという目標に取り組む。チームはキャメロンが名前を書く練習をする機会を設けるために、彼のコンピュータへの関心を用いた。指導者はコンピュータの隣にサインする紙を用意し、コンピュータを使用したい時には、そのリストに名前を書くことをすべての子どもに分かるようにした。さらに、指導者は、このサインする方法を他の活動をするときにも用いた（例えば、砂盤〈訳注：子どもが砂いじりするために、周囲が高くなっていてその中に砂を入れてあるもの〉）。

　またチームは、キャメロンが自分の名前を書く機会として、彼のさまざまな持ち物（例えば、弁当箱）、あるいは彼の場所（例えば彼の寝室のドア）、あるいは子どもたち（例えば友人）の名札を作ることにした。郵便局ごっこの活動を計画し、キャメロンが自分の名前を書く多くの機会を提供した（例えば、手紙にサインすること）。最終的に、キャメロンが、あらゆる製作活動において、鉛筆、ペン、クレヨンが名前を書くのに使えるのを理解することを目標にして学習機会が組み込まれた。こうした活動を選択することは、彼の関心によって大きく方向づけられる。

　到達目標を練習する機会を子どもに提供する際、条件と設定にどのくらいの変化をもたせるべきか？　身につけたスキルを最も役立てるようにするためには、子どもがそのスキルを特別な先行子や活動のみではなく、多様な設

定と状況の中で使用できるようになる必要がある。例えば、もし子どもが一般的なものの名前を学んでいるなら、一日に何度もものにラベルをつけることに取り組むことができる。養育者や指導者は、子どもの日々のスケジュールを吟味し、子どもが名前を練習できると思われる別の設定や状況に気づかなければならない。例えば、お話の時間、おやつの時間、入浴の時間は、対象物に名前をつけるスキルの練習に役立つ機会かもしれない。そのような活動は、子どもにとって意味がある多くの学習機会を提供するかもしれない。次に示す例では、カーリーの指導チームが、IFSPでのターゲットスキルを達成するために、どのように設定や状況を体系的に変化させているかを示す。

カーリー

　カーリーは2歳でまだ歩けない。必然的に、IFSPの目標は、交互に足を出してさまざまな地面を一人で歩くこととなる。したがって、家族は、常に彼女を抱きかかえるべきではないとされた。カーリーの足は低筋緊張であ

り、接触に対して過敏であるため、チームは、カーリーが歩行に取り組む最初の機会は、リビングにいる母親をきっかけにすべきだと判断した。環境設定として、母親はカーリーの腰を支え、床のカーペットは触った時に不快感の少ないものにした。やがて、母親はカーリーへの身体的な援助の量を減らす。カーリーが絨毯の上で、一人で数歩歩くことができれば、母親は、キッチンのタイルの床の上を歩くことや、窓の外を見るために廊下を横切ることを促す。さらに、カーリーの父親、近所の人、きょうだいに対して、カーリーが歩くための機会を作るように申し入れる。最終的には、カーリーの母親は、違った条件を求め、新しい環境の中で歩くスキルを使用するために、公園へ連れて行く。

　ABIにおいて、学習機会を作りだしていく指導者には、多様な機会を使用することが推奨される。特に、ABIは、"子どもに特別な状況で特別な手がかりに反応するように教えることを試みようとするのではなく、むしろ発達領域の中で、般化し、機能的なスキルを教えようと試みる"（Losardo & Bricker, 1994 p.745）。検討すべき重要な側面は、機会を変化させる必要性であり、この機会は重要なスキルの早期習得を保障するだけでなく、最終的にスキルが般化するのを保障するような機会でなければならない（すなわち、環境、人、教材、方法を変える）。カーリーの例でもわかるように、子どもがより困難な環境の中で上手く歩けるように、条件や周囲の人々の対応も徐々に変わっていかなければならない。

　どのような種類の学習機会が提示されるべきか？　学習機会は、可能な限り子どもにとって意味があり、妥当なものであるべきである。私たちは基本的に、先行条件とフィードバックが、子どもの関心と発達レベルと合致し、自然な活動の中に統合された時に、子どもにポジティブな結果がもたらされると考えている。

　指導で扱うこととなったスキルは、子どもたちのIFSPやIEPから選択されるべきである。そのため、プログラムスタッフが質の高いIFSPやIEPを作成することは不可欠である。IFSPやIEPのような資料に基づいたターゲットスキルは、発達上適切であり、重要な行動を扱い、子どもたちや家族にとって本当に機能的な結果を生むであろう（Hemmeter & Grisham-Brown,

1998)。

　指導者と養育者は、問題解決、コミュニケーション、周囲にあるものの操作、運動、適応、社会的スキルというような重要なスキルを子どもたちが獲得し、般化できるように保障すべきである。例えば、運動をターゲットにするということは、全ての子どもに歩くことを学習させることをいうのではない。しかし、独力で移動出来ることは、それがたとえ足を使ってであろうと、歩行器や車椅子や、または他のシステムを使ってできるものであろうと、ほとんどの子どもにとって目標であることを意味する。

　次に示す例のように、包括的で一般的な反応を利用することで、思慮深く創造力に富む養育者や指導者は、ルーチンや設定活動の中で子ども主導の行動を利用し、練習の機会を埋め込むための多くの機会をつくることができる。

アンドレ

　アンドレは、指さしと発声にニーズのある4歳児である。包括的なアセスメントの後、アンドレの指導チームは2つの重要な社会的コミュニケーションを目標として設定した。まず、その場の状況に一致した言葉を推測して使用すること、そして文脈上の手掛かりなしに、もの、人、出来事を理解すること、である。これらのターゲットは、Assessment, Evaluation, and Programming System for Infant and Children, Second Edition（Bricker, 2002）から選択されており、重要な目標として、以前からあった規準に合致するものである。すなわち、これらの2つのゴールは、発達上適切で、重要な発達のスキルを扱い、アンドレと家族にとって望ましい結果を生むと考えられた。加えて、チームは、これらの目標に応じた学習機会を数多く、広範囲での活動に使用した。例えば、アンドレが好きなものや活動に加わるには、その場面に適した言葉の使用を条件とする。このように、アンドレがすでに名前を知っているものや人と関わる場面で計画を立てる。大人はアンドレが、異なるものを選択し、そのものを推測して言葉を使用することを練習させる学習機会を付け加える。この適切で有用な目標によって、この指導は特に効果的で望ましい結果を生み出すだろう。

重度の障害のある子どもへのアプローチの適用

　もうひとつの重要な課題は、中度から重度の障害のある乳幼児へのABIの適用である。定型発達と思われる子どもや、中度障害のある、もしくはリスクのある子どもは、重度の障害のある子どもよりも多くのさまざまな活動に参加する。加えて、重度の障害ではない子どもは、より簡単に参加でき、注意も長く保持されるであろう。障害の軽い子どもは、重度の障害のある子どもよりも主体的に行動を開始し、何度も反応する。事実、重度の障害のある多くの人は、自ら活動を開始することができないことがある（例えば、Koegel, Koegel、Frea & Smith, 1995）。

　重要な問題は、重度の障害のある人が主体的に行動を開始することが出来ない、もしくは、適切な活動ではないのが、生理学的な要因なのか、あるいは社会的な環境によってないがしろにされたり、ひどい目に会うことで、助長されていることによるのかということである（Guess & Siegel-Causey, 1995）。重度の障害のある子どもが有用な行動を開始する頻度が低いのは、生物学的な問題とそれまでの学習経験との組み合わせによるものであると考える。ドラスゴウ・ハーレ・オストロスキー・ハーバー（1996）が指摘したように、重度の障害のある多くの幼児が実用的な行動として用いているのは、いくつかの微妙で特有な行動である。しかしながら、そのような反応は無視されてしまうことが多く、子どもの行動を大人がおしつけるような指導を行うことが、経験から示唆できる。

　障害のない子どもにとって、遊びや主体的な活動は、社会性、コミュニケーション、認知、粗大運動のスキルの学習のために不可欠である。遊びと主体的な活動は、同様に重度の障害のある子どもにとっても、新しいスキルを学ぶために重要であると考える。ABIは、日々の保育のルーチン、遊び、設定活動での子ども主導のやりとりの重要性を強調することによって、こうした学習を支援する。養育者や指導者は、たとえ子どものシグナルが最小限で特異なものであったとしても、それを慎重に観察し、反応する必要がある。そして、子どもの反応を形成していき、もしくはより意味のある反応へと変えていく必要がある。例えば、重度の知的障害がある園児のデンゼルは、他

者とのやりとりをするために自ら行動を開始することや相手の反応に応答するというIEPのゴールがある。デンゼルは他者との相互交渉のない環境で、座って周囲を注視しながら1日のほとんどを過ごしている。しかしながら、スタッフは音楽が始まるのを待っていること、笑顔でいること、また身体の小さな動きから、デンゼルが音楽や歌によく反応していることを知っている。指導チームは、やりとりの方法として"Row, Row, Row, Your Boat"の歌を導入することを決めた。指導者は、デンゼルの真向かいの床に座り、彼の両手を握る。歌っている間、指導者はデンゼルの体をやさしく前後に揺らす。デンゼルは、指導者と一緒に前後に揺れることによって指導者の行動と歌に反応する。指導者は歌ったり揺れたりすることを止め、デンゼルがいくつかのコミュニケーション行動（例えば、指導者の手を押すなど）を始めることを待つ。そして、デンゼルのサインがでたら歌と揺れを続ける。加えて、指導者はデンゼルにもっとサインを使用することを促す。

　適切な子ども主導の活動（自滅的、あるいはステレオタイプな行動でない）を強化することに注意を向けることは、重度の障害のある子ども自身の能力を強化することにつながる。そうすることで、養育者と指導者は、子どもが何を好み、何に関心をもつかを知る。事実、発達段階に応じた実践の分析（例えば、理解力）では、スキルの少ない幼児であるほど、大人主導のアプローチからよりもむしろ子ども主導のアプローチが有効であることが分かっている（例えば、Cole, Dale & Mills, 1991; Yoder, Kaiser & Alpert, 1991; Yoderら, 1995）。しかしながら、これらの結果は、重度の障害のある子どもたちのための構造化と丁寧なプログラム作成の必要性を否定するものではない。

　その子にとって適切な教育を行うには、子どもの指導プログラムに参加するチームメンバーによる調整と共同計画が必要である。もしチームが機能的で般化できるスキルの発達に取り組むのであれば、この調整と計画は、重度の障害のある子どもにとって特に重要である。先行研究によると、そのような取り組みには厳しい問題があることが知られている（Drasgowら, 1996; Horner, Dunlap & Koegel, 1988）。さらに、重度の障害のある子どもの場合、医療的な課題や学習の状況から主要な課題が生じ、チームが立てた計画実施が妨げられてしまう。そのような課題（例えば、入院）によって、以前学習

したスキルを、再度、目標として設定し直さなければならないような深刻な退行が起こるかもしれない。チームは、子どもの環境と状況の変化に適応するための柔軟さを維持しなくてはならない。

　ABI は、重度の障害のある人が、生活上役に立ち意味のあるスキルを身につけるのを支えることで知られる行動分析のテクニックを使う。このアプローチは、毎日のルーチンの中で指導することによって、子どもにとって重要な人と場所を組み入れる。そして、それは、必要に応じて、子どもにとって有用な、もしくは望ましいものを与えることによって、すぐに役立つスキルを大切にする（例えば、子どもが声を出し、ジュースのピッチャーを指した時にジュースを与えること）。指導は、般化可能なスキルを増やすことをねらいとし、異なった状況下で学習機会が生じるような活動の中で取り組まれる。

　ABI は、大人主導の方法や繰り返し試行する形式（すなわち、子どもが同じ反応を繰り返すことを求めることなど）を除外するものでも、相容れないものでもない。もしチームのメンバーが体系的に子どもの発達を保障しようとするのならば、重度障害のある子どもがもつ多くの課題には、多様な支援方法が求められるであろう。ABI を上手に利用するには、子どもの主体的な行動と設定活動のバランスをよく考え、活動の中の学習機会のバランスも求められる。

コミュニティベースのプログラムでアプローチを使用すること

　障害のある子どもたちが、コミュニティベースの保育や教育、レクリエーションプログラムに参加することが増えている（Janko, Schwartz, Sandall, Anderson & Gottam, 1997; Odom, Favazza, Brown & Horn, 2000; Wolery ら, 1993）。プログラムの多くは、定型発達の子どもとその家族に合うように設計されていた。さらに、スタッフのメンバーは、通常定型発達の子どもとその家族に向けたトレーニングを受け、実践の経験をもっている。そのため、コミュニティベースのプログラムの中に、障害のある子どもを位置付けるには多くの困難がある（Bricker, 2001; Grisham-Brown, pretty-Frontczak,

第7章　ABIを利用するときの課題　　209

Hemmeter & Ridgley, 2002）。コミュニティのスタッフは、障害のある子どもたちに専門的な指導を試みたり、子どもの行動を上手く管理できたりしなければならない。スタッフは、限られた予算で働くことが多く、参加している子どもたちへの個々に合わせた配慮が出来ないかもしれない。ABIを用いることによって、それらの全ての問題を解決することはできない。しかしながら、ABIは、ルーチン活動や子どもの主体性に基づいているので、ほとんどのコミュニティベースのプログラムとも矛盾せず、有効に使用できる。

　ABIの基本は特殊教育からのみではなく、定型の子どもの発達と早期教育の研究や実践から展開してきた。そのため、ABIと多くのコミュニティベースのプログラムは、理念や活動の進め方において矛盾しない。ルーチンと遊びにおいて、子どもの主体性や子ども主導の活動を支えることは、多くの保育士や幼児教育の教師に知られていることである。

　加えて、ABIは、質の高い保育や幼児教育プログラムを示している"発達にふさわしい実践（DAP）"とも矛盾しない。ABIもDAPも、子どもの探索と主体的行動を促し、活動の中に実践の結果から得られた内容を組み込み、子どもにとって発達上ふさわしい課題をターゲットとし、大人を子どもの行動と関心を支援する人としてみなしている。

　ABIは、特別な指導のために子どもを隔離した状況下に置くというよりも、全ての活動において、障害のある子どもの身体的、社会的、教育的なインクルージョンを促す。ABIは、教師主導の活動と子ども主導の活動において、先行条件とその結果を使用することを重要とする。これにより、ABIはコミュニティベースのプログラムにおいて用いられる多くのアプローチとうまく融合できる。しかしながら、コミュニティベースの設定の中でABIを実践するには、アプローチの修正が必要であろう。

　コミュニティベースのプログラムにおいてABIが上手く使用されるためには、障害のある子どもをアセスメントし、適切なIFSP/IEP目標が設定され、目標に対する十分な練習機会が提供され、子どもの発達を評価することを保障するメカニズムが必要である。ただし、多くの保育者と幼児教育の教員は、それを行うための教育や訓練を受けていない。つまり、ABIをコミュニティベースのプログラムで使用するには、スタッフの訓練と支援が必要

になるだろう。そうはいっても、ABIとDAPは理念的には適合しているため、ABIと幼児教育に携わる人の行う実践との間にとても大きな違いがあるというわけでもない。そのため、ABIの訓練に対する実践者の理解や意欲は強化されるであろう。

チームメンバー間の協働の必要性

ABIの実施においては「アセスメント、目標の設定、介入、評価」などプロセスがつながることが非常に重要である。プロセスの手順と理論的根拠は第3章で述べた。本章で記した多くの課題とプロセスとの相互関連性は大きいため、ABIをうまく実施するには、大人が協働し合うことが必要である。そうは言っても、指導者はあくまでサービスの提供を期待されているという現実もあるだろうし、現在にチームメンバーで協働するにはいくつか困難があることもわかっている。チームで協働することについての情報は、Bricker & Widerstrom (1996), Dinnebeil, Haleand & Rule (1999), Snell & Janney (2000), Swan & Morgan (1993) を参照してもらいたい。本節では、チームで協働することが、ABIの実施において重要である理由を述べる。第6章でも、チームとしてABIを実施するためのいくつかの提案をしている。

ABIは、チームメンバーを統合し協働してアプローチを行うのに寄与する。その主要な理由は、子どもと家族が参加するには、異なる専門的知識をもつ専門家の支援が必要であるためである。それは、生活に困難のある子ども、重度障害のある子ども、リスクのある子どもの複雑なニーズを扱うためであり、そうしたすべての子どもは、ニーズをかなえるための人材（例えば、教育的、療育的、社会的、医療的な専門家）を必要とすることが多いためである。それらの人材が、子どもの家族やより大きなコミュニティの状況の中で、子どものニーズに共に取り組むことが極めて重要である。

第2に、ABIでチームが協働する理由は、子どもを取り巻く環境を通して、機能的で般化するスキルをターゲットとするためである。推奨される実践は、指導でターゲットとされたスキルが毎日の活動（例えば、食事すること、遊ぶこと）や、家族のルーチン（例えば、レストランで食事をする、食

料品店へ買い物に行く）の中で取り組まれることを提案している（Sandall, Mc-Lean & Smith, 2000）。そのため、チームメンバーは、子どもを特別な指導のために分離するよりもむしろ、ターゲットとするスキルを扱う時に、伝統的になされてきた方法から脱却する必要がある。例えば、幼稚園の教室に配属された言語聴覚士、もしくはチームの他のメンバーは、子どものターゲットとなる言葉のスキルの練習をするために、クラスメイトから分離するよう要求する必要はない。専門職者は、教室にいる子どもを通常のクラスの活動の中で観察し、言葉のスキルを練習するための機会を埋め込むことができる。専門職者はまた、進行中の活動を観察し、その場で、教師が設けた学習機会や、それをどのように進めるかということに関する知見を保育者に伝えることができる。指導はたまに訪問する専門職者よりも、保育者にとって利用しやすい状況や条件の中で用いられるとより効果的になるだろう。

最後に、本書で終始述べてきたように、ABIの重要な点は、多様で変化に富んだ学習機会を準備することである。これら必要な学習機会を提供するために、子どものチームの全てのメンバーは、ターゲットとするスキルをかなえるために必要な個別指導を理解し、意図をもって参加する必要がある。このように、養育者、セラピスト、他の指導者は、計画、実施、そして指導の効果の評価において、協働する必要がある。

要　　約

本章では、ABIの実施に関する最も重大な事柄について検討した。また、こうした課題に取り組む中で効果的であることが明らかになってきた方法を提示することを試みた。それでも、読者の中には少なくとも２つの理由から、このアプローチを導入することに関してまだ不安を感じている人がいるかもしれない。第１には、この章において挙げられた課題は重要であり、現場で直面するさらに重大な困難を想像させるということである。例えば、重度障害のある子どものグループで使用する効果的な方法をみつけることは、１つの重要な課題であり、かつ課題であり続けるだろう。ABIは重度障害のある子どもに上手く用いることができると確信しているが、それは、養育者の

十分な助けがあってのことである。今のところ、重度障害のある人が経験している制限を完全に取り除いたり、補ったりするような方法はない。第2に、慣れ親しんできたアプローチを変えることは、それを維持するよりも、難しく恐ろしいことである。別の方法を探究することに抵抗する専門家は、変化の困難さを見ているのであろうが、そのことは実際には、幼児とその家族にとっての結果を改善する可能性に抗っているのである。

REFERENCES

Bricker, D. (2001). The natural environment: A uselul construct? *Infants and Young Children. 13*(4), 21-31.

Bricker. D. (Series Ed.), (2002). *The Assessment, Evaluation and Programming System for Infants and Children* (2nd ed., Vols. 1-4). Baltimore: Paul H. Brookes Publishing Co.

Bricker, D., & Widerstrom, A. (Eds,). (1996). *Preparing personnel to work with infants and young children and their families: A team approach.* Baltimore: Paul H, Brookes Publishing Co.

Cole, K., Dale, P., & Mills, P. (1991). Individual differences in language delayed children's responses to direct and interactive preschool instruction. *Topics in Early Childhood Special Education, 11*(1), 99-124.

Dinnebeil, L., Hale, L., & Rule, S. (1999). Early intervention program practices that support collaboration. *Topics in Early Childhood Special Education, 19*(4), 225-235.

Drasgow, E., Halle, J., Ostrosky, M., Harbers, H. (1996). Using behavioral indication and functional communication training to establish an initial sign repertoire with a young child with severe disabilities. *Topics in Early Childhood Special Education, 16*(4), 500-521.

Grisham-Brown, J.L., & Pretti-Frontczak, K. (2003). Using planning time to individualize instruction for preschoolers with special needs. *Journal of Early Intervention, 26,* 31-46.

Grisham-Brown, J., Pretti-Frontczak, K., Hemmeter, M., & Ridgley, R. (2002). Teaching IEP goals and objectives in the context of classroom routines and activities. *Young Exceptional Children, 6*(1), 18-27.

Guess, D., & Siegel-Causey, E. (1985). Behavioral control and education of severely handicapped students: Who's doing what to whom? And why? In D. Bricker & J. Filler (Eds.), *Severe mental retardation: From theory to practice* (pp. 230-244). Reston, VA: Council for Exceptional Children.

Hemmeter, M., & Grisham-Brown, J. (1998). Developing children's language skills in inclusive early childhood classroom. *Dimensions in Early Childhood Classrooms, 25*(3), 6-13.

Horner, R.H., Dunlap, G., & Koegel, R.L. (Eds.). (1988). *Generalization and maintenance: Life-style changes in applied settings*. Baltimore: Paul H. Brookes Publishing Co.

Janko, S., Schwartz, I., Sandall, S., Anderson, K., & Cottam, C. (1997). Beyond microsystems: Unanticipated lessons about the meaning of inclusion. *Topics in Early Childhood Special Education, 17*(3), 286-306.

Koegel, R., Koegel, L.K., Frea, W.D., & Smith, A.E. (1995). Emerging interventions for children with autism: Longitudinal and lifestyle implications. In R.L. Koegel & L.K. Koegel (Eds.), *Teaching children with autism: Strategies for initiating positive interactions and improving learning opportunities* (pp. 1-15). Baltimore: Paul H. Brookes Publishing Co.

Losardo, A., & Bricker, D. (1994). Activity-based intervention and direct instruction: A comparison study. *American Journal on Mental Retardation, 98*(6), 744-765.

Odom, S.L., Favazza, P.C., Brown, W.H., & Horn, E.M. (2000). Approaches to understanding the ecology of early childhood environments for children with disabilities. In T. Thompson, D. Felce, & F.J. Symons (Eds.), *Behavioral observation: Technology and applications in developmental disabilities*. (pp. 193-214). Baltimore: Paul H. Brookes Publishing Co.

Sandall, S., McLean, M., & Smith, B. (2000). *DEC recommended practices*. Longmont, CO: Sopris West.

Snell, M., & Janney, R. (2000). *Teachers' guides to inclusive practices: Collaborative teaming*. Baltimore: Paul H. Brookes Publishing Co.

Swan, W., & Morgan, J. (1993). *Collaborating for comprehensive services for young children and their families*. Baltimore: Paul H. Brookes Publishing Co.

Wolery, M., Holcombe-Ligon, A., Brookfield, J., Huffman, K., Schroeder, C., Martin, C., Venn, M., Werts, M., & Fleming, L. (1993). The extent and nature of preschool mainstreaming: A survey of general early educators. *Journal of Special Education, 27*(2), 222-234.

Yoder, P., Kaiser, A., & Alpert, C. (1991). An exploratory study of the interaction between language teaching methods and child characteristics. *Journal of Speech and Hearing Research, 34*, 155-167.

Yoder, P., Kaiser, A., Goldstein, H., Alpert, C., Mousetis, L., Kaczmarek, L., & Fisher, R. (1995). An exploratory comparison of milieu teaching and responsive interaction in classroom applications. *Journal of Early Intervention, 19*(3), 218-242.

第 8 章

理論的構成

障害幼児のための療育プログラムに関わる者は、利用可能な介入プログラムが必要であることを感じている。近年の障害幼児やその家族のための療育プログラム理論には、発達研究の成果や達成が生かされている。これはABIの概念を説明するためにも有用である。

そこで本章ではABIの理論的背景の理解とその枠組みについて提示する。まずは、近年の障害児福祉の一つの達成である「施設化」から「地域基盤型の療育」への転換について触れる。これについて言及することはABIを理解する上で必要なことである。

また本章では研究者や実践者によって固く信じられてきた「信念」についても、見直すことになるであろう。この視点は、障害幼児とその養育者の療育観にとっても有益なものとなるに違いない。

次に、われわれの関心事である成長と学習についても触れる。障害幼児の指導において、単一な理論というものはあり得なく、実践者はさまざまな理論や見解を応用したり、変容させて使っている。利用可能で有効性の高いプログラム開発のために、それに関係する多くの理論や見解について触れ、そこから基礎となる概念を引き出すこととする。

発達と学習問題に直面している障害のある幼児のための適切な介入プログラムを生み出すためには、理論的背景をしっかりと理解していくことが求められる。幼児の発達と学習に焦点を合わせた知識を集積することにより、理論的視野は広がり、さらに独創的なプログラムが生まれるであろう。またこの章ではABIの特徴と応用可能な理論との直接的・間接的な関係についても触れる。

障害幼児とともに

第1章において、障害の程度が重い幼児は以前は施設に収容されていたことを述べた（Bricker and Bricker, 1975）。1970年代前までは、重篤な障害を有する子どものほとんどは施設に収容されていた。なかには年齢の低い子どももいたが、そこは「家庭的」というところと縁遠い環境だったので、子どもたちは特殊な、非生産的で、しばし自己破壊的な行動を習得することが

第8章 理論的構成

普通であった。唯一の効果的であるとされた介入プログラムといえるものは、厳密に制限され、コントロールされた先行条件、反応、結果というものを使った行動分析の手法を用いたものであった。少ない例外を除いて、障害幼児のための介入は極めて構造化された、そして大人の指示のもとでなされたものであった。さらに、このようなアプローチは、子どもの発達レベルを考慮せず、不適切で意味のない行動の獲得を目的にすることが多かった（Bricker and Bricker, 1975）。またここでは子どもの興味を維持し、行動を変容させるために、直接的な「報酬」が使われた。このような極めて構造化されたアプローチによって、子どもの行動そのものに大きな変化を見せたものの、指導場面を離れた生活での行動の広がりには至らなかった。しかしこのようなアプローチからは、中度から重度の障害のある幼児も学習可能であり、管理体制の中に閉じこめておくべきではないという議論を活性化することになるのである。

障害幼児の地域基盤型の療育プログラムの出現は、1970代の初頭である。施設収容の障害児を対象にした指導法では効果が上がることはしばし報告されていた。しかし両親（極めて構造化され、通常の生活に擬似的な指導プログラムに抵抗を示した）と一緒に暮らしている障害児は、教師が日常活動の獲得をさせようと指導しても興味を示さなかった。また食べ物を褒美にしても行動が変容することはなかった。望ましい養育環境下にある子どもの場合、療育の失敗は、障害幼児にとって望ましい変化を生み出し、成功を約束するような介入アプローチとは何か、ということを再考させることになった。

地域基盤型の介入プログラムの最初のひとつは、1970年代にピーボディカレッジで行われた障害幼児と健常児とのクラスでのものである。そこでのプログラムでは、まずは障害幼児の仲間、親、物理的環境との相互交渉をじっくり観察することから始められた（Bricker and Bricker, 1976）。この観察により、両親のもとで育てられた障害幼児の行動は、典型発達の子どものそれととても類似していることが明らかにされたのである。また典型発達の子どもがどのようにして学び、育つのかということを説明する理論についても新たに注目が集まった。これを解明するためには長い年月を要したが、障害幼児の介入についてのこれまでの方法と概念から抜け出すことにつながった。

これにより障害幼児とその家族を支援する指導者は、単一の理論や概念的枠組みでは初期介入という複雑な現象を説明することはできないという結論に到達した。発達理論には、認知学習を強調するものもあれば、発達プロセスの統合をいうものもある。また環境からのフィードバックの学習メカニズムを重視するものもある。ABI の理論構築のためには、関係する理論は多様なものを必要とし、またそれにより支えられるものである。

理論の基礎となるもの

Miller（1989）が述べるように、あらゆる子どもの発達と学習を説明するような単一の発達理論はない。ましてや子どもの学びや発達を一般化させるような実験的データを用いて説明することは不可能である。重要なことは、将来の研究の基礎となり、事実に意味を与えるような理論的枠組みを作ることである。発達と学習を説明するために、首尾一貫した、整合性のある、そして効果的な理論を開発することが必要である。

遺伝的や生物学的な障害のない子どもの発達というものを想定することはある程度可能である。ほどよい環境にある子どもは期待された行動パターンを生起させるが、発達的な課題を有する場合や不適切な養育環境で育った場合などは、初期介入なしで、順調に成長することは少ない（Farren, 2001、Gularnick, 1997）。

より配慮された介入プログラムは障害幼児の発達や学習、そして適応能力をを最大限引き出すものである。発達の重要な局面を無視し、また発達の領域の一貫性や補完性を考慮しないような方略によって介入プログラムを作ることよりも、根拠のある理論的基盤に立って統一的にプログラムを組み立てた方がうまくいくことは多い。しかし前述したように、発達や介入にプラスになるような唯一の理論というものはないが、これまでのさまざまな理論に関する書籍からどのように使えるものを選ぶかということは「創造」への動因となりうる。障害幼児が高いリスク状況にある子どものための介入には、さまざまな理論を知り、応用することが求められる。ここでは ABI のための理論構築のために次の4点を念頭に置き議論を進めていく。

第8章　理論的構成

□ 発達上の初期経験に基づく知見の違いについて整理する。
□ 主要な理論を網羅すること。
□ 特に重要な理論を援用すること。
□ ABIのために有用な理論的視座を直接的・間接的に結合させる。

発達上の初期経験に基づく知見の違いについて

　幼児教育の専門家にとって、発達上の初期経験の重要性は明白なことある。しかしながらこのことは常に正しいということではない。これまでも研究論文などによってはさまざまに批判され、概念の解釈は度々揺らいできた。1950年代前には、発達の初期経験とは子どもの発達的な成果を決定するような潜在的に重要な要因とは全く考えられていなかった。レイミーとバーカーワード（1982）は第2次世界大戦以前は人間の発達を決定づけるのはほとんど遺伝であり、初期経験などはほとんど議論の対象にさえならなかったとさえ述べた。環境的要因、なかでも発達における初期環境については重要だと考えられていなかったのである。

　1960年代になって劇的な変化がおとづれた。遺伝による決定論から、環境要因説への優位説への転換が起こったのである。60年代は貧困家庭の子ども、70年代は障害幼児、といったように対象をかえたものの、初期介入の有用性は多くの研究者と実践者の確信へと繋がっていった。遺伝生物学的な欠陥による障害や不適切な養育環境で育てられた子どもは、初期介入によって、"正常"になったのである。初期介入は、貧困な環境にある子どもの発達を変えることに成功した。さらに、初期発達について「臨界期」という新しい知見ももたらされたのである。この概念は次の2つの重要な結論を導き出した。

　第1に、初期経験というものは重要であるけれども、たんに成長と発達をつなぐだけではないということである。人生においてよりよいスタートは重要であるけれども、予防的で、支援的、刺激のある、そして適切な初期経験はつねに将来の危機的状況から子どもを守るわけではない。初期経験は確かに重要だが、それは経験の質に依るというわけである。

第2に、初期経験を定義したり評価することが難しく、そこには外的要因や内的要因が複雑に絡み合っているということである。子どもの初期経験を簡単に言うと、遺伝的要因、神経生理学的な完全性、環境要因などの複合的な産物である。例えば、近年では、脳と初期環境の複雑で重要な関係について、多くの研究が蓄積されてきている。脳と行動の複雑さについてマックコールとプリムスは次のように述べている。

　　見たり、聞いたり、話したり、考えたり、愛したり、仕事をしたり、想像したり、などの人間の基本的な行動は本質的に脳でなされる。よって乳児期の初期経験だけでなく、子ども、成人に至るまであらゆる変化というものは、個人の脳で起こっている変化なのである。

　つまり、初期経験に関する当初の見解はあまりにも単純にしすぎていて、そして正確でないと結論づけることは間違ってはいない。諸科学の進歩により、子どもを取り巻く環境とそれに影響を受ける行動について、誰もが納得する見解が生まれる日が来るであろう。しかし子どもの初期経験とその発達に及ぼす効果については1950年代よりさまざまに議論されてきた。その結果、われわれは子どもの初期経験を一生を通じた発達と学習の大きな枠組みの中で理解するようになった。子どもを取り巻く環境の複雑さを考慮することで、子どもの現在の行動レパートリーだけでなく、それに加え、将来をも見据えるような初期経験のタイプについて理解できるようになった。このような見解は、障害や養育環境の不十分さ、あるいはその両方からくる非定型な発達行動をもたらすような初期経験にある子どもへの支援を考える上で有用なものとなった。

主要な理論的視点

　障害幼児や発達のリスクのある幼児に対する介入について、これまで述べてきたように、包括的なアプローチを考えなければならない。幼児の生活にとって発達と学習の経験は、とても複雑なものである。ABIに関係する諸

理論の個々について詳述する前に、次の6つの見解を確認しておこう。

□ 子どもの特性（性格、生育歴、反応）と、発達と学習に影響を与える発達的なプロセスの統合
□ 子どもの発達と学習に影響を与える現在の環境、社会文化的な環境
□ 発達と学習を引き出すような環境の調整を目的とした能動的で子ども中心である方略
□ 学習と般化を生み出す本質的な環境調整
□ 学習と発達に影響を与える学習環境と環境条件の特性
□ 意味のあるフィードバックの供給は発達と学習のためには必要である。

これまで、いろいろな理論や枠組みを見てきたけれども単一の理論では、効果的な介入方略を説明できるものはない。そこで本稿では、ヴィゴツキー、ピアジェ、デューイ、シチェッティなどの研究、またバンドューラやブラウンも含めて、ABI に有用な理論を構築する必要がある。

さらに、行動の学習原理は、最も効果的な介入方略になると繰り返し主張してきた行動分析の研究に強い影響を受けてきた。この概念的枠組みは第2章で提示した ABI 理論の枠組みの基盤となるものである。

ヴィゴツキーの社会歴史的理論

ヴィゴツキーの著作は、実践者や介入者に加え、他の理論にも、直接的に歴史的・社会文化的な環境が、発達する子どもに影響を与えていると述べている (John-Steiner & Souverman, 1978; Moll, 1990)。

彼のアプローチでは、過去の出来事や現在の社会が個人に影響を与え、その一方で、個人がその文化や社会にも影響を及ぼすという立場をとる。つまり社会と文化に交互に影響し続ける新しい状態を生み出すのである (Vygotsky, 1978)。ヴィゴツキーは、学習とは、子どもの歴史と子どもの文化によって大きく影響をうける社会的なプロセスであるとする (Moll, 1990)。

ヴィゴツキーは発達の生物学的な基盤を認める一方で、子どもと社会的環境との相互作用が、より広範な社会的文脈に対しても同様に、子どもの発達

に影響を与えることを主張した。ハートとリズレイ（1995）は、幼児期の言語獲得の縦断研究において、この現象について記している。彼らは、親の応答（parental responses）が、子どもが言語を獲得していくにつれて、さらに洗練されてくることを観察している。その洗練された親の応答が、子どもの不十分な言葉をより複雑な言語へと導くことになるのである。ヴィゴツキーの相互作用的な発達観は、子どもと直接的な社会的環境との間の双方的な影響関係の重要性を述べている。

　ヴィゴツキーの著作は、近年のブロンフェンブレンナーの生態学的モデル（Bronfenbrenner, 1977）や、サメロフとキャンドラーらが描いたような相互作用的な立場（Sameroff and Chandler, 1975; Sameroff & Fiese, 2000）などの起源ともなっている。発達と学習の基礎として、子どもと環境とのやりとりの重要性を強調している。生育歴（どのように現在の出来事が形成されたのか）、そして、子どもの過去と現在の環境的なやりとりは、ABIの基礎となるものである。よってABIは、「日々の子どもと社会的・物理的環境のやりとりは望ましい変化を生成するための最も有益で、適切で、効果的な機会を提供する」といったヴィゴツキーの理論にも基づいている。子どもは、その家族や地域社会での、不断な介入努力によってもたらされるという点でヴィゴツキーの視点は重要である。

シチェッティの発達理論

　発達に関する近年の研究の深化は、個々の子どもや子ども集団の変化の予測について、とても重要な視点をもたらしている。「発達」に焦点をおいた理論では、もし注意深い介入プログラムが準備されるならば、子どもの学習と発達において重要な進歩がもたらされるということが述べられる。この点においてシチェッティとコーヘン（1995）の発達に関する構造的視点はABIの理論構築のために有用である。

　彼らは、個々の子どもの生物学的なシステム間にある「統合の質」に焦点を当て、どのように発達が進展するのかを明示していくという方法を説いた。この理論では、生物学的・行動学的システム間・内の「質的の再構成」の過程を発達と仮定する。変化は、システム間を維持するための新しいレベルに

移されるときに引き起こされる。例えば、子どもは、言語習得において、文節作成を運用する修辞的ルールを拡げてみたり、自分なりにアレンジしてみたり、あるいは変化させることにより、さらに高次の言語スキルを習得することができるようになる。このような言語に見られるような変化はそのほかの主要なシステムにも見られるものである。つまり発達領域間の相互関係や影響があるために、より進んだコミュニケーションスキルは子どもの認知や社会・情緒的な行動も変化させるのである。

ピアジェの認知理論

　介入的アプローチの形成に対する認知理論、とりわけピアジェの著作による影響は大きい。ピアジェ派の理論は、子どもは世界がどのように働いているのかについての知識を構築するために、子どもが自身が環境に働きかけているという仮説を前提にしている（Piajet, 1952, 1967）。ピアジェ理論のさまざまな理解は、ABIの基礎となる重要な見解を提供してきた。彼の理論は、物理的環境の知識構築における積極的に関わるために子どもたちがいま何を求めているのかということを強調する。子どもたちは、経験、操作、感覚運動期から前操作期、具体的操作期、そして形式操作期へと移行するため、すなわち記号の操作の段階なのだが、対象への働きかけからのフィードバックを受けることを探求する必要がある。

　幼児が手の届く範囲で対象を試すことで、彼らはボールを投げることと、握ることの違いを発見する。多くの専門家は、意味のある方法で、子どもの環境への行為の必要性を理解し、その重要性を述べている。

　ピアジェの著作と彼の解釈者たちは、子どもの高次精神機能の発達について理解を深めた。ピアジェは環境に対する子どもたちの行為の重要性を指摘し、よりスムーズな問題解決行為の発達に関するフィードバックの連続性の重要性を指摘した。環境への働きかけについて、そしてそれらの行為からの学習についてのピアジェの考えは、ABIの基礎となっている。

　子どもが知識をどのように獲得するかについてのピアジェの著作は、外的な行動への単的な注目から、内的な構築についての考えへと移行するという点において、ABI理論においても有益である。彼の理論は、思考に関して

顕著である具体的、形式的操作期への発達の基礎としての感覚運動期の重要性を明らかにした。さらに、幼児の世界に関する理解の構築へのピアジェの着目は、ABIへの基礎としての、子どもの物理的環境との日々の相互作用の導入のための主要な推進力として役割を果たすものである。

デューイの学習理論

　介入的アプローチのほとんどのものは、少なくとも部分的に、学習理論の影響を受けている。ABIの基本的思想は、ジョン・デューイの影響も受けている。デューイの理論には、ピアジェやヴィゴツキーと同様に、子どもと環境との相互作用は、発達と学習における基本であるという考え方が存在している。デューイにとって、真の教育とは経験を通して実現するとされている。「あらゆる経験が原動力である。その価値は向かう方向のものと、入ってくる方向の周辺においてのみ判断することができる」（1976, p.38）。

　デューイによれば、経験は相互作用的である必要があり、子どもたちを意味ある変化へ向けて移行させるための共同体をもつ必要がある。子どもはその本性として活動的であり、挑戦はそれらの活動をどのように把握し方向づけるか決定する上でとても重要である。組織化・計画化された支援を通して、経験（すなわち、活動）は子どもの興味に応じて修正され、介入目標に応じて修正される。活動は子どもにとって意味があり、機能的である必要があり、方向づけられたものでければならない。「もちろん、活動に関連のない連続は、組織化された対象を作り上げる機会や内容を提供しえない。同様に、一貫し統合された自己の発達ももたらすことはない」（Dewey, 1959, p.122）。

　ABIに関連するデューイ理論のもうひとつの貢献は、子どもが活動全体に参加することを認めるという点である。参加することには、活動内容と方法の選択を含む。指導者の役割は相互作用的で継続的に参加することができるよう、経験の選択を導くことにある。実質的な指導者の仕事は、子どもの生活のなかで起る経験と介入目標を関連させて位置づけることである。これが、ABIの顕著な特徴である。

　さらに、デューイが強調しているように、学習はあらゆる経験の結果として生起するのであって、指定された形式的な訓練よって生起するのではない。

効果的な介入アプローチは、日々の基礎のうえにある子どもの生活のなかで生起する活動を組み合わせ、利用することが可能である。

　幼児に有効な活動の多様性は、たびたび、重要な知識とスキルの獲得を促してきた。対象や他者、出来事への子どもの興味はコミュニケーションスキルを発達させ、拡げてきた。砂場での遊びは、運動スキルと社会的スキルの発達を促す。おやつの前にルーチン的に手を洗わせるよりも、問題解決を要求し、その課題を子どもたちに関連する意味ある活動に転換することの方がより効果的である。子どもの主体性やルーチン、予期しない活動の効果的な利用は、活動に根ざした介入の本質的な部分である。

バンデューラの社会的学習理論

　バンデューラの社会的学習理論は学習理論のひとつの理論と見なされてきたことと同様に、発達理論を構成する理論として位置づけられる（Miller, 1989）。社会的学習理論は、ABIの発展に必要不可欠である重要な視点を提供している。とりわけ、子どもと環境要因との相互作用からの学習という見解である。バンデューラの言葉によれば「"行動、認知と他の個人特性" と "環境的な影響" は、それぞれの決定要因として互いに作用しあう」(1989, p.23)。社会的学習理論は、社会的文脈、模倣、観察学習の重要性を強調している（Miller, 1989）。

　ABIは、学習に対する社会的文脈を強調することによって、社会的学習理論のこれら重要な要素を組み込んできた（例えば、学習機会が埋め込まれている意味あるルーチンを使用する、など）。この理論では、学習は観察を通して間接的に生起し、最終的に、子どもの問題解決と自立を促すであろう機能的で生成的な行動の「模倣」を推奨している。

　オペラント学習理論から導き出された行動の学習原理では、学習とは先行事象（antecedent）、反応（response）、そして結果（consequence）という3つの要因の連続態、あるいはARCユニットとして概念化している。

　先行事象、反応、結果という概念はシンプルな形態をとっているけれども、実際には、バンデューラ（1986）や他の研究者が指摘したように、学習における大人と子どもの複層的な状態は、環境との相互作用の影響を除くことは

できない。すなわち、先行事象は多面的であり、社会的文脈によって大きな影響を受ける。例えば、母親が、椅子を指差しながら「そこに座りなさい」と言ったとする。先行事象の「そこに座りなさい」を、仮に大声で強制的に言ったならば、子どもにとっては異なるように作用するかもしれない。または、他の子どもたちによって取り囲まれているか、ひとりぼっちかで、先行事象「そこに座りなさい」は異なるように受け止められるだろう。

このように「反応」は、多くの実際の要因によって影響を受けている。「結果」も、見分けたり、理解することが難しい要因の範囲によって影響をうけているので、行動の結果の影響を理解することは、とても難しいのである。

ABIはARCユニットに焦点をあてる。すなわち、介入者は、子どもの主体的活動、ルーチン活動、計画された活動に埋め込まれている学習機会を保障する可能性のある先行事象を選択することが求められる。この場合「反応」は、子どもが獲得し使用するためのねらいである機能的で生成的なスキルとして組織化される。「フィードバック」、あるいは、「結果」は、可能な範囲において、子どもの反応に関する生得的結果であり、論理的結果である。学習と発達を高めるため、ABIが、どのようにして基本的なARCユニットを精緻化し、活用するかについては、図8.1に示す。

ブラウンらの状況的認知理論

学習理論や認知理論を応用した理論として、状況的認知理論がある。これはさまざまな社会的活動に参与することを通して学ばれる知識と技能の習得を実践することを強調するものでABIによる介入において意義のあるものである。

ABIでは特にブランやコリンズのいう「活動と状況は認知と学習と結びつく」といった考え方や「異なった結果を導き出す適切な学習活動とはどのようなものかといういろいろな文脈」などを応用して用いる。状況的認知理論の研究者は「認知の状況的性質を無視することにより、教育はその意義のある知識を提供するというそもそもの目的を失う」とさえ述べている。

状況的特質について、ブラウンら「学習とは、活動とそれが生起する文脈と切り離すことのできないものである」とする。この場合活動とは、概念と

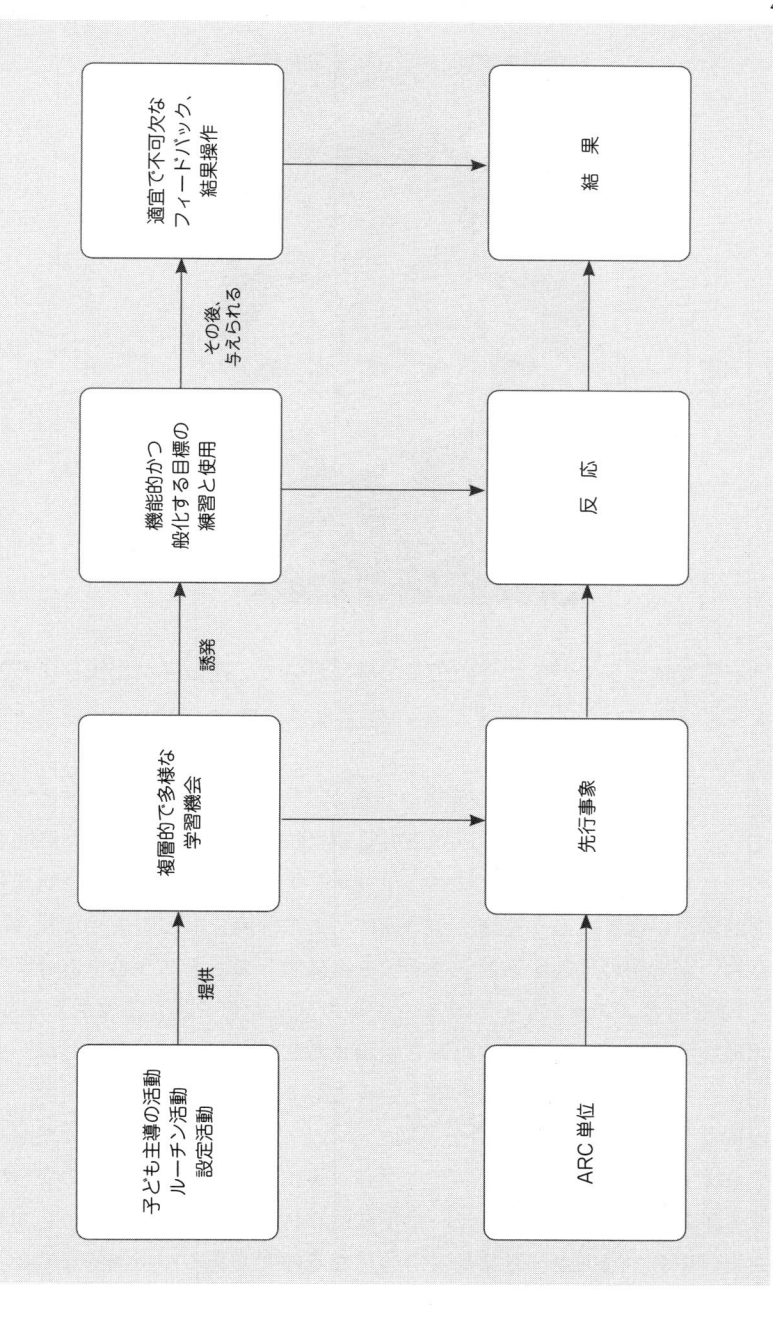

図8.1 活動、学習機会、目標、フィードバックと「先行事象、反応と結果（ARC単位）」の関係性

[フローチャート:
- 子ども主導の活動／ルーチン活動／設定活動 →（提供）→ 複層的で多様な学習機会 →（誘発）→ 機能的かつ一般化する目標の練習と使用 →（その後与えられる）→ 適宜で不可欠なフィードバック、結果操作
- 複層的で多様な学習機会 → 先行事象
- 機能的かつ一般化する目標の練習と使用 → 反応
- 適宜で不可欠なフィードバック、結果操作 → 結果
- ARC単位 → 先行事象 → 反応 → 結果]

文化とに相互依存している。この三者関係において、他の2つを抜きにある1つを定義することは不可能である。「学習とは、概念、文化、そして活動からなる」(Brown, 1989)。

　これらの著者たちは、知識の獲得や技能が、「正統的」な文脈のもとで生起しているかどうか議論をする（知識あるいは技能は、実際の課題や問題を解くために有用で代え難いものである）。つまり学習にどのような認知過程と概念的構造が含まれるかを問うかわりに、この理論ではどのような社会的関わり合いが学習の生起する適切な文脈を提供するのかを問うのである。例えば、10分間のコミュニケーションスキルのドリルを子どもに課すよりも、毎日の環境設定について子どもたちと議論することから広がるコミュニケーションスキルの方がより有用であるということである。

　状況的認知理論は幼児の生活を説明できるし、またABIの実施に理論的根拠を与えるものである。もしブラウンらが述べる論拠が正しいものならば、発達する子どもの反応レパートリーは正統的な状況で学習として埋め込まれることで、十分でなおかつ効果的なものになるはずである。正統的な活動と

は、子どもの視点で見て、始め、内容と、そして終わりにもっともな理由があるものをいう。これらは子どもの存在に基本的なもので、毎日の生活の中に同じように繰り返されるもの（例えば、服を着替えるとか）で、これはまた遊びの構成要素にもなるものである。子どもは正統的な活動を経験することで、さまざまな物理的・社会的環境における問題に対処する術を改善することができるようになる。正統的な活動を工夫することで、参加への動機づけを高めたり、興味をもたせるようにすることは可能である。このような活動の経験をすることで、自分が属する社会文化的文脈をよりよく理解することができるようになる。さらに、正統的な活動はデューイの述べるような教育実践（「本物の動機づけを子どもにもたらし」「事実と向き合うために必要である」）とも呼応するものである。

ABIのための理論構築

これまでABIに関わるさまざまな理論やその枠組みについて見てきた。次の図8.2はABIの構成要素と諸理論との関係を模式的に示したものである。図は2つの部分よりなる。上の部分の図は、ABIに関わる2つの広範囲な理論的視点の関係について述べている。下のものは、ABIの4つの要因にわたるガイドラインを示している。2つの基本構造については図8.2で説明する。

☐ 子どもの特性と発達的なプロセスの統合は、発達と学習に影響を与える（Ciccheti & Cohen, 1995）。
☐ 環境を媒介し、歴史と現代社会文化的な文脈は発達と学習に大きな影響を与えるものである（Vygotsky, 1978）。

この2つの原理は矢印に示されるように、ABIの理論的概念を形作るものである。下位の部分は、図8.2にあるように4つの理論的単位により成立している。

```
活動に根ざした介入の概念的基礎のた        介入のための活動に根ざしたアプローチ
めの理論的なパースペクティブ

┌─────────────────────┐
│ 子どもの性格と発達と学習に   │──────┐
│ 影響する発達的過程の統合。   │      │
└─────────────────────┘      ▼
                          ┌─────────────────────┐
                          │ 活動に根ざした介入のための │
                          │ 文脈上の基盤の提供。       │
┌─────────────────────┐   └─────────────────────┘
│ 周辺環境と、より大きな歴史的、│      ▲
│ 同時代的社会文化的コンテクス │      │
│ トが発達と学習に大きな影響を │──────┘
│ もっている。              │
└─────────────────────┘
```

活動に根ざした介入のための理論上基礎   活動に根ざした介入の構成要素
とされるガイドライン

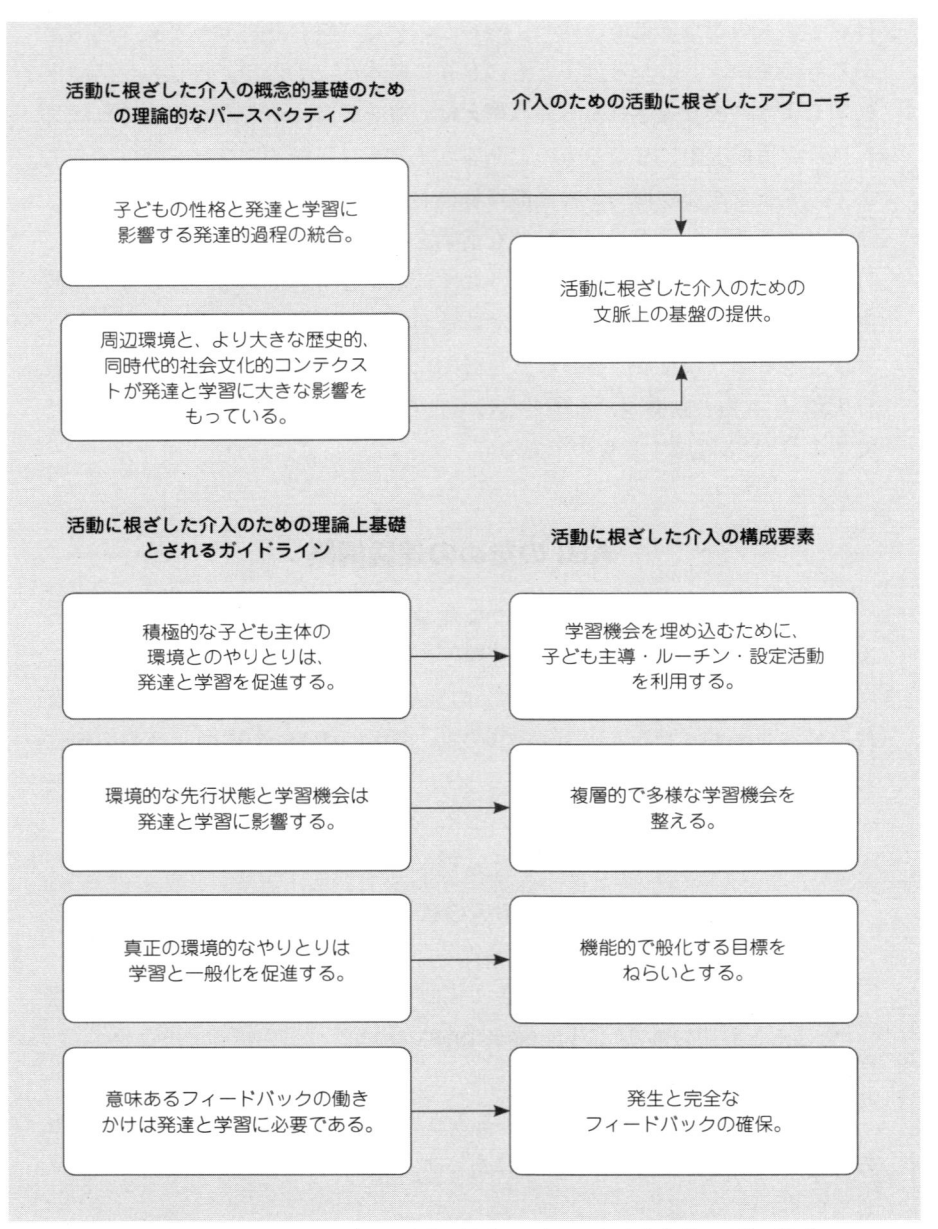

```
┌─────────────────┐        ┌─────────────────┐
│ 積極的な子ども主体の │        │ 学習機会を埋め込むために、│
│ 環境とのやりとりは、 │───────▶│ 子ども主導・ルーチン・設定活動│
│ 発達と学習を促進する。│        │ を利用する。          │
└─────────────────┘        └─────────────────┘

┌─────────────────┐        ┌─────────────────┐
│ 環境的な先行状態と学習機会は│──▶│ 複層的で多様な学習機会を │
│ 発達と学習に影響する。  │    │ 整える。            │
└─────────────────┘        └─────────────────┘

┌─────────────────┐        ┌─────────────────┐
│ 真正の環境的なやりとりは │──▶│ 機能的で般化する目標を  │
│ 学習と一般化を促進する。 │    │ ねらいとする。        │
└─────────────────┘        └─────────────────┘

┌─────────────────┐        ┌─────────────────┐
│ 意味あるフィードバックの働き│──▶│ 発生と完全な         │
│ かけは発達と学習に必要である。│  │ フィードバックの確保。   │
└─────────────────┘        └─────────────────┘
```

図8.2　理論的パースペクティブと、活動に根ざした介入の概念的基礎、活動に根ざした
介入の構成要素のための理論的ガイドラインの関係性

第8章　理論的構成　　231

- □ 環境に依存する活動的な子ども指向型の支援（transaction）は、発達と学習を引き起こす（Piaget, 1967; Sameroff & Chandler, 1975）。
- □ 先行子や学習機会を環境にうまく設定することで、発達と学習はより進む（Bandura, 1986; Dewey, 1959）。
- □ 正統的な活動は、学習と般化を進展させる（Brown et al., 1989; Dewey, 1959）。
- □ 活動の結果やフィードバックを正しく使用することで、発達と学習を進めることができる（Bandura, 1986）。

これらはABIの4つの要因となっている。矢印は個々の関係を示す。

要　約

　本節の目的はABI実践のための理論的枠組みを構成するために、これまでの理論的研究を概念化することであった。子どもが生きている文脈の中で社会的にも物理的にも大きな影響を与えるような視点を形成する理論を概観し、子どもがより高い精神的プロセスを構成できるような活動を用意することであった。このようなことにより子どもは発達と学習を基礎づけることが可能になるのである。この立場からは、正統的な活動を用いる介入方略は大きな効果をもたらすと考える。

　デューイが述べるように、「抽象論教育的な価値はなく」、「本当の教育とは子どもが自分が見つけた社会的状況の中での必要性を自らの力で切り開いていくようなことの他にはない」のである。ABIの目的は、子どもの発達と学習を高めるために正統的な活動を生み出し、そしてそれを使うことにある。

REFERENCES

Bailey D.B., Bruer, J., Jr., Symons, F.T., & Lichtman, J.W. (Eds.), (2001). *Critical thinking about critical periods*. Baltimore: Paul H. Brookes Publishing Co.

Bandura, A. (1986). *Social foundations of thought and action: A social cognitive theory*. Upper Saddle River, NJ: Prentice-Hall.

Bricker, D. (1986). *Early education of at-risk and handicapped infants, toddlers and preschool children*. Glenview, IL: Scott, Foresman.

Bricker, D. (1989). *Early intervention for at-risk and handicapped infants toddlers and preschool children*. Palo Alto, CA: VORT Corp.

Bricker, W., & Bricker, D. (1975). Mental retardation and complex human behavior. In J. Kaufman & J. Payne (Eds.), *Mental retardation: Introduction and personal perspectives*. Columbus, OH: Charles E. Merrill.

Bricker, W, & Bricker, D. (1976). The infant, toddler, and preschool research and intervention project. In T. Tjossem (Ed.), *Intervention strategies for high risk infants and young children*. Baltimore: University Park Press.

Bronfenbrenner, U. (1977). Toward an experimental ecology of human development. *American Psychologist, 32*, 513-531.

Brown, J., Collins, A., & Duguid, P. (1989). Situated cognition and the culture of learning. *Educational Researcher, 18*(1), 32-42.

Bruer, J.T., & Greenough, W. (2001). The subtle science of how experience affects the brain. In D.B. Bailey, Jr., J.T. Bruer, F.J. Symons, & J.W. Lichtman (Eds.), *Critical thinking about critical periods* (pp. 209-232). Baltimore: Paul H. Brookes Publishing Co.

Cicchetti, D., & Cohen, D. (1995). Perspectives on developmental psychopathology. In D. Cicchetti & D. Cohen (Eds.), *Developmental psychopathology: Theory and methods* (pp. 3-20). New York: John Wiley & Sons.

Dewey, J. (1959). *Dewey on education*. New York: Columbia University, Bureau of Publications, Teachers College.

Dewey, J. (1976). *Experience and education*. New York: Colliers.

Emde, R., & Robinson, J. (2000). Guiding principles for a theory of early intervention: A developmental-psychoanalytic perspective. In J.P. Shonkoff & S.J. Meisels (Eds.), *Handbook of early childhood intervention* (pp. 160-178). New York: Cambridge University Press.

Farran, D.C. (2001). Critical periods and early intervention. In D.B. Bailey, Jr., J.T. Bruer, F.J. Symons, & J.W. Lichtman (Eds.), *Critical thinking about critical periods* (pp. 233-266). Baltimore: Paul H. Brookes Publishing Co.

Greeno, J., Collins, A., & Resnick, L. (1996). Cognition and learning. In D. Berlinger & R. Calfre (Eds.), *Handbook of educational psychology* (pp. 15-46). New York: MacMillan.

Guess, D., Sailor, W., & Baer, D. (1974). To teach language to retarded children. In R. Schiefelbusch & L. Lloyd (Eds.), *Language perspectives – acquisition, retardation, and intervention*. Baltimore: University Park Press.

Guralnick, M.J. (Ed,). (1997). *The effectiveness of early intervention*. Baltimore: Paul H. Brookes Publishing Co.

Hart. B., & Risley, T.R. (1995). *Meaningful differences in the everyday experience of young American children*. Baltimore: Paul H. Brookes Publishing Co.

Hunt, J. (1961). *Intelligence and experience*. New York: Ronald Press.

John-Steiner, V., & Souberman, E. (1978). Afterword. In M. Cole, V. John-Steiner. S.,

Scribner, & E. Souberman (Eds.), *L.S. Vygotsky − Mind in society* (pp. 121-133). Cambridge, MA: Harvard University Press.

McCall, R.B., & Plemons, B.W. (2001). The concept of critical periods and their implications for early childhood service. In D.B. Bailey, Jr., J.T. Bruer, F.J. Symons, & J.W. Lichtman (Eds.), *Critical thinking about critical periods* (pp. 267-288). Baltimore: Paul H. Brookes Publishing Co.

Meichenbaum, D., Bream, L., & Cohen, J. (1983). A cognitive behavioral perspective of child psychopathology: Implications for assessment and training. In R. McMahon & R. DeV. Peters (Eds.), *Childhood disorders: Behavioral-development approaches*. New York: Brunner/Mazel.

Miller, P. (1989). *Theories of developmental psychology*. New York: W.H. Freeman.

Moll, L. (1990). *Vygotsky and education*. New York: Cambridge University Press.

Piaget, J. (1952). *The origins of intelligence in children*. New York: W.W. Norton.

Piaget, J. (1967), *Six psychological studies*. New York: Random House,

Putnam, R., & Borko, H. (2000). What do new views of knowledge and thinking have to say about research on teacher learning? *Educational Researcher, 29*(1), 4-15.

Ramey, C., & Baker-Ward, L. (1982). Psychosocial retardation and the early experience paradigm. In D. Bricker (Ed.), *Intervention with at risk and handicapped infants*. Baltimore: University Park Press.

Sameroff, A., & Chandler, M. (1975). Reproductive risk and the continuum of caretaking casualty. In F. Horowitz, E. Hetherington, S. Scarr-Salapatek, & G. Siegel (Eds.), *Review of child development research* (Vol. 4, pp. 187-244). Chicago: University of Chicago Press.

Sameroff, A., & Fiese, B. (2000). Transactional regulation: The developmental ecology of early intervention. In J.P. Shonkoff & S.J. Meisels (Eds.), *Handbook of early childhood intervention* (pp.135-159), New York: Cambridge University Press.

Schore, A. (1997). Early organization of the nonlinear right brain and development of a predisposition of psychiatric disorders. *Development and Psychopathology, 9*, 595-631.

Shonkoff, J.P., & Phillips, D.A. (Eds.). (2000). *From neurons to neighborhoods: The science of early childhood development*. Washington, DC: National Academy Press.

Tjossem, T. (Ed.). (1976). *Intervention strategies for high risk infants and young children*. Baltimore: University Park Press.

Vygotsky, L. (1978). *Mind in society*. Cambridge, MA: Harvard University Press.

Wolfensberger, W. (1972). *The principle of normalization in human service*. Toronto: National Institute on Mental Retardation,

第9章

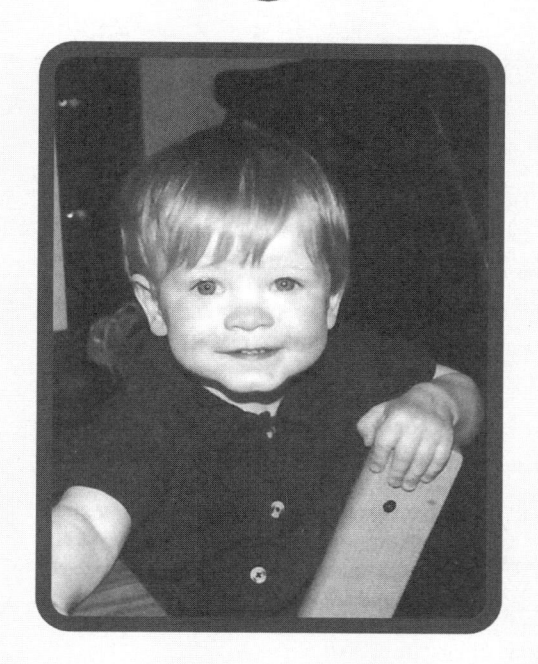

ABIの実践的基盤

全般的に、介入のアプローチと、特殊教育の方略や手続きは、より高く構造化された、大人主導の手続き（Bricker & Bricker, 1976）から、子どもが主導し、遊びと生活を利用した手続き（Bricker, 1989）へと、次第に変容してきた。初期のプログラムでは、非日常的な関係性の中で、効果的な報酬を与えることにより子どもの発達を助長することに焦点が置かれ、教師が主導する1対1の指導が用いられていた。最近の介入では、ルーチンや子どもの自発性を指導に結び付けること、そして行為や活動に関係した社会的なフィードバックあるいは結果事象を用いようとしている。

介入手続きについてのこうした顕著な移り変わりは、可能な限り臨床的な成果（例えば、Bricker & Sheehan, 1981; Pretti-Frontczak & Bricker, 2001）に基づいているとはいえ、ベア（Baer, 1981）が述べるように、介入の効果を確証するような客観的なデータを集積することは、とても複雑な作業である。

介入研究に関する課題

実際に、障害児の介入に関する研究を振り返ってみても、介入効果についての方法学的な研究あるいはアプローチの比較というのはほとんど見られず、療育の妥当性に関する研究もほとんど存在しない（Casto & White, 1993; Pretti-Frontczak & Bricker, 2001）。

発達にリスクのある群に焦点化した研究は、障害児群を対象とした研究に比べ、より多くの対象児と健常児による統制群を必要としている（例えばFarran, 2000; Raver, 2002 を参照）。しかしながら、方法的に洗練された研究であっても、療育と、その療育の信頼性あるいは正確性についての記述はしばしばなされていない（Gersten, Baker, & Lloyd, 2000）。

介入のプロセスは複雑であり、さまざまな影響を受ける。また子どもと家族が有する多様な要因からの相互作用的影響を受けやすいことから、少なくとも以下に示す3つの理由は、重要でありながら介入の研究において示されていないことがある。

それは、1）方法上の制約（例えば、介入もしくは子どもの学習の成果は、

容易に分別して検証することはできない)、2) 対象者についての制約(例えば、障害児もしくはその疑いがあると考えられる子ども、そして非定型と定義されるであろう彼らの行動のレパートリー)、3) 非常に高価なコストによる制約、である。

方法上の制約

多くの方法上の制約が、介入研究を行う上で、研究者に立ちはだかっている (Shonkoff & Phillps, 2000)。子どもとは、遺伝子、細菌、化学反応のようには、それ単独ではふつう検証しえない (Lerner, Hauser-Cram, & Miller, 1998)。子どもの学習に関する現象は、ペトリ皿の上で起こりうることではないし、説明がつくほど観察可能なものでもない。介入効果の検証と測定が難しいのは多くの困惑があるためである。子どもに生じた変化を説明する要因を検証しやすいひとつに絞ることは、難しい。

例えば、介入内容と手続きを切り離して、子どもの保護者もしくは子ども自身の健康が、学習あるいはパフォーマンスに及ぼす影響を検証することは難しい (Sameroff, 1994)。

同様にまた、「科学的」観点から残念なのは、介入研究を行う際に統制を行うことができないということである。家庭やクラスルームでの研究に比べて、実験室であれば研究者は、教材の提示、試行回数、子どもの反応に付随する結果といった要因の統制を容易にできる (Scruggs & Mastropieri, 1994)。介入研究は、子どもが学び、応答するやり方に、容易に影響を及ぼす多様な要因と戦わなければならない (Baer, 1981; Gersten et al., 2000)。

研究者が、子どもたちに対し、よく配慮され統制された実験室で実験を行う際に、いかにして実験室の外側でよく出くわすような環境を反映した状態にしうるかという、大きな問題が生じる。言い換えれば、結果はどんなことに関連しているのか? あるいは結果についての外的な妥当性とは何か? ということである。介入者あるいは教師、そして保護者にとって、結果と日常生活との関連性は、とても重要な問題である (Kennedy, 1997)。子どもの日々の生活と関係がないような結果が見られる介入は、いくら公式化されているといっても、その妥当性に疑問が残るだろう。例えば、子どもの語彙の

維持と反復に効果があるとする臨床上の手続きが、「1人の教師が特別なガイドラインに従う」ものだったとき、それを「複数の子どもがいる、1人以上の教師がいる」という状況で用いた場合、その結果は妥当な知見といえるだろうか？

対象者

　障害のある子ども、および不健康なあるいは有害な環境にさらされている子どもは、介入アプローチの効果を判定する上で、第2の制約を引き起こす。発達にリスクのある子どもおよび障害のある子どもは、少なくとも1つ、もしくは複数の点において、非定型であると定義される。障害またはそのリスクのある子どもの集団の中で見られる多様性は、典型的な発達を示す子どもの集団の中で見出される多様性よりも大きいかもしれない（Lewis & Wehren, 1982）。視覚や運動に障害のある子どもにとってうまくいくと認められている介入アプローチもしくは方略は、言語あるいは行動の障害のある子どもにとってはうまくいかないかもしれない。全般的な発達の遅れを示す子どもの集団にとっては効果的であると認識されているアプローチが、行動上の問題を有する障害のある子どもにとってはわずかにしか効果がないかもしれない。センターへやってくる子どもたちは、空腹で、疲れ、あるいは、情緒的に困難を示しているため、彼らの基本的なニーズを満たさないと、どんな介入アプローチを用いてもわずかにしか恩恵を得られないだろう（Raver, 2002）。

　対象者の経済的、文化的、そして言語的な違いは、顕著に表れるだろう。中程度の収入がありよい教育を受けた保護者をもつ子ども集団に対しては効果が認められたある介入が、経歴あるいは学習スタイルの違う子どもたちにとっては不適切あるいは効果がないこともある（Gersten et al., 2000; Vincent, Salisbury, Strain, McCormick, & Tessier, 1990）。

高額なコスト

　介入について研究者が直面する第3の制約とは、コストである。子どもたちに対して包括的な介入を提供する上で、もし介入者が主要な関連要因（例

えば、対象者の数と構成、親／保護者の影響、教師の違い、介入の特徴の比較）を統制しようとすれば、非常に高額な取り組みになる。

ベア（Baer）は以下のように指摘している（1981, p572）。

「パッケージになっているカリキュラムの効果を要因別に検討しようとするなら、社会学的な信頼性が必要になる。それは、ある理論的見地からなるパッケージを、異なる理論的見地からなる別のパッケージと比較することであるが、これを突き詰めていくと、非常に高額になる」

そして、高額なだけでなく、実施が容易でないという点も挙げられる。介入の効果を測定するための重要な情報を収集するのにかかるコストは、そこに至るまでのコストによって増大する。例えば、ほとんどの介入研究は、介入スタッフ、親、その他の養育者を養成するために、かなり投資している（Escobar, Barnett, & Geotze, 1994; Tarr & Barnett, 2001）。介入の準備が整えば、介入者は、逸脱が起こらないよう、厳密に療育や介入を行う。その他のコストとしては、介入とデータ収集において生じうる混乱が考えられるだろう。例えば、子どものパフォーマンスの測定を監理すること、観察者を加えること、あるいは指導をビデオにとることは、介入プログラムを妨げる状況を生み出すかもしれない。

介入アプローチのさまざまな特徴や要素を検証するためのコスト、専門家養成にかかるコスト、そして療育の正確さを保障するためのコストは、もし利用できる適切な資源があるならば受給されるだろう。しかし、アプローチ間での比較をせずに介入アプローチの効果を評価することは、州または連邦政府の機関が支援している一部のケースを除き、より巨額のコストがかかる。

単一被験者による研究は、おそらくもっとも低額な介入の研究方法である。しかし、他の被験者に対して効果が般化するかどうかを検証するため、体系的な反復実験を行おうとすれば、このアプローチにも同様にコストはかかる。個別の研究または焦点化された介入手続き（例えば、Sewell, Collins, Hemmeter, & Schuster, 1998）は、ABI（Bricker& Gumerlock, 1988）のような幅広いアプローチを検証するための試みに比べ、あまりコストはかからな

い。包括的な介入アプローチは、複雑な要素や特徴から構成されている。子どもと家族への効果を検証するのと同様に、個々の介入の特徴の強度と頻度を測定しようとする試みは、「とほうもなく」高価（Baer, 1981; Barnett & Escobar, 1990; Gasto & White, 1993）であり、方法論的な挑戦（Gersten et al., 2000; Losardo & Bricker, 1994）なのである。研究者、そしてこの研究を補助するための介入スタッフにとって、介入プログラムの原則を維持するために必要な時間とリソースは多くの場合確保できない。

　これまでの議論は、1）本章で後述する内容を示す準備のため、2）介入研究に固有の挑戦について読者に気づいてもらうため、3）ほとんどの研究に通じる方法論的な欠点についての批判をやわらげるために、提示された。本章の目的は、文献のレビューを行うことや介入研究についての分析をすることではない。むしろ早期介入、そして特にABIについての効果を、直接的にも間接的にも示すことである。

　ここでは、2種類の介入研究が検証されている。1つ目は、障害のある幼児あるいはその疑いのある幼児に対する一般的なプログラムについて、文献から入手できる広汎なレビューからの結論である。2つ目は、ABIの効果を直接的に評定しているものに焦点をあてた研究のレビューである。

早期介入の効果

　『*The Effeciveness of Early Intervention*』（Guralnick, 1997）では、1970年代、80年代、90年代に行われた包括的な介入研究のレビューを示している。これらのレビューは障害のある、あるいはその疑いのある子どもを対象とした研究の有効性について考察・分析している。本章の著者は多くのケースにおいて、介入が子どもの人生の早期に提供され、ケースによっては介入の期間を長くするような良質のプログラムに子どもと家族が参加する場合、参加していない場合に比べて、より即時的な効果をもたらしているとしている。

□「近年の良質で集中的なプログラムは、学校やその後の実生活での活動において、子どもの行動の改善をもたらすという結果が見られた。しかし、

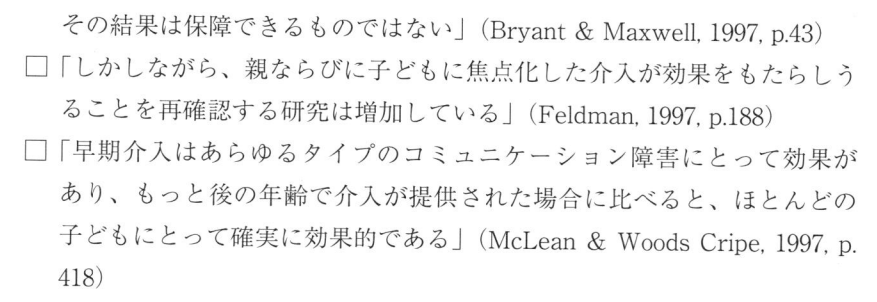

その結果は保障できるものではない」(Bryant & Maxwell, 1997, p.43)
□「しかしながら、親ならびに子どもに焦点化した介入が効果をもたらしうることを再確認する研究は増加している」(Feldman, 1997, p.188)
□「早期介入はあらゆるタイプのコミュニケーション障害にとって効果があり、もっと後の年齢で介入が提供された場合に比べると、ほとんどの子どもにとって確実に効果的である」(McLean & Woods Cripe, 1997, p.418)

　本書のほとんどの著者は、レビュー研究における方法的な欠陥、結果の適切性（例えば、長い間「欠落」してきた実験群と統制群との初期の特徴）、かなり疑わしい研究論文を通じて導かれている結論を承認すること、について慎重さを期している。
　また、以下の点について述べていることも興味深い。それは、特殊な介入による効果の特徴が記述された研究がまさに始まったばかり（グラルニク〈Guralnick, 1997〉のいうところである「第2世代の研究」）であること、そして、多くの子どもと家族のケースを通して介入の内容と手続きを定義し記述することの有効性が知られる以前にも、かなり多くの研究が残されていることである。
　1997年以降ほかにも、早期介入の効果を報告したレビューが表れている。これらの著者らは、障害のある幼児あるいはその疑いのある幼児に対する介入の効果をレビューしている。2つの名著（『*From Neurons to Neighborhoods*』、『*Handbook of Early Childhood Intervetion*』）からの結論は、早期介入の効果について包括的で基礎的な知識を示している。
　『*From Neurons to Neighborhoods*』は「幼児の発達についての現代科学」(Shonkoff & Phillips, 2000, p.ix) を明らかにすることを目的とした2年半のプロジェクトによる知見を記したものである。「30年以上の発達研究とプログラム評価の研究は繰り返し同じ知見を生みだしていた」と、このプロジェクトの研究チームは結論付けている。これらの結果のいくつかは以下のように端的に述べられている。

- □「よくデザインされたそしてきちんと実施された介入は、貧困にある子どもの生活を短期間で改善しうる」
- □「よくデザインされたそしてきちんと実施された介入は、発達の遅れがあるあるいは障害があると判定された幼児にとって、認知ならびに社会性についての標準化されたテストで、短期間での顕著な増加が促進された」
- □「目標志向型で子どもを中心とした介入」が発達にリスクのある子どもにもたらす認知パフォーマンスの短期の効果は大きい。
- □ 障害のある子どものための認知的ならびに社会的パフォーマンスの短期の効果は、「介入がより構成的で、子どもと養育者との関係性により焦点化したものであった場合、大きい」
- □ 低所得の人々に焦点を当てた縦断的な研究は、実験群と統制群の子どもとの間に、高校の卒業率、後々の収入、福祉の依存性、犯罪行動という点で差があることを示している。
- □ 自閉症幼児に焦点化した縦断的研究では、「特別なサービスを継続することによる集中的な就学前の介入は永続的に効果がある」ことを報告している。
- □ 経済的コストの分析からは、発達にリスクのある子どもに対して直接なされる介入は、「家族にとって公的経費を節約するのと同じぐらい恩恵がある」ことを示している。

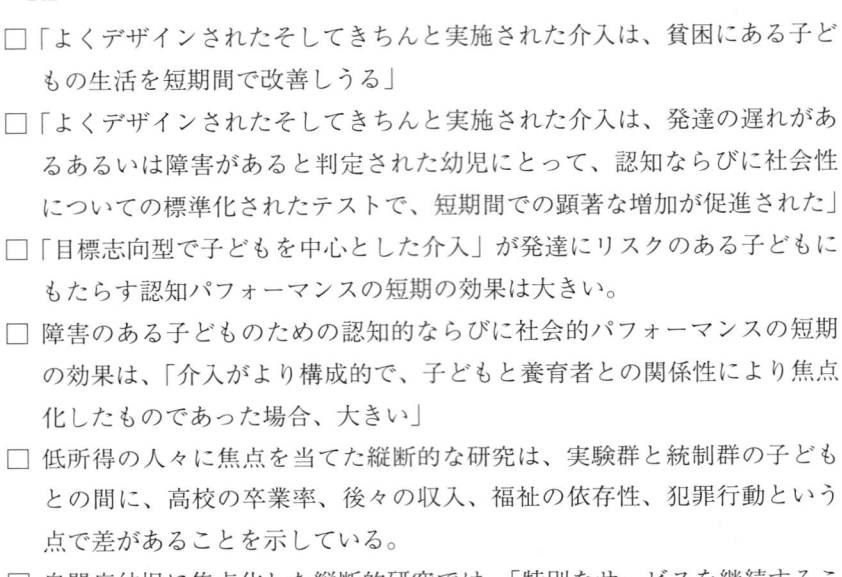

　早期介入研究に共通する限界（研究デザインにおける基本的な問題、プログラムに存在する明らかな要因の差、認知的なパフォーマンスへの偏重など）についての言及と同様、こうした結論に付随する特殊な条件（短期での効果、特殊な行動への注目、よく計画され実行されたプログラムなど）についてもションコフとフィリップス（Shonkoff & Phillips, 2000）によって検討されている。

　『*Handbook of Early Childhood Intervention*』（Shokoff & Meisels, 2000）の目的は、「幼児期の介入についての知識ベースと実践に関する専門的な見地を提供すること」である。特に、ファラーン（Farran, 2000）による章では、弱者に対する介入の効果についての包括的な分析が提示されている。ファラ

ーンは、一つひとつの研究の慎重な分析に基づき、バランスのよい考え方でよく支持されている結論の数々を述べている。例えば、

☐ 「Abecedarian and Project Care プログラムは、おそらくもっとも十分に統制され、そして社会科学において早期介入の成果がしっかりと報告されている。全般的に、そうした成果は適度な成功を見せている」(2000, p. 515)
☐ High/Scope Perry Preschool Project は、対象児を 27 歳までフォローアップしており、「多くのカテゴリにおいて、成果が一貫した傾向としてあらわれたのみならず、プログラムの集団を支持する顕著な差異がみられた」(2000, p. 517)。しかしながら、ファラーンは、これらの結論にいたるために用いられた分析のタイプについての影響も確認している。
☐ The Infant Health and Development Program の子どもへの初期の結果は、3 歳以前の結果と結び付けられて報告されている。5 歳までのフォローアップにより、実験群と統制群には、ほとんどの評価指標で違いがみられなかった。「大がかりで普及していて高価なプログラムに効果がみられないのは、予測不能で困難である」(2000, p. 521)。

　ファラーンは、発達にリスクのある集団に対する介入の効果についての取り組みを要約した。そこでは、介入プログラムはまったく何もしないよりもよいということを示してはおらず、子どもとその家族にとってより不利であればあるほど介入効果は少なくなっていくと述べている。彼女はさらに、続く公立学校の経験のためにどのように子どもを準備させるかということだけでなく、家族の生態学的な文脈を考慮しない療育では、低所得の集団には介入を試みても容易に効果は出ないとも示唆している。
　ファラーンはまた、障害のある子どものための介入プログラムについても述べている。あらためて、彼女の慎重な分析は、いくつかの困難な結論を導き出している。第 1 に、1990 年 IDEA（公法 101-476）および 1997 年 IDEA 修正法（公法 105-17）によって支援される幼児のプログラムの効果に注目する点は少ないことである。「IDEA プログラムに基づく障害児およびその家

族に対する多大な介入の努力による効果に関して、体系的な注目を集めることは少なかったということはこのレビューにおいて明白である」(2000, p. 539)。第2に、研究の多様性（例えば、対象者数、デザイン、評価に用いている評価指標の妥当性など）から、一般的な結論を導き出すことは難しいということである。「これらの研究（障害のある子どもに焦点化した効果研究）は、一般的な結論を導き出すことは難しく、本質的にあまりにも異なるものである」(2000, p. 533)。第3に、今後の研究では、療育の効果による傾向を検証することに、より率直に注意を払うべきである。「申し分のない介入を提供することは、単一のアプローチを採用するのに十分な成果ではないかもしれないが、しかし発達的な連続の中にあって決定する際には、ある形式の介入を実施することは適切でそして発達を促進することになる」(2000, p. 540)。彼女は以下のように意見を続けている。「より適切な結論としては、私たちは、ある特定の時間の枠にあって提供されている介入の特殊な形式に目を向けなければならないということかもしれない」(2000, p. 541)。

　有効性についての研究からはどのような結論を導き出しうるのだろうか？第1に、質の良い介入の取り組みは短期的な効果をもたらす、しかし、ほとんどの報告においてその効果はその後消失することも明白である。その消失は、ひとつには、ひとたび子どもが公立学校に入学し、乏しい介入しか受けられなかったことの結果かもしれないし、あるいはファラーンが述べるところの子どもと家族にとっての生態学的な文脈への注目が欠如していることなのかもしれない。第2に、デザインと分析の欠陥は、こうした研究の多くから得られた知見からの妥協の案となっているということである。しかしながら、最新の科学的なテンプレートは、介入の取り組みの効果を決定するために用いられることには不適切なのかもしれない。将来の成功は、介入研究にとって個々別様ではなく、科学的に説明できるスタンダードの開発次第であろう。第3に、対象者、デザイン、評価指標、介入／療育における多様性が、一般的結論を描き出すことを困難にしている。そのうえ、これは不適切な目標かもしれない。代わりに、このアプローチに含まれる適性検査の結果と発達的デザインによる療育の結果を受け入れることである。その結果は、一般的な結論となるのではなく、むしろ子どもとの間のしっかりした関係性の確

立、発達の道筋の確立、環境的な文脈の確立、そして介入／療育の取り組みの確立である。

ABIの効果

　ABIの効果を検証するという私たちの試みは、いくつかの問題（方法上の制約、対象児の制約、高額なコストの制約など）に直面した。とりわけ、私たちはABIの効果を評価できるよう考慮したが、被験者の集団をランダムに配置する機会は非常に少なく、そして妥当な統制群あるいは比較群を確立することによる成果を出すことにおいては特に困難であった。対照群を設定するときにおいてさえ、他の介入アプローチに比較可能性がないのと同様に、（ABIアプローチの）比較可能性という点においてはしばしば確立されていない（例えばLosardo & Bricker, 1994）。こうした事実に直面しながらも、私たちは1980年代より、子どもの発達、親の満足度、そして一般的な効果についての情報を集めてきた。

　集められた情報の多くは報告書にまとめるとともに、アプローチを修正・改良するために用いられてきた。また一方で、私たちは一連の研究成果の公

表もしてきた。これらの研究は、ABI の効果を検証するために次の節にてレビューする。特に初期に取り組まれた研究は主として評価研究としてデザインされたものであり、介入の内容と手続きについての記述が簡素化されている。Activity-Based という用語は 1988 年の研究までは用いられていない。しかしながら、1980 年代の初めごろより、オレゴン大学の早期介入プログラム研究所ではこの用語は用いられてきた（Bricker, 1986 を参照）。したがって、次に見る評価研究は、特に ABI の効果が認められたものについてとりあげる。

Bricker & Sheehan（1981）の研究

　ABI の効果についての最初の研究は、1981 年にブリッカーとシーハンによってまとめられた。この論文では 63 人の子どもを対象とした 2 年間のプログラムの評価のデータが示された。子どもの月齢幅は 5 ヶ月から 69 ヶ月までであり、障害の程度も、まったく障害のない子どもから重度の子どもまで連続した幅があった。子どもたちは 1 週間に 5 日、センターベースのクラスに参加したものの、子どもにより参加状況はさまざまであった。介入プログラムは学習の機会を、ルーチン活動、子ども中心の活動、そして計画された活動の中に埋め込むことによって、子どもの IEP の長期目標と短期目標を達成することに焦点化された。またプログラムへの親の参加も奨励された。

　標準化された基準準拠型のテストとして Baylay Scales of Infant Development（Bayley, 1969）、McCarthy Scales of Chilren's Abilities（McCarty, 1972）、そして Uniform Performance Assessment System（White, Edgar, & Haring, 1978）が、プログラムのはじめと終わりに実施された。2 年の間、プレテストとポストテストにおいて標準化された基準準拠型のテストの比較では、ポストテストにおいて顕著に改善が見られており、そうした変化のほとんどは教育統計上にも顕著であった（例えば、1 標準偏差以上向上するケースもあった）。療育の正確な記述はモニターされていないため、活動に根ざしたアプローチの要素を介入スタッフが忠実に実施したかどうかは正確には把握できない。しかしながら、プログラムは、大学院生の指導の場でもあり、活動に根ざしたアプローチの主義に忠実になされた介入であったと信じ

るにたる。統制群ならびに比較群はないものの、集団ならびにテストにまたがって見られた変化が示す一貫した結果が、この介入プログラムは効果があるということを示している。ただし、子どもの成長による効果を除外することはできなかった。

Bricker, Bruder, and Bailey（1982）の研究

　ブリッカー、ブルーダーとベイリー（1982）は、活動に根ざしたアプローチを適用して、3つの異なるクラスに配置された41人の障害児の発達的効果を報告している。子どもの年齢幅は、10ヶ月から5歳までであり、障害のない子どもとさまざまな程度の障害のある子どもとが含まれていた。この研究でも、Baylay Scales of Infant Development（Bayley, 1969）、McCarthy Scales of Chilren's Abilities（McCarty, 1972）、そしてUniform Performance Assessment System and Progress Recod（Oregon State Mental Health Division, 1977）といった標準化された基準準拠型の評価指標が用いられ、またデザインとしてプレテストとポストテストがとられた。この研究でも比較群は用意されなかった。しかし、標準化されたテストというのは、パフォーマンスから生活年齢に対する割合に変換するようにデザインされた一般的な認知指数となっており、それを使用することを通してある程度対照することはできる。介入者は、子どもの長期目標と短期目標に関係する学習の機会を子ども主導の活動、ルーチン活動、そして設定活動に埋め込み指導した。このことは活動に根ざしたアプローチにおける重要な要素である。親の参加が重要視されたものの、家族と子どものニーズにより参与の形態はさまざまであった。

　参加した子どもたちのデータでは、基準準拠型のテストによるプレテストからポストテストの間で、十分にそして教育統計的に有意な結果を示していた。あるひとつの群における一般的な認知指数は有意な変容にいたらなかったものの、それを除けば、その他すべての群で標準化されたテストの比較では統計的に十分に有意な差がみられた。これらの結果では、1981年の研究を追認するものであるだけでなく、研究の限界についても同様に課題となっている。それは療育の評価指標がないことと統制群がないことである。一般

的な認知指標が統制群の代わりとして比較に用いられており、それは統制群がないよりはよいとはいえ、これらの比較というのは介入の成果についての価値を具体的に実証するための基準として順当であると認められるほどには達しないのである。

Barily and Bricker（1985）の研究

同様の研究として、乳児から3歳までの、中度から重度の障害のある80人以上の子どもについて、活動に根ざした介入の効果が検証された（Bailey & Bricker, 1985）。子どもたちは、活動に根ざしたアプローチを採用したホームベースのプログラムあるいはセンターベースのプログラムとのどちらかに参加した。それらは、子どもにとって有意義な活動の中に学習の機会が埋め込まれ、機能的な応答を到達目標として、子どもに対しては偶発的なフィードバックを提供するものであった。家族の参加は依然として重要視された事項であったが、参加状況は家族によりまちまちであった。Revised Gesell and Amatruda Developmental and Neurologic Examination（Knobloch, Stevens, & Malone, 1980）、Comprehensive Early Evaluation and Programming System（Bailey, 1983）、そして後に出版される Assessment, Evaluation, and Programming System for Infants and Children: AEPS（Bricker, 2002）の試行版など、標準化された基準準拠型のテストが、プログラムの開始と終わりに実施された。

基準準拠型の評価指標において、すべての子どもに、プレテストとポストテストとの比較分析で有意な増加が認められた。標準化された評価指標において、有意差は成熟得点を用いることで示されたものの、発達指数を用いた際には有意差は認められなかった。この後者の知見は、年齢相応の子どもの変容は、年齢を重ねて明らかに数々の新しいスキルを習得した子どもであっても、基準準拠型の尺度における変化や成熟得点における変化によって示されるようなものには影響を及ぼさないということを示唆している。プログラムに対する親の満足度は高かった。この研究は、比較群が設けられておらず、また正確なデータ収集がなされたものでもない。しかしながら、このプログラムも大学院生が ABI の使用方法を学ぶための指導の場として提供されて

いる。活動に根ざしたアプローチは（研究の経過の中で）変化してきているにもかかわらず、異なった成果を生んでいる、あるいは生んでいないとすることには少なからず疑問があるだろう。残念ながら、アプローチが時間経過の中でどのように変わってきており、またそのことで子どもの変容にどのように関係したのかという具体的な記述はない。

Bricker and Gumerlock（1988）の研究

　ABIが子どものパフォーマンスに影響を与えたとする第4の研究として、ブリッカーとガマロック（Bricker & Gumerlock, 1988）は、46人の乳幼児を対象とした2年間の成果を報告している。子どもの障害は軽度から重度と幅があり、訓練に携わる介入者によって操作されたセンターベースのプログラムに参加していた。ABIの要素が取り入れられ、介入の内容は個々の子どものIEPの長期目標と短期目標によって決められた。過去の研究と同様、ABIの効果は、Baylay Scales of Infant Development（Bayley, 1969）、Revised Stanford-Binet（Thorndike, Hagen, & Sattler, 1986）、Revised Gesell and Amatruda Developmental and Neurologic Examination（Knobloch, Stevens, & Malone, 1980）、そしてAEPSの元になったEvaluation and Programming System（Bricker, Gentry, & Bailey, 1985）といった基準準拠型で標準化された評価指標の得点によるプレテストとポストテストとの得点の比較により検証された。過去の研究と同様に、標準化された基準準拠型の評価指標において、子どものパフォーマンスには、プレテストとポストテスト間で総じて有意な増加がみとめられた。さらに、この研究では、短期ならびに長期における特定の教育的な目標においても進歩があったことが報告されている。ただし、この研究でも、療育の正確さについての検証と、統制群をおくということがなされていない。

　これら4つの研究においては、療育の分析がわずかになされているにすぎない。ブリッカーとシーハン（Bricker & Sheehan, 1981）の研究では健常児群、発達にリスクのある子ども群、軽度障害児群、中度障害児群、そして重度障害児群というサブグループを設けた分析が報告されており、ブリッカー、ブルーダーとベイリー（Bricker, Bruder, & Bailey, 1982）の研究では障

害児と健常児という群を別にして結果が報告されている。これらの研究結果では、介入が、子どものサブグループにまたがって相対的によい効果があることを示している。適正な実施による療育についてのさらなる詳細な分析は、今後の障害のある幼児に対する介入の取り組みをデザインする上で有意義である。

Losardo and Bricker（1994）の研究

1994年にロザルドとブリッカー（Losardo & Bricker）は、ABIと直接指導アプローチとの効果の比較について、統制された研究を報告している。月齢47ヶ月から66ヶ月までの6人の子どもがこの研究に参加した。すべての子どもたちは、障害のある幼児のためのセンターベースの介入プログラムに参加した。直接指導とABIにおける語彙の獲得と般化の効果について、子ども間で比較するための方法として、交代操作型デザインが用いられた。語彙のアイテムはABIと直接指導とで同じものが用いられ、それらはランダムに提示された。手続きとしては、個々の子どもに対してベースラインと療育という2つのフェーズに分けられた。療育は一日の中でカウンターバランスがとられた。指導の間、介入者は、それぞれのアプローチの条件にしたがって子どもにかかわった。長期にわたり指導者が規律正しく療育を実施する様子として、正確さのデータが収集・提示された。研究の結果は、語彙のアイテムの獲得は直接指導の状況にあるほうが早いものの、般化という面ではABIの状況下で語彙アイテムを学んだほうが有意によい成績であったことを示した。多くの意味でこの研究結果は直感的に理解できる。集中的な試行は獲得の速さを生み出すが、有意義に学習の機会を埋め込むことはよりよい般化を生み出すのである。

Bricker and Colleagues（1997）の研究

1991年から1996年にかけて、米国教育省特殊教育局による研究資金、ならびにオレゴン大学早期介入プログラム（Early Interevention Program, University of Oregon）に対する研究奨励金を得て、モデル実証プログラムの開発が行われた（Bricker, McComas, Pretti-Frontczak, Leve, Stieber,

Losardo, & Scanlon, 1997)。このモデル実証プログラムは、2つのフェーズから構成されている。フェーズ1はABIの実証的な効果を示すためにデザインされ、フェーズ2はフェーズ1で報告された知見が他の違った場所においても可能であるということを証明するために反復実験がなされた。フェーズ1は3箇所でまず先に2年間かけて行われた。それぞれの場所でのスタッフに対しては、参加する子どもに対してABIの4つの要素を使用することが指導された。全員で52名の子どもが参加し、その月齢幅はプロジェクト開始時点で7ヶ月から27ヶ月であった。1箇所はリスクがある（例えば母親が10代であるなど）と判別された子ども、残りの2箇所は障害のある子どもとされた。プロジェクトの期間中、療育の厳密さについてのデータが集められた。介入者はアプローチの4つの要素を一貫して使用したことが確認された。年度の初めと中間、終わりに Revised Gesell and Amatruda Developmental and Neurologic Examination（Knobloch, Stevens, & Malone, 1980）と AEPS（Bricker, 1993）が実施された。

Proportional Change Index（PCI）は、介入の間の子どもの発達と介入開始時の発達との関係を数量的に示すことができるものであり、このプロジェクトでも期間内の発達的変容を比較するために用いられた。PCIはプレテスト時の発達年齢と生活年齢との間の差異を統制する。PCIのデータは、Gesellの発達尺度により測定された期待値あるいはそれ以上にまで、子どもが発達していたことを示した。群内での共分散分析は、対象児のポストテストのAEPSの得点で行われた。確率変数は、目標のタイプ（例えば目標達成を企図したかしなかったか）であった。共分散はAEPSのプレテスト時の得点が用いられた。フェーズ1のそれぞれの年度において、目標達成を企図した領域においては、企図しなかった領域と比較して、非常に高い上昇を認めた。親には満足度についての質問紙への回答が求められ、その結果は両年度ともにプログラムに対してとても満足していることが示された。

フェーズ2は、2年にわたる期間、2つの州で8つの反復実験を含め行われた。活動に根ざしたアプローチの4つの要素の実施についての指導が、それぞれの場所のスタッフに対して行われた。しかしながら、指導の量は場所によって異なっていた。52名のスタッフメンバーが参加した。36名の指導

者から療育の正確さについてのデータが集められ、期間中、彼らのパフォーマンスには変わりはなかった。子どものパフォーマンスはAEPSを用いて比較された。プレテストとポストテストとの比較からは、子どもたち（N=145）がテストの6領域すべてにおいて顕著な得点の上昇を示した。

　1994年の春に、この実証プロジェクトは別の場所でも開始された。クラスでの観察、スタッフへのインタビュー、成果データの振り返りがなされた。現場のチームの報告書には、「私たちはこのプロジェクトを、早期介入の領域におけるかなり国家的な意義をもつものとしてみている。プロジェクトに携わるスタッフは幼児期のプログラムが提供されているかなり多様性のある対象児に相当するコミュニティプログラムのモデルを実施するうえでとても優秀な仕事をしている」（Peck, Schwartz, & Warren, 1994）と示している。この現場チームはそれぞれのプロジェクトのもつ長所を列挙し、そして現在の評価モデルに加えて「（ABIの）実行に影響を及ぼす文脈上の要因についての研究を含めたもの」に拡大することをプロジェクトスタッフに促すことを推奨するという結論を述べている。

　このモデル実証プロジェクトの第1フェーズは、子どもの広範囲にわたる発達データを得ることによりABIの効果を検証するためにデザインされた。第2フェーズは活動に根ざしたアプローチをどのように実施するかについての訓練が提供された他の地域においても同様の結果を示すことができるかということを検証するためにデザインされた。フェーズ1とフェーズ2からの子どもの発達データは、サンプルのサイズの大きさ、対象とした幼児の年齢の幅広さ、障害の種類も発達にリスクのある子どもから重度障害まで連続性という見地から、とても実りあるものである。対象児もさまざまな地理的場所とプログラムから構成されている。加えて、フェーズ2は訓練によって介入者が活動に根ざしたアプローチの使用について学習可能であることを実証することができた。しかしながら、現場チームは、プロジェクトの結果からは、このアプローチの実施に影響を及ぼすであろう文脈上の要因を明らかにすることはわずかにしかできていないと述べている。

　ロザルドとブリッカー（Losardo & Bricker, 1994）の研究を除いては、この章で振り返ったABIの研究は、早期介入の効果を検討した「第1世代」

に相当するものである（Guralnick & Bennett, 1987）。これらの研究の結果からは、早期介入、特にここで挙げた研究の場合ではABIが子どもの変容を短期間で生み出すのに効果的であるということを示した、包括的な成果を示している。ロザルドとブリッカーの研究は、ガラルニク（Guralnick, 1997）が提唱する「第2世代」の研究に近づいたものといえる。このタイプの研究は、包括的な効果よりも、むしろある特定の特徴における効果を研究するためにデザインされている。

　もし、介入研究者が直面する顕著な制約が何かひとつ解消できるならば、私たちは、ABIの総合的な効果が実証できるだろうと信じている。しかしながら、その作業は、そのデザインならびに方法上の欠陥から難しい。次の段階は、ABI特有の特徴を検証することによって、そしてABIによる子どもへの効果を証明することによって、ロザルドとブリッカーの研究を発展させることである。ABIの重要な過程の基盤である、日々の活動の中に学習の機会を埋め込むということに焦点化した実践的検討が始められている（例えばPretti-Frontzcak & Bricker, 2001）。

　介入者、専門家、養育者の主要な役割とは、一般的なカリキュラムの目標と同様に、達成をねらう長期目標と短期目標について子どもが学習する機会を提供することである。ABIならびに自然主義的なアプローチの大きな特徴は、実際のそしてそれゆえに意義のある活動の幅の中に学習の機会を埋め込むことである。このABIの重要な過程の基盤についての研究は、「第2世代」の研究の実例であり、子どもに変容をもたらす包括的なアプローチのある部分もしくは一部としての理解をもたらし始めるためのステップである。そのアプローチに関連した研究の分析はこの章で扱う域を超えており、学習機会を埋め込むことや指導法略に焦点を当てた研究はほかのところでも多くレビューされている（例えば、Pretti-Frontczak, Barr, Macy, & Carter, 2003など）。

要　　約

　本章は、典型的な分類の外側にいる子どもたちに対する介入の効果を検証

することに関心のある介入者が直面している、明らかな方法上の制約、対象者の制約、そしてコストの制約について、読者に注意を喚起することからはじめた。前述したように、介入の効果、特に長期間の効果を実証する上での障壁は、研究者に検証を思いとどまらせるのに十分なほどある。介入についての研究者は、擁護しうる結果を生み出すための十分な統制を確立すること（例えば外的妥当性の確立）と、基本的な日常を直視する教師、介入者、そして養育者にとって少なくとも最小限当てはまった方法で研究を遂行すること（例えば内的妥当性の確立）との間で深刻なジレンマに直面している。どちらを選んでも難しい問題を引き起こす。介入についての研究者が直面しているもっとも重大な困難のひとつは、フィールドに根ざした研究の現実性を調整することもまた可能にしながら、一方でなお十分な科学的な統制を確立することを可能にする手続きを、発見もしくは開発することである。

　発達にリスクのある子どもならびに障害のある子どもという対象に注目した包括的な介入の成果についての研究は、質の高い介入の取り組みが、少なくとも短期間のよい効果を生み出すことを示している。Thomaidis, Kaderoglou, Stefou, Damianou, and Bakoula（2000）の研究の「きちんと構造化された早期介入プログラムは、発達指数（developmental quotient: DQ）で測られる全般的な発達レベルにおいて、かなりの証明された効果を有している」（p. 20）という結論はそのことを強調している。

　ABIの効果の研究は、ファラーン（Farran, 2000）によってレビューされた数多くの研究よりもかなり少ないリソースによって支持され続けている。その理由として予想されるひとつに、対象となる人の特性とリソースの欠如の両方が方法上の重大な欠陥をもたらす結果となっている。にもかかわらず、私たちは、きちんと養成された介入者によるABIの要素の実施は、子どもに一貫してよい変容をもたらしている、ということを結論することをいとわない（例えば、Daugherty, Grisham-Brown, & Hemmeter, 2001; Grisham-Brown, Schuster, Hemmeter, & Collins, 2000; Horn, Lieber, Li, Sandall, & Schwartz, 2000; Kohler, Anthony, Steighner, & Hoyson, 2001; Kohler, Strain, Hoyson, & Jamieson, 1997; Losardo & Bricker, 1994; Pretti-Frontczak &Bricker, 2001; Sewell et al., 1998; Wolery, 1994; Wolery, Anthony, Caldwell, Snyder, & Morgante, 2002; Wolery, Anthony, & Heckathorn, 1998)。

以前に述べたように、ABIの研究を続けるための次のステップは、包括的な存在としてではなく、検証のための操作可能な一片として要素を細かく分析することである。私たちは、適合性による療育や特別な介入の特徴に焦点化した研究が、よりいっそう介入の効果を理解する方向に領域を進ませるだろうと信じている。この価値ある情報は、ABIの改善ならびに幼児とその家族にとっての効果を増大させることに役立つであろう。

REFERENCES

Baer, D. (1981). The nature of intervention research. In R. Schiefelbusch & D. Bricker (Eds.), *Early language; Acquisition and intervention*. Baltimore: University Park Press.

Bailey, D., Scarborough, A., & Hebbeler, K. (2003). National early intervention longitudinal study: Executive summary. *NEILS Data Report No. 2*. Menlo Park, CA: SRI international.

Bailey, E. (1983). *Psychometric evaluation of the Comprehensive Evaluation and Programming System*. Unpublished doctoral dissertation, University of Oregon, Eugene.

Bailey E., & Bricker, D. (1985). Evaluation of a three-year early intervention demonstration project. *Topics in Early Childhood Special Education, 5*, 52-65.

Barnett, S.J., & Escobar, C.P. (1990). Economic costs and benefits of early intervention. In S.J. Meisels & J.P. Shonkoff (Eds.), *Handbook of early childhood intervention*. Cambridge: Cambridge University Press.

Bayley, N. (1969). *Bayley Scales of Infant Development*. New York: Psychological Corp.

Bricker. D. (1986). *Early education of at-risk and handicapped infants, toddlers, and preschool children*. Glenview IL.: Scott, Foresman.

Bricker, D. (1989). Early intervention for at-risk and handicapped infants, toddlers, and preschool children. Palo Alto, CA: Vort Corp.

Bricker, D. (Ed.). (1993). *Assessment, Evaluation, and Programming System for Infants and Children*. Baltimore: Paul H. Brookes Publishing Co.

Bricker, D. (Series Ed,). (2002). *Assessment, Evaluation, and Programming System for Infants and Children* (2nd ed., Vols, 1-4). Baltimore: Paul H. Brookes Publishing Co.

Bricker. D., Bruder, M., & Bailey, E. (1982). Developmental integration of preschool children. *Analysis and Intervention in Developmental Disabilities, 2*, 207-222.

Bricker, D., Gentry, D., & Bailey E. (1985). *Evaluation and Programming System: For Infants and Young Children – Assessment Level 1: Developmentally 1 Month to 3 Years*. Eugene: University of Oregon.

Bricker, D., & Gumerlock, S. (1988). Application of a three-level evaluation plan for monitoring child progress and program effects. *Journal of Special Education, 22,* 66-81.

Bricker, D., McComas, N., Pretti-Frontczak, K., Leve, C., Stieber, S., Losardo, A., & Scanlon, J. (1997). *Activity-based collaboration project: A nondirected model demonstration program for children who are at-risk and disabled and their families,* Unpublished report. University of Oregon, Center on Human Development, Early Intervention Program.

Bricker, D., & Sheehan, R. (1981). Effectiveness of an early intervention program as indexed by measures of child change. *Journal of the Division for Early Childhood, 4,* 11-28.

Bricker, W., & Bricker, D. (1976). The infant, toddler, and preschool research and intervention project. In T. Tjossem (Ed.), *Intervention strategies for high risk infants and young children.* Baltimore: University Park Press.

Bryant, D., & Maxwell, K. (1997). The effectiveness of early intervention for disadvantaged children. In M.J. Guralnick (Ed.), *The effectiveness of early intervention* (pp. 23-46). Baltimore: Paul H. Brookes Publishing Co.

Casto, G., & White, K. (1993). Longitudinal studies of alternative types of early intervention: Rationale and design. *Early Education and Development, 4,* 224-237.

Daugherty, S., Grisham-Brown, J., & Hemmeter, M.L. (2001). The effects of embedded instruction on the acquisition of target and nontarget skills in preschoolers with developmental delays. *Topics in Early Childhood Special Education, 21,* 213-221.

Escobar, C., Barnett, W., & Goetze, L. (1994). Cost analysis in early intervention. *Journal of Early Intervention, 18,* 48-63.

Farran, D. (2000). Another decade of intervention for children who are low income or disabled: What do we know now? In J.P. Shonkoff & S.J. Meisels (Eds.), *Handbook of early childhood intervention* (2nd ed,). Cambridge: Cambridge University Press.

Feldman, M. (1997). The effectiveness of early intervention for children of parents with mental retardation. In M.J. Guralnick (Ed.), *The effectiveness of early intervention* (pp. 171-192). Baltimore: Paul H. Brookes Publishing Co.

Gersten, R., Baker, S., & Lloyd, J. (2000). Designing high-quality research in special education: Group experimental design. *Journal of Special Education, 34,* 2-18.

Grisham-Brown, J., Schuster, J.W, Hemmeter, M.L., & Collins, B.C. (2000). Using an embedded strategy to teach preschoolers with significant disabilities. *Journal of Behavioral Education, 10,* 139-162.

Guralnick, M.J. (1997). Second-generation research in the field of early intervention. In M.J. Guralnick (Ed.), *The effectiveness of early intervention* (pp. 3-20). Baltimore: Paul H. Brookes Publishing Co.

Guralnick, M., & Bennett, F. (Eds.). (1987). *The effectiveness of early intervention for at-risk and handicapped children.* San Diego: Academic Press.

Horn, E., Lieber, J., Li, S.M., Sandall, S., & Schwartz, I. (2000). Supporting young children's IEP goals in inclusive settings through embedded learning opportunities. *Topics in Early Childhood Special Education, 20,* 208-223.

Infant Health and Development Program. (1990). Enhancing the outcomes of low-birth-weight, premature infants. *Journal of the American Medical Association, 263*, 3035-3042.

Kennedy, M. (1997). The connection between research and practice. *Educational Researcher 26*, 4-12.

Knobloch, H., Stevens, F., & Malone, A. (1980). *Manual of developmental diagnosis: The administration and interpretation of the revised Gesell and Amatruda developmental and neurologic examination.* Hagerstown, MD: Harper & Row.

Kohler, F., Anthony, L., Steighner, S., & Hoyson, M. (2001). Teaching social interaction skills in integrated preschool; An examination of naturalistic tactics. *Topics in Early Childhood Special Education, 21*, 93-103, 113.

Kohler, F., Strain, P., Hoyson, M., & Jamieson, B. (1997). Merging naturalistic teaching and peer-based strategies to address the IEP objectives of preschoolers with autism: An examination of structural and child behavior outcomes. *Focus on Autism and Other Developmental Disabilities, 12*, 196-206.

Lerner, P., Hauser-Cram, P., & Miller, E. (1998). Assumptions and features of longitudinal designs. In B. Spodek, O. Saracho, & A. Pellegrini (Eds.), *Issues in early childhood educational research.* New York: Teachers College Press.

Lewis, M., & Wehren, A. (1982). The central tendency in study of the handicapped child, In D. Bricker (Ed.), *Intervention with at-risk and handicapped infants.* Baltimore: University Park Press.

Losardo, A., & Bricker, D. (1994). Activity-based intervention and direct instruction: A comparison study. *American Journal on Mental Retardation, 98*, 744-765.

McCarthy, D. (1972). *McCarthy scales of children's abilities.* New York: Psychological Corp.

Mclean, L.K., & Woods Cripe, J. (1997). The effectiveness of early intervention for children with communication disorders. In M.J. Guralnick (Ed.), *The effectiveness of early intervention* (pp. 349-428). Baltimore: Paul H. Brookes Publishing Co.

Oregon State Mental Health Division. (1977). *The student progress record.* Salem, OR: Author.

Peck, C., Schwartz, I., & Warren, S. (1994). *Site Visit Report-April 27-28, 1994. A nondirected model demonstration program: Activity-based intervention.* Eugene: University of Oregon.

Pretti-Frontczak, K., Barr, D., Macy, M., & Carter, A. (2003). An annotated bibliography of research and resources related to activity-based intervention, embedded learning opportunities, and routines-based instruction. *Topics in Early Childhood Special Education, 23*, 29-39.

Pretti-Frontczak, K., & Bricker, D. (2001), Use of the embedding strategy by early childhood education and early childhood special education teachers. *Infant-Toddler Intervention: The Transcipilinary Journal, 11*, 111-128.

Raver, C. (2002). Emotions matter: Making the case for the role of young children's emotional development for early school readiness. *Social Polity Report, XVI*, 3-18.

Sameroff, A. (1994). Ecological perspectives on longitudinal follow-up studies. In S. Friedman & H. Haywood (Eds.), *Concepts, domains, and methods.* San Diego: Academic Press.

Scruggs, T., & Mastropieri, M. (1994), Issues in conducting intervention research: Secondary students. In S. Vaughn & C. Bos (Eds.), *Research issues in learning disabilities: Theory, methodology assessment, and ethics*. New York: Springer Verlag.

Sewell, T., Collins, B., Hemmeter, M., & Schuster, J. (1998). Using simultaneous prompting within an activity-based format to teach dressing skills to preschoolers with developmental disabilities, *Journal of Early Intervention, 21*, 132-145.

Shonkoff, J.P. & Meisels, S.J., (2000). *Handbook of early childhood intervention* (2nd ed.). Cambridge: Cambridge University Press.

Shonkoff. J.P., & Phillips, D.A. (Eds.). (2000). *From neurons to neighborhoods*, Washington, DC: National Academy Press.

Tarr, J., & Barnett, W. (2001). A cost analysis of Part C early intervention services in New Jersey. *Journal of Early Intervention, 24*, 45-54.

Thomaidis, L., Kaderoglou, E., Stefou, M., Damianou, S., & Bakoula, C. (2000). Does early intervention work? A controlled trial. *Infants and Young Children, 12*, 17-22.

Thorndike, R., Hagen, E., & Sattler, J.(1986). *The Stanford-Binet intelligence scale* (4th ed.). Chicago: Riverside.

Vincent, L., Salisbury, C., Strain, P., McCormick, C., & Tessier, A. (1990). A behavioral ecological approach to early intervention: Focus on cultural diversity. In S.J. Meisels & J.P. Shonkoff (Eds.), *Handbook of early childhood intervention*. Cambridge: Cambridge University Press.

White, O., Edgar, E., & Haring, N. (1978). *Uniform performance assessment system*. Seattle: University of Washington , College of Education, Experimental Education Unit, Child Development and Mental Retardation Center.

Wolery, M. (1994). Implementing instruction for young children with special needs in early childhood classrooms, In M. Wolery & J.S. Wilbers (Eds.), *Including children with special needs in early childhood programs* (pp. 151-166). Washington, DC: National Association for the Education of Young Children.

Wolery, M., Anthony, L., Caldwell, N., Snyder, E., & Morgante, J, (2002). Embedding and distributing constant time delay in circle time and transitions. *Topics in Early Childhood Special Education, 22*, 14-25.

Wolery, M., Anthony, L., & Heckathorn, J. (1998). Transition-based teaching: Effects on transitions, teachers' behavior, and children's learning. *Journal of Early Intervention, 21*. 117-131.

第10章

未来に向けて

アメリカ合衆国では、障害やそのリスクがある幼い子どもとその家族が利用できるサービスやプログラムの数が着実に増えている。これは、早期介入には今日の幼児とその家族をとりまく無数の困難を予防し、治療するという国の方針によるものである。しかし幼児期特殊教育や幼児教育に関わる者が、早期介入が効果的と確信していても、その実施にはかなり複雑な問題があることを私たちは認識している。

目標が設定されていないプログラムを提供することは、それがどんなに早い時期に開始されたとしても、国民が満足できるような結果を生まない。国家の「万能薬」として期待されたGoals2000：「Educate America Act (PL109-227)」や「No Child Left Behind Act of 2001（PL107-110)」では、可能な限り最適な学習にはまずはプログラムの質が保証されている公立の学校に入ることが必要であるとしている。実際に、幼児が学習する前から情緒的にも身体的にもバランスのとれた生活をすることが望まれる。しかし、障害のある子どもや貧しい学習環境におかれた子どもの場合では、効果的に学習できるよう、そして情緒的に安定するよう準備するのは困難な仕事である。そのような困難な課題に向かうには、研究者が初期発達の促進、調整、学習を高めるためのその子にあった方法を探し求めることが必要であろう。

幼児に提供できるプログラムの増加と、プログラムに携わるスタッフが最も効果的な介入を選択でき、使用することが同時に進行することが可能になれば新しい道が開ける。ABIのような子ども主導のアプローチは、多くの子どもと家族にとって最も良い選択であると信じる。国家の期待に合致するような介入アプローチが成功するためには、これらを構成する要素や過程を理解し、実践で使えるようにしなければならない。本書の第1の目的は、介入のための包括的で整理されたアプローチを詳しく解説することである。

ABIに焦点化することで実践者は重要な洞察を導くことになる。これら3つの洞察は、将来的にどのように進んでいけばよいかについて重大な影響を与えくれる。

第1に、プログラムを実践する人は、モデルやアプローチを丸ごと採用する必要はない（e.g., Bricker, McComas, Pretti-Frontczak, Leve, Stieber, Losardo, & Scanlon, 1997）。むしろ、それぞれがアプローチの一部や要素、

断片を選択してよいのである。なぜなら、1）指導、介入方法についての個人の信念、2）自分の現在のやり方との相性、3）自分の現在のアプローチとの統合、といった点で応用可能だからである。

個人の信念に合わないアプローチは、たんに時間や資源のために使われることはなく、使えないのである。結果的に、アプローチをそのまま適用することなどほとんどない。

第2に、介入者が自分らのレパートリーに新しい要素を常に取り入れようとすると、相当な時間（例えば、数カ月、もしくは数年さえも）がかかる。それは子ども主導で計画された活動の中に、子どもの目標をターゲットとする学習機会を組み込むことは、相当に困難で時間がかかることがわかってきたからである。このことはABIにおいても同様で、それは困難なプログラムや個人の現実を反映しているからだと信じている（Rogers, 1995）。

第3に、新しい概念や方法を学んだ者の多くは、よく似た例に直面することから恩恵を受ける。このようにABIの応用方法が拡大することで、ABIを構成するプロセスを早急に且つ効果的に学び、活用できるよう読者の手助けとなることを願っている。

私たちは、ABIがその都度修正され、応用されることを期待している。私たちは、すべてのコンサルタント、養育者、および直接支援する者が、このアプローチのプロセスを理解し、解釈し、もしくは適用することを期待している。応用し、それを評価することはABIの実践が広がるために必要なことである。しかしながら、ABIの基本的な実践の特徴を忘れてはならない。将来的に、EI/ECSE（早期介入／幼児期特殊教育）、ECE（幼児教育）の現場からの声によって、この希望がどのように実現されたかを知ることになるだろう。

REFERENCES

Bricker, D., McComas, N., Pretti-Frontczak, K., Leve, C., Stieber, S., Losardo, A., & Scanlon, J. (1997). *Activity-based collaboration project: A nondirected model demonstration program for children who are at-risk disabled and their families.* Unpublished report, University of Oregon, Center on Human Development, Early

Intervention Program.
Goals 2000: Educate America Act, PL 103-227, 20 U.S.C. §§ 5801 *et seq.*
Guralnick, M.J. (Ed.). (1997). *The effectiveness early intervention.* Baltimore: Paul H. Brookes Publishing Co.
No Child Left Behind Act of 2001, PL 107-110,115 Stat. 1425, 20 U.S.C. §§ 6301 *et seq.*
Rogers, E. (1995). *Diffusion of innovations* (4th ed.). New York: The Free Press.

付　録

複写フォーム

介入ガイド

1．基本情報

子どもの名前：_____

チームメンバー：_____
_____

介入開始日：_____　　介入終了日：_____

2．長期目標、短期目標、プログラムステップ

3．州の基準，「個別の家族支援計画」の結果

An Activity-Based Approach to Early Intervention, Third Edition, by Kristile Pretti-Frontczak and Diane Bricker © 2004 Paul H. Brookes Publishing Co., Inc. All rights reserved.

4. 多様な学習機会、機能的で般化できる目標、タイムリーで適切に与えられるフィードバックや結果操作

学習機会を与える先行子	子どもがとりそうな行動：標的としているもの（＋）、標的としていないもの（－）	フィードバックと結果操作

5. 活動の修正や工夫、または具体的介入方法

6．データ収集の手続き

誰が（データ収集の責任を負う人物）	どこで（活動している場所、地域）	いつ（頻度、日数）	どのように（収集方法）

7．決定ルール

もし、子どもに十分な成長が＿＿＿＿＿＿＿＿間（チームがデータを見直すために適切な期間を記入する）で確認されない場合には、チームは以下のことを行う（あてはまる項目すべてにチェック）。

＿＿＿＿＿＿＿　目標の設定

＿＿＿＿＿＿＿　先行子、フィードバックや結果操作の変更

＿＿＿＿＿＿＿　活動の修正・工夫、具体的な介入方法の変更

＿＿＿＿＿＿＿　学習機会を提供する頻度の変更

＿＿＿＿＿＿＿　学習機会の場所の変更

＿＿＿＿＿＿＿　その他（自由記述）＿＿＿＿＿＿＿＿＿＿＿＿＿＿＿＿＿＿＿＿＿＿＿＿＿

埋め込みのスケジュール

子どもの名前：_____

チームメンバー：_____

スケジュールの期間：_____

家庭でのルーチン 毎日のクラス活動	目　標	目　標

An Activity-Based Approach to Early Intervention, Third Edition, by Kristile Pretti-Frontczak and Diane Bricker © 2004 Paul H. Brookes Publishing Co., Inc. All rights reserved.

集団に対する埋め込みのスケジュール

子どもの名前：＿＿＿＿＿＿＿＿＿＿＿＿＿＿＿＿＿＿＿＿＿＿＿＿＿＿＿＿＿

チームメンバー：＿＿＿＿＿＿＿＿＿＿＿＿＿＿＿＿＿＿＿＿＿＿＿＿＿＿＿＿

スケジュールの期間：＿＿＿＿＿＿＿＿＿＿＿＿＿＿

子どもの名前と目標	毎日のクラス活動				
子どもの名前：＿＿＿＿＿＿ 1.					
2.					
3.					
子どもの名前：＿＿＿＿＿＿ 1.					
2.					
3.					
子どもの名前：＿＿＿＿＿＿ 1.					
2.					
3.					

An Activity-Based Approach to Early Intervention, Third Edition, by Kristile Pretti-Frontczak and Diane Bricker © 2004 Paul H. Brookes Publishing Co., Inc. All rights reserved.

活動計画

1. 活動の名前

2. 素材・道具

3. 環境の配置

4. ステップの連続性

初期

An Activity-Based Approach to Early Intervention, Third Edition, by Kristile Pretti-Frontczak and Diane Bricker © 2004 Paul H. Brookes Publishing Co., Inc. All rights reserved.

中期

後期

5．埋め込まれた学習機会

6．計画のバリエーション

7．語彙

8．友だちとの相互作用の機会

9．養育者の参加

索引

※ページ数のあとの f は図を、t は表を示している。

あ行

IFSP 「個別の家族支援計画／個別の支援計画」参照
IDEA 「1997年障害者教育法（PL105-17）／1990年障害者教育法（PL101-476)」参照
アカデミックスキル Academic skills
　埋め込みのスケジュール embedding schedule for 111f, 155f-156f, 170f
　介入のガイド on intervention guide 103f-104f, 151f, 166f-167f
アセスメント Assessment
　アセスメントと目標設定とのつながり linking assessment and goal development 61-66, 66t, 68f-70f
　概念的な基礎 conceptual basis of 225
　観察 observation in 184-187, 199-201
　定義 definition of 50
　の手法 procedures 51-54, 62-64, 124-125, 183t, 184-187
　要約 written summary 124-125, 130-133, 136, 145-148, 163-165
意図的に計画されたバリエーション Planned bariations
　活動計画における on activity plan 116f, 119f-120f, 143f, 158f-159f, 172f
　活動における in activities 93-94
インクルージョン Inclusion 8, 209, 217
埋め込まれた学習機会 Embedded learning opportunities
　介入の基礎をなすプロセスとして as process underlying intervention 46
　概念的な基礎 conceptual basis of 225-226, 230f
　活動計画における on activity plan 93, 116f, 119f, 142f-143f, 158f, 172f
　子ども主導の活動と child-directed activities and 197-198
　困難 challenges 190-191
　スケジュール schedules for

「埋め込みのスケジュール」参照
　般化 generalization 250
　目標 goal / outcomes 93
埋め込みのスケジュール Embedding schedules
　空白の書式 blank reproducible forms 267f-268f
　に含まれる情報 information contained in 87-88
　バリエーション variations in 106-107, 114
　目的 purpose of 72, 106-107
　例 examples of 108f-113f, 141f, 155f-156f, 170f
大人主導のアプローチ Adult-directed approaches
　活動に根ざした介入に対する activity-based intervention versus 14
　子ども主導の活動と child-directed activities and 27-32, 36-37
　歴史的な役割 historic role of 217

か行

介入ガイドにおける決定ルール Decision rules on intervention guide 86, 102f, 105f, 140f, 154f, 169f
介入実施に必要な要素 Element essential to intervention 33, 34f, 36-43, 45-46, 44f-45f
介入者 Interventionists 8, 17, 188, 199-201, 225, 253
介入者の訓練 Training of interventionists 188, 190-191, 189t, 253
介入者の支援や訓練 Support and training of interventionists 188, 190-191, 189t, 253
介入に関する研究 Research on intervention
　活動に根ざした activity-based 245-253
　将来の展望 future directions for 244, 253-255, 260-261
　制約 constraints of 236-240, 242-243, 245-246, 254
　早期介入 early intervention 240-245
介入のガイド Intervention guides

空白の書式　blank reproducible forms　264f-266f
バリエーション　variation in　99, 100f-105f
目的　purpose of　72, 73-74, 99
要素　element of　73-86
例　example of　137f-140f, 150f-154f, 166f-169f

介入のガイドに記載される修正や工夫　Accommodations on intervention guide　79, 101f, 105f, 140f, 153f, 168f

介入の効果　Effectiveness of intervention
活動に根ざした介入の　activity-based　245-253
早期の　early　240-245
短期的な成長　short-term gains　240-244, 252
長期的な成長　long-term gains　240-244, 250
を判断するために必要な研究　research needed to determine　253-255, 260-261

介入の短期的な効果　Short-term gains of intervention　240-244, 252

介入のチーム　Intervention team
ガイドライン　guidelines for　184-187, 183t
支援と訓練　support and training for　188, 190-191, 189t, 252
重度障害と　severe disabilities and　208
定義　definition of　17-18, 180
メンバー　members　180-185, 210-211

介入の長期的な効果　Long-term gains of intervention　240-244, 250

介入の評価　Evaluation of interventions
埋め込みのスケジュールにおける　on embedding schedule　113f
介入のガイドと　intervention guide and　86
チームのガイドライン　team guidelines for　183t　又は「データ収集／発達の評価」参照
長期目標と　goals and　57-58
定義　definition of　50, 56-58
比較データを用いた　with comparative data　52-53
プログラム研究　program research　240-253

介入のプロセス　Intervention process
定義　definition of　56
目的　purpose of　50
枠組みの説明　description of framework　32-47, 34f, 44f-45f

介入の目的　Purpose of intervention　24, 33, 34f

介入の枠組みの説明　Description of intervention framework　32-47, 34f, 44f-45f

介入方法　Strategies
介入ガイドにおける　on intervention guide　80-84, 101f, 105f, 140f, 153f, 168f
保護者の関与のための　for parental involvement　95-96

学習　Learning
介入の焦点として　as emphasis of intervention　230f
状況に即さない　non-situated　3
動機づけと　motivation and　8, 125
と発達　development and　7-8
理論　theories of　7, 218-221, 224-225, 227f, 228-229

学習機会　Learning opportunities
埋め込み　「埋め込まれた学習機会」参照
介入のガイドにおける　intervention guide　76-78, 101f, 104f, 138f-139f, 152f-153f, 167f-168f
活動計画における　on activity plan　93, 114
個別的介入と　individualized intervention and　134-135, 148-149, 165
先行条件　antecedents for　79, 125-127
多様な　multiple and varied　38-39, 125-127, 201-205
チームの協同と　team collaboration and　186-187, 211-212
発達的な影響　developmental influence of　230f
般化　generalization and　39-40, 89, 201-203
例　examples of　44f-45f

学習機会に対する先行条件　Antecedents for learning opportunities
性質　nature of　9, 77-78, 125-127, 225-226
チームのガイドライン　team guidelines and　186
定義　definition of　76
発達に与える影響　developmental influence of　230f

家族の関与　Family involvement　124-125, 141f, 181　又は「養育者の関与／保護者の関与」参照

活動　Activities
大人主導の　adult-directed　26-32, 36-37, 217
クラスルーム　classroom　「クラスの活動」参照
子ども主導の　child-directed　「子ども主導の活動」参照
集団　group　44f, 109f-110f, 112f-113f
設定　planned　38, 44f-45f, 197-201, 227f
ルーチン　routine　「ルーチン活動」参照
例　examples of　31f, 44f-45f

活動計画　Activity plans
学習機会　learning opportunities and　93, 114, 125-127
空白の書式　blank reproducible forms　269f-271f

索　引　　275

巡回サービスにおける　for itinerant services 171f-172f
センターベースサービスのための　for center-based services 114, 118f-120f, 121
ホームベースサービスのための　for home-based services 115f-117f
目的　purpose of 72-73, 88-89, 114
要素　element 89-96
例　examples of 115f-120f, 142f-143f, 157f-159f, 171f-173f
活動に根ざしたアプローチの実践基盤　Empirical bases for activity-based approach
活動に根ざしたアプローチ　activity-based intervention 245-253
研究上の制約　constraints of research 236-240, 242, 245-246, 253-255
将来の展望　future directions 244-245, 253-255, 260-261
早期介入　early intervention 240-245
活動に根ざした介入　Activity-based intervention
定義　definition of 13-15
必要な要素　elements essential to 33, 34f, 36-47, 44f-45f
活動に根ざした介入の実践　Application of activity-based intervention
課題　challenges in
「活動に根ざした介入に関する事柄」参照
具体的な活動内容　practices involved in 124-130
実践のために必要な支援や訓練　support and training needed for 188-191
重要なチームメンバーとしての養育者　with caregivers as critical team members 181
巡回サービスにおける　in itinerant services 160, 163-165, 166f-173f, 174
センターベースサービスにおける　in center-based services 136, 145-149, 150f-162f
チームのガイドライン　guidelines for teams 184-187, 183f
ホームベースサービスにおける　in home-based services 130-135, 137f-143f, 136, 144f
活動に根ざした介入の発展　Evolution of activity-based intervention 1-19, 216-218
コミュニティーベースのプログラムにおける　in community-based programs 6-9, 217-218
施設化　institutionalization, influences of 4-6, 217
発達にふさわしい実践と　developmentally appropriate practice and 10-12
保護者のフィードバック　parental feedback in 7-10
活動に根ざした介入の未来　Future directions for activity-based intervention 244, 253-255, 260-261
カリキュラム準拠型の尺度　Curriculum-based measures: CBMs 53-54, 124-125, 190
カリキュラムのガイド　Curricular guides
から明らかになる学習機会やルーチン　learning opportunities / routines identified by 89, 134-135
から引用される長期目標　goals take from 61-64, 67, 68f-70f, 205
言葉のリスト表として　as vocabulary word list source 94
社会的スキルの促進における　on social skills promotion 95
を扱う埋め込みのスケジュール　embedding schedule addressed to 111f
環境　Environment
子どもとの相互作用　transactions with child 「子どもと環境との相互作用」参照
整理　arrangement of 91, 115f, 118f, 142f, 157f, 171f
発達的な重要性　developmental importance of 219-220, 221-222, 230f
利用のし易さ　accessibility of 91
環境の利用のしやすさ　Accessibility of environment 91
機能的で般化できる目標　Functional and generative goals
介入のガイドにおける　on intervention guide 77-79, 101f, 104f, 138f-139f, 152f-153f, 167f-168f
行動修正　response modifications and 40-42
定義　definition of 40
標的とする　targeting 127-128
例　examples of 44f, 45f
クラスの活動　Classroom activities
埋め込みのスケジュール　embedding schedule for 109f, 112f, 155f-156f, 170f
介入のガイド　intervention guide for 103f-105f, 137f-140f, 150f-154f, 166f-169f
介入の例　intervention example 130-135, 137f-143f, 136, 144f
結果操作・強化子　Consequences
介入者のための　for interventionists 8, 191
概念的な基礎　conceptual basis of 223, 230f
学習機会と　learning opportunities and 127
子ども主導の活動における使用　child-directed activities and use of 197-198
子どもと環境の相互作用における　in child-environment transactions 25f

性質　nature of　9, 43, 45-46, 79
チームのガイドライン　Team guidelines　186
報酬　rewards　8, 217
例　examples of　44f, 45f, 127
行動分析の原理、その適用の歴史　Behavior analytical principles, historically applied　4-7, 217
子ども主導の活動　Child-directed activities
　　大人主導の活動と　adult-directed activities　27-32, 36-37
　　概念的な基礎　conceptual basis for　225, 230f
　　課題　challenges　190-191, 196-198, 200-201, 206-207
　　重度の障害　severe disabilities and　206-207
　　チームのガイドライン　team guideline　184-185
　　定義　definition of　36-37
　　例　examples of　25f, 26-32, 31f, 36-37, 44f, 45f,
子どもと環境との相互作用　Child-environment transactions
　　概念的な基礎　conceptual basis for　221-222, 224-226, 230f
　　課題　challenges　196-198
　　活動に根ざした介入の前提として　as fundamental to activity-based intervention　32, 34-36
　　チームが焦点を当てるものとして　as team focus　182-183
　　例　example of　24, 25f, 26-28, 36-37
子どもの発達　Child development
　　介入で焦点を当てる　as emphasis of intervention　223, 230f
　　データ収集　data collection regarding　129
　　と学習　learning and　7-8
　　と言語の利用　language usage and　94
　　と物品の選択　materials selection and　91
　　理論　theories of　7, 218-219, 230-231, 222-226
個別化された介入と学習機会　Individualized intervention and learning opportunities　134, 148-149, 165
個別の家族支援計画／個別の支援計画　IFSP：Individualized family service plan ／ IEP：Individualized education program
　　アセスメント　assessment　50
　　アセスメントと目標設定とのつながりにおける　assessment ／ goal development link in　61-65, 66t, 68f-70f
　　介入ガイドにおける　on intervention guide　73-76, 99, 100f, 103f, 137f
　　子どものニーズと　needs of child and　198
　　長期目標　goals　52-54, 65, 66t
　　枠組み　organizational structure and　72-73

コミュニケーションスキル　Communication skills
　　埋め込みのスケジュール　embedding schedule for　108f, 109f, 112f, 113f, 141f, 155f-156f, 170f,
　　介入のガイド　intervention guide for　103f-105f, 137f-140f, 150f-154f, 166f-169f
　　介入の方法　intervention strategies for　81-83
　　介入の例　intervention example　130-135, 137f-143f, 136, 144f
　　介入プログラムの評価研究　program evaluation research　241, 250
　　活動計画　activity plan for　115f-117f
　　センターベースのサービスにおける　in center-based services　136, 145-149, 150f-162f
　　データ収集のフォーム　data collection form for　135, 136, 144f, 149, 161f-162f
コミュニティーベースのプログラム　Community-based program
　　活動に根ざした介入における課題として　as challenge in activity-based intervention　208-209
　　活動に根ざした介入の発展における　in evolution of activity-based intervention　5-9, 217-218
　　評価　evaluation of　251
これまでの介入研究の制約　Constraints of intervention research　236-240, 242, 245-245, 254

さ行

サイン言語　Sign language　125-126, 130-135, 137f-143f, 136, 144f
CBMs　「カリキュラム準拠型尺度」参照
自然な日常の活動　Authentic activity　228-229, 198f
社会学習理論　Social learning theory　193-194, 230f
社会的スキル　Social skills
　　埋め込みのスケジュール　embedding schedule for　109f, 110f, 170f
　　活動計画　activity plan for　115f-117f, 157f-159f
　　他児とのやりとりの機会　peer interaction opportunities　95, 117f, 120f, 143f, 159f, 173f
修正や工夫　Modifications
　　意図的に計画されたバリエーションとして　as planned variations　93-94

索引   277

介入のガイドにおける on intervention guide 79, 101f, 105f, 140f, 153f, 168f
集団活動 Group activities 44f, 109f-110f, 112f-113f, 268f
巡回サービス Itinerant services
　埋め込みのスケジュール embedding schedule for 170f
　介入のガイド intervention guide for 166f-171f
　介入の例 intervention example 163-165, 166f-173f, 174
　活動計画 activity plan for 171f-172f
　データ収集 data collection for 175f
1990年障害者教育法 Individuals with Disabilities Education Act Amendments of 1990: IDEA: PL101-476 181, 243
1997年障害者教育法 Individuals with Disabilities Education Act Amendments of 1997: IDEA: PL105-17 181, 243
障害者に関する施設化の動き Institutionalization of individuals with disabilities 4-6, 217
状況的認知理論 Situated cognitive learning theory 226, 228-229
情報のまとめと要約 Information gathering /summarizing
　アセスメントにおける in assessment 62-64, 124-127
　埋め込みのスケジュールにおける on embedding schedule 73-74
　介入のガイドにおける on intervention guide 73-74, 100f, 103f, 137f, 150f, 166f
スキルの般化 Generalization of skills 39-40, 89, 202-203, 250
ステップ／プログラム Step／program 「プログラムステップ」参照
設定活動 Planned activities 38-39, 44f, 45f, 197-198, 200
センターベースのサービス Center-based services
　埋め込みのスケジュール embedding schedule for 109f-110f, 112f-113f, 155f-156f
　介入のガイド intervention guide for 150f-154f
　介入の例 intervention example 136, 145-149, 150f-162f
　介入プログラムの評価研究 program evaluation research 246-252
　活動計画 activity plan for 114, 118f-120f, 121
　データ収集 data collection for 161f-162f
相互作用的な観点 Transactional perspective 182-183, 222 又は「子どもと環境との操作作用」参照

た行

他児とのやりとりの機会 Peer interaction opportunities
　活動計画における on activity plan 117f, 120f, 143f, 159f, 173f
　社会的スキルの活動として as social skills activities 95
短期目標 Objectives
　埋め込まれた学習機会と embedded learning opportunities and 38
　介入のガイドにおける on intervention guide 74, 77-78, 100f, 103f, 137f, 150f, 166f,
　概念的な基礎 conceptual basis for 230f
　記述 writing 57, 58f-60f 又は「長期目標／プログラムのステップ」参照
　子ども主導の活動と Child-directed activities and 36-37
　定義 definition 55
チームと介入 Team, intervention 「介入チーム」参照
チームのためのガイドライン Guidelines for teams 183t, 229, 230f, 231
長期目標 Goals
　埋め込まれた学習機会と embedded learning opportunities and 38, 93
　埋め込みのスケジュールと embedding schedules and 108f-111f, 112f-113f
　介入のガイドにおける on intervention guide 74, 77-78, 100f, 103f, 137f, 150f, 166f,
　介入方法と intervention strategies and 83
　概念的な基礎 conceptual basis for 228-229, 230f
　記述 writing 67, 68f-70f
　基準 criteria for 64
　機能的で般化できる functional and generative 「機能的で般化できる目標」参照
　個別化 individualization of 41-42
　設定 development 50, 54-55, 61-66, 66t, 68f-70f, 183t
　定義 definition of 54-55
　評価と evaluation and 57-58
　標的 target 「目標の設定」参照
　優先順位の設定 prioritizing 42, 64, 66t
DAP 「発達にふさわしい実践」参照
データ収集 Data collection
　介入のガイドにおける on intervention guide 85, 102f, 105f, 140f, 154f, 169f

の方法 methods 57-58, 128-130, 183t, 187
又は「介入の評価／発達の評価」参照
フォーム forms 144f, 161f-162f, 175f
例 examples of 135, 149, 160, 174
適応スキル Adaptive skills 83, 109f, 115f-117f

な行

認知的スキル Cognitive skills 70f, 110f, 115f-120f, 143f, 158f
認知理論 Cognitive theory 223-224, 226, 228-229

は行

発達・子ども Development, child
  「子どもの発達 Child development」参照
発達にふさわしい実践 Developmentally appropriate practice；DAP 11-13, 209
発達の評価 Monitoring progress
  埋め込みのスケジュールにおける on embedding schedule 113f
  介入者 interventionist 8, 191
  チームのガイドライン team guidelines for 183t, 186-187 又は「データ収集／介入の評価」参照
  方法 methods for 128-130
PL101-476 「1990年障害者教育法」参照
PL105-17 「1997年障害者教育法」参照
標的行動 Target behavior and responses
  介入のガイドにおける on intervention guide 77-79, 101f, 104f, 138-139f, 152f-153f, 167f-168f
  学習機会と learning opportunities and 201-205 又は「標的目標／短期目標」参照
  子ども主導の活動と child-directed activities and 197-198
  自然主義的な方向に向かう歴史的推移 historical shift in nature of 9
  定義 definition of 54
  データ収集 data collection for 175f
標的目標 Target goals
  アセスメントにおける in assessment 134, 148, 165
  埋め込みのスケジュールと embedding schedules and 87-88, 141f, 155f-156f, 170f
  子ども主導の活動と child-directed activities and 36-37
  設定活動と planned activities and 38-39

データ収集の方法と data collection method and 129
フィードバック Feedback 「結果操作」参照
プログラムのステップ Program steps
  介入のガイドにおける on intervention guide 100f, 103f, 137f, 150f, 166f
  活動計画におけるステップ sequence for activity plan 92, 115f, 118f-119f, 142f-143f, 157f-158f, 171f
  定義 definition of 52-54, 75, 77
プログラムの評価 Program evaluation 53, 240-253
ヘッドスタートプログラム Head start program 160, 163-165, 166f-173f, 174
ホームベース（家庭基盤型サービス） Home-based services
  埋め込みのスケジュール embedding schedule for 108f-111f, 141f
  介入のガイド intervention guide for 137f-140f
  介入の例 intervention example 130-136, 137f-143f, 144f
  活動計画 activity plans for 115f-117f
  データ収集 data collection for 144f
  プログラムの評価研究 program evaluation research 248
保護者の関与 Parent involvement
  アセスメントにおける in assessment 124-125
  埋め込みのスケジュールの計画における in embedding schedule planning 106-107
  活動計画における on activity plan 117f, 120f, 143f, 159f, 173f
  活動に根ざした介入の発展における in evolution of activity-based intervention 8-10
  促進させる方法 strategies to promote 95
  チームメンバーとして as team members 181
  定義 definition 18

や行

養育者の関与 caregiver involvement
  アセスメントにおける in assessment 124-125
  促す方法 strategies to promote 95
  埋め込みのスケジュールの作成における in embedding schedule planning 106-107
  活動計画における in a activity plan 117f, 120f, 143f, 159f, 173f

活動に根ざした介入の発展における in evolution of activity-based intervention 8-10
チームメンバーとしての as team members 181
定義 definition of 18
幼稚園 Preschools
大人主導の adult-directed 30, 32
介入の例 intervention examples 136, 145-149, 150f-162f
子ども主導の child-directed 30, 32, 31f, 44f, 45f

ら行

理論的な観点 Theoretical perspectives
学習 learning 218-219, 220-221, 224-229, 227f
活動に根ざした介入の概念的基礎 conceptual basis of activity-based intervention 17, 220-221, 229, 230f, 231
社会歴史的 sociohistorical 220-222
状況的認知学習理論 situated cognitive learning theory 226, 228-229
認知 cognitive 223-224
リンクシステムの枠組み Linked systems framework 50-58
アセスメントと目標設定とのつながり linking assessment and goal development 61-70
概要 overview 50-51, 51f
チームのガイドライン team guidelines for 184-187, 183t
によってもたらされる結果 outcome achieved by 2
ルーチン活動 Routine activities
埋め込みのスケジュールにおける on embedded schedule 108f, 141f
概念的な基礎 conceptual basis of 225, 230f
子ども主導の活動と child-directed activities and 197-198
定義 definition of 37
例 examples of 44f, 45f
歴史 History
インクルージョンの of inclusion 8, 209, 217
活動に根ざした介入の of activity-based intervention 4-13
早期介入の of early intervention 1-18, 216-219

監訳者あとがき

　大学院生M君は悩んでいた。幼稚園から保育コンサルテーションを依頼されていた年長児のKちゃんの支援がうまくいかないのである。この幼稚園では、自由な遊びの保育を方針として掲げており、Kちゃんの母親は療育機関から「さまざまな経験をさせる必要」との助言を受け、この幼稚園に4歳から入園させた。表出言語がなく、また他児との遊びも少ないKちゃんは、入園当初、朝の自由な遊びの時間には絵本の本棚の前に居座り、片っ端から絵本を取り出し、一通りページをめくったあと、またそれらを本棚に入れ直す、という行動を繰り返していた。大学院生M君は、Kちゃんが「人への関心」を抱くこと、そして「人へのかかわり」を広げるような支援の方法を提示することを幼稚園から期待されていた。大学院生M君が、Kちゃんの興味を引こうといろいろ遊具を用意しても、それを一瞥するだけで、関心を示すことはなかった。日頃の遊びの様子を観察し、彼が車に興味があるとふんだ大学院生M君は、おもちゃの車を手にし、Kちゃんに向かって、「ください」というジェスチャーをするように求めた。両手を合わせて「ください」のポーズをして見せたKちゃんは、大学院生M君の一瞬の喜びを蹴散らすように、手に取った車を眼前で「ポイッ」と放り投げた。大学院生M君の落胆たるや如何。

　大学院生M君の相談を受けた指導教員Nは、保育環境の「構造化」を図ることを提案した。登園してから、連絡帳にシールを貼り、絵本のコーナーに行って、決まった「クジラ」の絵本を手に取る。この一連の行動スケジュールを、「絵で図示」し、Kちゃんの目の届くところに貼った。ところがKちゃんと言えば、これに目もくれることなく、おもちゃの車を手に保育室から飛び出していった。「刺激提示の方法」に問題があったのでは、との指摘を受け大学院生M君は、考えあぐんだ末、Kちゃんの首にスケジュール票をぶら下げるのを思いついた。しかしそのスケジュール票が、こともあろうにトイレの便器の中で発見されるにいたって、大学院生M君の苦悩は極限に達した。

　その際に、指導教員Nは「得意なことにかかわることが必要」との穏当なアドバイスしたことを記憶している。これを受け、大学院生M君はKちゃんの大好きな「クジラ」の絵本を読むことを「社会的強化」（つまり、ご褒美）に、「本

棚の整理」を新たなターゲット行動として目論んだ。果たして「本棚の整理」がKちゃんの生活にとって、どのような意味があるのかなどと冷静に判断する余裕などない。つまり指導教員も大学院生も意地になっていたのである。しばらくたったある日、大学院生M君が指導教員NにポツリともらしたI「とうとうKちゃんは、僕の姿を見ると逃げるようになりました……」。

　そこで本書「活動に根ざした介入」方法を保育に取り入れたら、大成功を果たし……とすれば話ができすぎている。実のところ、ちょっと違う。Kちゃんへの指導をきっかけに、大学院生M君と指導教員Nは、自閉症と言えば、すぐさま「構造化」「視覚支援」はたまた「環境統制」なるステレオタイプの指導法に疑念を抱いたのである（自分たちの支援の拙さをよそに）。指導教員Nがシアトルのワシントン大学ブックショップで大量に平積みにされていた本書（第2版）を購い、大学院生M君とポツリポツリと読み出したのはその頃であった。なに指導教員Nに先見の明があったわけではない。運動遊びにも関心のあった彼は、本書『An Activity-Based……』を、てっきり幼児の運動指導の本と見間違ったのである（トホホ）。

ブリッカー博士のご自宅にて
（写真左から、水内、ブリッカー博士、七木田、松井）

読み進めて行くにつれて、これこそ求めていた方法と得心した指導教員Nは、無謀にも著者であるダイアン・ブリッカー博士に「話をうかがいたいが会ってくれますか」なるメールを送ったのである。普通はこれで終わりである。海の彼方の身も知らずの、それも1ヶ月後の日程を指定して面会を要求する人間に、どんなに心の広い人でも「イエス」とは言うまい（と指導教員Nも大学院生Mも思っていた）。ところがである。「イエス」の返事が来たのである。それもたんに面会だけでなく、大学院の授業の参加、さらには附属の療育施設の観察、というオマケまでついて。お会いしたブリッカー女史は、冷静沈着、頭脳明晰、博覧強記、おまけに好奇心旺盛で、訪問者の拙い質問に、しっかり日本の療育の状況についての知識を踏まえ、お答えくださった。「貴書をぜひ日本語訳にしたい」との言葉が指導教員Nと大学院生Mの口から出たのはとても自然なことであった。指導教員Nと大学院生Mは、今で言うところの「ジコチュー」な不心得者ではあったが、なぜか義理にはめっぽう堅い人間ではあったので、この約束を忘れずにいたのである。

　あれから10年。指導教員Nはただただ馬齢を重ね、大学院生M君は大学教員として教壇に立っている。今回、本書の訳者として収まった指導教員Nと当時の大学院生Mは、極端な「構造化」と情緒的な「自由保育」の間で揺れるわが国の障害児保育の現状に照らして、本書が示す現実的でなおかつ自然な支援方法ほど求められるものはないと信じている。そのためには幼稚園保育所の保育者の方々にぜひ読んで頂きたいと願っている。

　今回は翻訳に当たって、山根正夫先生以下、西南女学院の先生方の協力を得た。上記のようになんとも頼りのない「鬼」ではあるが、「金棒」になって下さったのは大変有難いことであった。

　　　忘れられない震災の春に

訳者を代表して

七木田　敦

著者紹介

■ Kristie Pretti-Frontzcak（Ph. D.）　米国ケント州立大学教育学部准教授
(Department of Educational foundations and special services, College and Graduate School of Education, 405 White Hall, Kent State University, Kent, Ohaio 44242)

　アイダホ州立大学にて心理学の学士を得た後、オレゴン大学の早期介入部門にて修士号並びに博士号を取得。その後、活動に根ざした介入に関する臨床知見を重ねながら、数多くの研究活動を行う。またケント州立大学の早期介入の専門家養成プログラムの指導も行う。そこでは生後から8歳までの障害のある子どもやその保護者と関わる教員・保育者養成の責任者でもある。さらに、米国やカナダでは「Assesment, Evaluation, and Programming System for Infants and Children(AEPS®)」、「活動に根ざした介入」、「法的に擁護された適切な個別の指導計画などのプログラム」に対して、専門性開発や技術補助の提供を多数行っている。現在は「AEPSの実施の妥当性」、「活動に根ざした介入の効果」、「アセスメント・個別の指導計画・カリキュラム間の関係」、「効果的な教員養成実践の考証」などの研究に携っている。

■ Diane Bricker (Ph.D.)　米国オレゴン大学教育学部名誉教授
(Early Intervention Program、Center on Human Development, College of Education, 5253 University of Oregon, Eugene, Oregon)

　オレゴン州立大学にて学士を得た後、オレゴン大学にて特殊教育学の修士号ならびにバンダービルト大学（Peabody College）にて特殊教育学の博士号を取得。初期の研究では、施設内の重度障害児に対する言語スキル向上に焦点が当てられていた。それらの業績は、1970年初期における地域における、統合環境での介入プログラムの開発（米国においても初期の取り組みの一つであった）のきっかけとなった。それ以後、早期介入の領域で活躍している。特に、「早期介入の効果の検証」、「アセスメント・目標設定・介入・評価の接続方法の開発」、「保護者が実施することができる包括的なスクリーニング尺度の開発」など、国家レベルでの実践や研究の取り組みを先導している。また早期介入に関わる教員・指導者の養成にも力を注いでいる。このプログラムからは既に300名以上の学生が修士もしくは博士の学位を取得しており、また現在彼らは実践の場で大いに活躍している。8年間、教育学部のアカデミックプログラムで副学部長としても勤務していた。現在は教育学部の名誉教授である。

※協力者
■ Natalya McComas（M.S.）　オレゴン大学教育学部
　　　　　　　　　　　　　　　早期介入・幼児期特殊教育領域専門家

（Service Coordinator and Consultant, Early Childhood Coordination Agency Referral and Evaluation, College of Education, University of Oregon, 299E. 18th Avenue, Eugene, Oregon 97401）

　オレゴン大学にて美術教育の学士ならびに早期介入の修士号を取得。その後、以下のようなさまざまな役割のもと、大学教育に貢献している。「活動に根ざした介入を用いたモデルプログラムにおける早期介入者」、「早期介入者養成プログラムのインストラクター」、「ヘッドスタート・オレゴン社会学習センター」、「アイダホ大学の Jennifer Olson 博士との BEST プロジェクトに関する訓練マニュアルの執筆」。最近では、幼児調整機関の照会・評価サービス（EC CARES）にて、生後から6歳までの子どもとその家族に対する直接サービス（direct service）の役割を再び担っている。ここでは子どもたちや家族に対して、さまざまな日常生活場面で活動に根ざした介入を展開させる機会を再度もつことになった。有意義かつ個別的な実践活動が提供されるよう、日々、方法論の適用を積み重ねている。

監訳者紹介

■**七木田　敦**　ななきだあつし　　担当章　日本語版序文、第4章、第8章
横浜国立大学教育学部養護学校教員養成課程卒業
横浜国立大学大学院教育学研究科修了
アメリカ合衆国西オレゴン大学大学院修了
広島大学大学院教育学研究科博士課程後期幼児学専攻修了
広島大学学校教育学部（障害児教育学）助教授
ニュージーランド・オタゴ大学特別研究員
現在　広島大学大学院教育学研究科附属幼年教育研究施設（幼児教育学）教授

■**山根　正夫**　やまねまさお　　担当章　第1章
立教大学文学部卒業
佛教大学社会学部卒業
福岡教育大学大学院教育学研究科障害児教育専攻修了
北九州市福祉事業団で各種障害児施設指導員・施設長
現在　西南女学院大学保健福祉学部福祉学科教授

訳者一覧

上村眞生　うえむらまさお　西南女学院大学　　担当章　第10章
岡花祈一郎　おかはなきいちろう　福岡女学院大学　　担当章　第8章、付録
佐藤智恵　さとうちえ　神戸親和女子大学　　担当章　第7章
通山久仁子　つうざんくにこ　西南女学院大学　　担当章　第2章
野井未加　のいみか　西南女学院大学　　担当章　第3章
松井剛太　まついごうた　香川大学　　担当章　謝辞、第6章
真鍋　健　まなべけん　くらしき作陽大学　　担当章　第4章、第5章
水内豊和　みずうちとよかず　富山大学　　担当章　第5章、第9章

子どものニーズに応じた保育
――活動に根ざした介入――

2011年7月31日　第1版　第1刷

著　者　クリスティ・プリティフロンザック
　　　　ダイアン・ブリッカー
監　訳　七木田敦
　　　　山根正夫
発行者　吉田三郎
発行所　㈲二瓶社
　　　　〒125-0054　東京都葛飾区高砂5-38-8 岩井ビル3F
　　　　TEL 03-5648-5377
　　　　FAX 03-5648-5376
　　　　郵便振替 00990-6-110314
印刷所　亜細亜印刷株式会社

万一、落丁乱丁のある場合は小社までご連絡下さい。
送料小社負担にてお取替え致します。
定価はカバーに表示してあります。

©ATSUSHI NANAKIDA, MASAO YAMANE 2011
Printed in Japan
ISBN 978-4-86108-058-6　C3037